MERCIFUL WRITING BIBLE

야훼밑글씨

성령님과함께쓰는

은혜로운 필사성경

8

에스겔 – 말라기

필 사 자 : ____________________

시작한 날 : ____________________

끝 난 날 : ____________________

서울말씀사

일러두기

1. 성경 각 권의 서론을 수록하여 성경의 이해를 도왔습니다.

2. 성경의 장과 절이 인쇄되어 있어 보기 쉽고 쓰기 쉽습니다. 또한 밑글씨가 인쇄되어 있어, 성경 없이 누구나 쉽게 필사할 수 있습니다.

3. 성경의 순서에 관계없이 자유롭게 필사할 수 있습니다.

4. 성경과 같이 2단 편집으로 되어 있어 쓰기 쉽고, 여백 활용을 최대화하였습니다.

5. [성령님과 함께 쓰는 은혜로운 필사성경](개정)은 총 10권으로 구성되어 있습니다.

   1 : 구약 1 _ 율법서 1 (창세기 ~ 출애굽기)
   2 : 구약 2 _ 율법서 2 (레위기 ~ 신명기)
   3 : 구약 3 _ 역사서 1 (여호수아 ~ 룻기)
   4 : 구약 4 _ 역사서 2 (사무엘상 ~ 열왕기하)
   5 : 구약 5 _ 역사서 3 (역대상 ~ 에스더)
   6 : 구약 6 _ 시가서 (욥기 ~ 아가)
   7 : 구약 7 _ 예언서 1 (이사야 ~ 예레미야애가)
   8 : 구약 8 _ 예언서 2 (에스겔 ~ 말라기)
   9 : 신약 1 _ 마태복음 ~ 사도행전
   10 : 신약 2 _ 로마서 ~ 요한계시록

머리말

지식의 홍수 속에서 살아가는 현대인들의 영혼에 가장 필요한 지식은 무엇일까요? 그것은 바로 '하나님을 아는 지식'입니다. 하나님께서는 호세아 6장 6절에서 "나는 인애를 원하고 제사를 원하지 아니하며 번제보다 하나님을 아는 것을 원하노라"라고 말씀하셨습니다. 이처럼 하나님께서 가장 원하시는 것은 우리가 하나님을 알고 하나님의 뜻대로 사는 것입니다.

하나님을 알아가는 가장 좋은 방법은 하나님의 말씀인 성경을 가까이하는 것이며, 성경을 가까이하는 가장 좋은 방법들 중 하나는 성경을 직접 쓰는 것입니다. 성경을 필사하는 시간은 성경을 읽고 묵상하는 시간과 더불어 또 하나의 은혜의 시간, 축복의 시간이 될 것입니다. 이렇게 귀한 성경 필사에 도움이 되고자 이번에 『성령님과 함께 쓰는 은혜로운 필사성경』을 펴내게 되었습니다. 이 책은 말씀을 읽는 것에서 더 나아가 말씀을 직접 기록하며 하나님을 더욱 알기를 원하는 모든 분들에게 큰 유익이 될 것입니다. 인내와 정성이 깃든 성경 필사를 통해 성령님의 음성을 듣고 하나님 말씀의 더 깊은 세계로 나아가는 은혜를 체험하게 되시기를 간절히 바랍니다.

여의도순복음교회
위임목사 이영훈

EZEKIEL

에스겔

저 자 에스겔

주 제 하나님의 심판과 회복의 소망

기록목적 유다는 물론 유다 주변의 많은 국가들도 죄로 인해 멸망당할 것을 선포함으로써 하나님의 공의를 드러내고자 했다. 궁극적으로는 이스라엘의 회복과 메시아 왕국의 영광을 보여 줌으로써 바벨론의 포로가 된 유다 백성들에게 소망을 주려는 목적으로 기록되었다.

기록배경 에스겔이 활동하던 때는 앗수르가 멸망하고 신흥 바벨론이 근동 지역의 패권을 장악한 시기였다. 이때 유다는 바벨론을 섬기다가 배반하여 결국 바벨론의 침략을 받아 멸망하게 되었다주전 586년. 유다가 완전히 망하기 전부터 많은 사람들이 바벨론에 포로로 끌려갔으며, 에스겔은 유다의 여호야긴 왕과 함께 바벨론으로 끌려갔다주전 597년. 그는 바벨론에서 하나님께 소명을 받은 후 예루살렘의 멸망으로 절망에 빠져 있는 포로들에게 회복의 소망을 전해 주고자 하였다.

특 징
- 하나님의 계시가 환상을 통해 많이 나타난다.
- 상징적인 표현과 행동을 통한 예언을 했다4:4-17; 5:1-4; 37:15-23.
- 내용들이 정연하게 구성되어 있으며, 예언받은 날짜를 기록하는 등의 정확성을 보이고 있다.
- 성령의 사역이 강조되고 있다11:19; 36:26,27; 39:29.

나의 기도

에스겔

1 서른째 해 넷째 달 초닷새에 내
가 그발 강 가 사로잡힌 자 중에 있
을 때에 하늘이 열리며 하나님의
모습이 내게 보이니
2 여호야긴 왕이 사로잡힌 지 오 년
그 달 초닷새라
3 갈대아 땅 그발 강 가에서 야훼의
말씀이 부시의 아들 제사장 나 에
스겔에게 특별히 임하고 야훼의 권
능이 내 위에 있으니라
4 내가 보니 북쪽에서부터 폭풍과 큰
구름이 오는데 그 속에서 불이 번
쩍번쩍하여 빛이 그 사방에 비치며
그 불 가운데 단 쇠 같은 것이 나타
나 보이고
5 그 속에서 네 생물의 형상이 나타
나는데 그들의 모양이 이러하니 그
들에게 사람의 형상이 있더라
6 그들에게 각각 네 얼굴과 네 날개
가 있고
7 그들의 다리는 곧은 다리요 그들의
발바닥은 송아지 발바닥 같고 광낸
구리 같이 빛나며
8 그 사방 날개 밑에는 각각 사람의
손이 있더라 그 네 생물의 얼굴과
날개가 이러하니
9 날개는 다 서로 연하였으며 갈 때
에는 돌이키지 아니하고 일제히 앞
으로 곧게 행하며
10 그 얼굴들의 모양은 넷의 앞은 사람
의 얼굴이요 넷의 오른쪽은 사자의
얼굴이요 넷의 왼쪽은 소의 얼굴이
요 넷의 뒤는 독수리의 얼굴이니
11 그 얼굴은 그러하며 그 날개는 들
어 펴서 각기 둘씩 서로 연하였고
또 둘은 몸을 가렸으며
12 영이 어떤 쪽으로 가면 그 생물들
도 그대로 가되 돌이키지 아니하고
일제히 앞으로 곧게 행하며
13 또 생물들의 모양은 타는 숯불과
횃불 모양 같은데 그 불이 그 생물
사이에서 오르락내리락 하며 그 불
은 광채가 있고 그 가운데에서는
번개가 나며
14 그 생물들은 번개 모양 같이 왕래
하더라
15 내가 그 생물들을 보니 그 생물들
곁에 있는 땅 위에는 바퀴가 있는
데 그 네 얼굴을 따라 하나씩 있고
16 그 바퀴의 모양과 그 구조는 황옥
같이 보이는데 그 넷은 똑같은 모
양을 가지고 있으며 그들의 모양과
구조는 바퀴 안에 바퀴가 있는 것
같으며
17 그들이 갈 때에는 사방으로 향한
대로 돌이키지 아니하고 가며

기록일 : . . .

18 그 둘레는 높고 무서우며 그 네 둘
레로 돌아가면서 눈이 가득하며
19 그 생물들이 갈 때에 바퀴들도 그
곁에서 가고 그 생물들이 땅에서
들릴 때에 바퀴들도 들려서
20 영이 어떤 쪽으로 가면 생물들도
영이 가려 하는 곳으로 가고 바퀴
들도 그 곁에서 들리니 이는 생물
의 영이 그 바퀴들 가운데에 있음
이니라
21 그들이 가면 이들도 가고 그들이
서면 이들도 서고 그들이 땅에서
들릴 때에는 이들도 그 곁에서 들
리니 이는 생물의 영이 그 바퀴들
가운데에 있음이더라
22 그 생물의 머리 위에는 수정 같은
궁창의 형상이 있어 보기에 두려운
데 그들의 머리 위에 펼쳐져 있고
23 그 궁창 밑에 생물들의 날개가 서
로 향하여 펴 있는데 이 생물은 두
날개로 몸을 가렸고 저 생물도 두
날개로 몸을 가렸더라
24 생물들이 갈 때에 내가 그 날개 소
리를 들으니 많은 물 소리와도 같
으며 전능자의 음성과도 같으며 떠
드는 소리 곧 군대의 소리와도 같
더니 그 생물이 설 때에 그 날개를
내렸더라
25 그 머리 위에 있는 궁창 위에서부
터 음성이 나더라 그 생물이 설 때
에 그 날개를 내렸더라
26 그 머리 위에 있는 궁창 위에 보좌
의 형상이 있는데 그 모양이 남보
석 같고 그 보좌의 형상 위에 한 형
상이 있어 사람의 모양 같더라
27 내가 보니 그 허리 위의 모양은 단
쇠 같아서 그 속과 주위가 불 같고
내가 보니 그 허리 아래의 모양도
불 같아서 사방으로 광채가 나며
28 그 사방 광채의 모양은 비 오는 날
구름에 있는 무지개 같으니 이는
야훼의 영광의 형상의 모양이라 내
가 보고 엎드려 말씀하시는 이의
음성을 들으니라

2

그가 내게 이르시되 인자야 네 발
로 일어서라 내가 네게 말하리라
하시며
2 그가 내게 말씀하실 때에 그 영이
내게 임하사 나를 일으켜 내 발로
세우시기로 내가 그 말씀하시는 자
의 소리를 들으니
3 내게 이르시되 인자야 내가 너를
이스라엘 자손 곧 패역한 백성, 나
를 배반하는 자에게 보내노라 그들
과 그 조상들이 내게 범죄하여 오
늘까지 이르렀나니
4 이 자손은 얼굴이 뻔뻔하고 마음이
굳은 자니라 내가 너를 그들에게
보내노니 너는 그들에게 이르기를
주 야훼의 말씀이 이러하시다 하라

기록일 : . . .

5 그들은 패역한 족속이라 그들이 듣
든지 아니 듣든지 그들 가운데에
선지자가 있음을 알지니라
6 인자야 너는 비록 가시와 찔레와
함께 있으며 전갈 가운데에 거주할
지라도 그들을 두려워하지 말고 그
들의 말을 두려워하지 말지어다 그
들은 패역한 족속이라도 그 말을
두려워하지 말며 그 얼굴을 무서워
하지 말지어다
7 그들은 심히 패역한 자라 그들이
듣든지 아니 듣든지 너는 내 말로
고할지어다
8 너 인자야 내가 네게 이르는 말을
듣고 그 패역한 족속 같이 패역하
지 말고 네 입을 벌리고 내가 네게
주는 것을 먹으라 하시기로
9 내가 보니 보라 한 손이 나를 향하
여 펴지고 보라 그 안에 두루마리
책이 있더라
10 그가 그것을 내 앞에 펴시니 그 안
팎에 글이 있는데 그 위에 애가와
애곡과 재앙의 말이 기록되었더라

3

또 그가 내게 이르시되 인자야 너
는 발견한 것을 먹으라 너는 이 두
루마리를 먹고 가서 이스라엘 족속
에게 말하라 하시기로
2 내가 입을 벌리니 그가 그 두루마
리를 내게 먹이시며
3 내게 이르시되 인자야 내가 네게
주는 이 두루마리를 네 배에 넣으
며 네 창자에 채우라 하시기에 내
가 먹으니 그것이 내 입에서 달기가
꿀 같더라
4 그가 또 내게 이르시되 인자야 이
스라엘 족속에게 가서 내 말로 그
들에게 고하라
5 너를 언어가 다르거나 말이 어려운
백성에게 보내는 것이 아니요 이스
라엘 족속에게 보내는 것이라
6 너를 언어가 다르거나 말이 어려워
네가 그들의 말을 알아 듣지 못할
나라들에게 보내는 것이 아니니라
내가 너를 그들에게 보냈다면 그들
은 정녕 네 말을 들었으리라
7 그러나 이스라엘 족속은 이마가 굳
고 마음이 굳어 네 말을 듣고자 아
니하리니 이는 내 말을 듣고자 아
니함이니라
8 보라 내가 그들의 얼굴을 마주보도
록 네 얼굴을 굳게 하였고 그들의
이마를 마주보도록 네 이마를 굳게
하였으되
9 네 이마를 화석보다 굳은 금강석
같이 하였으니 그들이 비록 반역하
는 족속이라도 두려워하지 말며 그
들의 얼굴을 무서워하지 말라 하시
니라
10 또 내게 이르시되 인자야 내가 네
게 이를 모든 말을 너는 마음으로

기록일 : . . .

받으며 귀로 듣고
11 사로잡힌 네 민족에게로 가서 그
들이 듣든지 아니 듣든지 그들에게
고하여 이르기를 주 야훼의 말씀이
이러하시다 하라
12 때에 주의 영이 나를 들어올리시는
데 내가 내 뒤에서 크게 울리는 소
리를 들으니 찬송할지어다 야훼의
영광이 그의 처소로부터 나오는도
다 하니
13 이는 생물들의 날개가 서로 부딪치
는 소리와 생물 곁의 바퀴 소리라
크게 울리는 소리더라
14 주의 영이 나를 들어올려 데리고
가시는데 내가 근심하고 분한 마음
으로 가니 야훼의 권능이 힘 있게
나를 감동시키시더라
15 이에 내가 델아빕에 이르러 그 사
로잡힌 백성 곧 그발 강 가에 거주
하는 자들에게 나아가 그 중에서
두려워 떨며 칠 일을 지내니라
16 칠 일 후에 야훼의 말씀이 내게 임
하여 이르시되
17 인자야 내가 너를 이스라엘 족속의
파수꾼으로 세웠으니 너는 내 입의
말을 듣고 나를 대신하여 그들을
깨우치라
18 가령 내가 악인에게 말하기를 너는
꼭 죽으리라 할 때에 네가 깨우치
지 아니하거나 말로 악인에게 일러
서 그의 악한 길을 떠나 생명을 구
원하게 하지 아니하면 그 악인은 그
의 죄악 중에서 죽으려니와 내가 그
의 피 값을 네 손에서 찾을 것이고
19 네가 악인을 깨우치되 그가 그의
악한 마음과 악한 행위에서 돌이키
지 아니하면 그는 그의 죄악 중에
서 죽으려니와 너는 네 생명을 보
존하리라
20 또 의인이 그의 공의에서 돌이켜
악을 행할 때에는 이미 행한 그의
공의는 기억할 바 아니라 내가 그
앞에 거치는 것을 두면 그가 죽을
지니 이는 네가 그를 깨우치지 않
음이니라 그는 그의 죄 중에서 죽
으려니와 그의 피 값은 내가 네 손
에서 찾으리라
21 그러나 네가 그 의인을 깨우쳐 범
죄하지 아니하게 함으로 그가 범죄
하지 아니하면 정녕 살리니 이는 깨
우침을 받음이며 너도 네 영혼을
보존하리라
22 야훼께서 권능으로 거기서 내게 임
하시고 또 내게 이르시되 일어나
들로 나아가라 내가 거기서 너와
말하리라 하시기로
23 내가 일어나 들로 나아가니 야훼의
영광이 거기에 머물렀는데 내가 전
에 그발 강 가에서 보던 영광과 같
은지라 내가 곧 엎드리니

24 주의 영이 내게 임하사 나를 일으
켜 내 발로 세우시고 내게 말씀하
여 이르시되 너는 가서 네 집에 들
어가 문을 닫으라
25 너 인자야 보라 무리가 네 위에 줄
을 놓아 너를 동여매리니 네가 그
들 가운데에서 나오지 못할 것이라
26 내가 네 혀를 네 입천장에 붙게 하
여 네가 말 못하는 자가 되어 그들
을 꾸짖는 자가 되지 못하게 하리
니 그들은 패역한 족속임이니라
27 그러나 내가 너와 말할 때에 네 입
을 열리니 너는 그들에게 이르기를
주 야훼의 말씀이 이러하시다 하라
들을 자는 들을 것이요 듣기 싫은
자는 듣지 아니하리니 그들은 반역
하는 족속임이니라

4 너 인자야 토판을 가져다가 그것
을 네 앞에 놓고 한 성읍 곧 예루살
렘을 그 위에 그리고
2 그 성읍을 에워싸되 그것을 향하
여 사다리를 세우고 그것을 향하여
흙으로 언덕을 쌓고 그것을 향하여
진을 치고 그것을 향하여 공성퇴를
둘러 세우고
3 또 철판을 가져다가 너와 성읍 사
이에 두어 철벽을 삼고 성을 포위
하는 것처럼 에워싸라 이것이 이스
라엘 족속에게 징조가 되리라
4 너는 또 왼쪽으로 누워 이스라엘
족속의 죄악을 짊어지되 네가 눕는
날수대로 그 죄악을 담당할지니라
5 내가 그들의 범죄한 햇수대로 네게
날수를 정하였나니 곧 삼백구십 일
이니라 너는 이렇게 이스라엘 족속
의 죄악을 담당하고
6 그 수가 차거든 너는 오른쪽으로
누워 유다 족속의 죄악을 담당하라
내가 네게 사십 일로 정하였나니
하루가 일 년이니라
7 너는 또 네 얼굴을 에워싸인 예루
살렘 쪽으로 향하고 팔을 걷어 올
리고 예언하라
8 내가 줄로 너를 동이리니 네가 에
워싸는 날이 끝나기까지 몸을 이리
저리 돌리지 못하리라
9 너는 밀과 보리와 콩과 팥과 조와
귀리를 가져다가 한 그릇에 담고
너를 위하여 떡을 만들어 네가 옆
으로 눕는 날수 곧 삼백구십 일 동
안 먹되
10 너는 음식물을 달아서 하루 이십
세겔씩 때를 따라 먹고
11 물도 육분의 일 힌씩 되어서 때를
따라 마시라
12 너는 그것을 보리떡처럼 만들어 먹
되 그들의 목전에서 인분 불을 피
워 구울지니라
13 또 야훼께서 이르시되 내가 여러
나라들로 쫓아내어 흩어 버릴 이스

기록일 : . . .

라엘 자손이 거기서 이같이 부정한
떡을 먹으리라 하시기로
14 내가 말하되 아하 주 야훼여 나는
영혼을 더럽힌 일이 없었나이다 어
려서부터 지금까지 스스로 죽은 것
이나 짐승에게 찢긴 것을 먹지 아
니하였고 가증한 고기를 입에 넣지
아니하였나이다
15 야훼께서 내게 이르시되 보라 쇠똥
으로 인분을 대신하기를 허락하노
니 너는 그것으로 떡을 구울지니라
16 또 내게 이르시되 인자야 내가 예
루살렘에서 의뢰하는 양식을 끊으
리니 백성이 근심 중에 떡을 달아
먹고 두려워 떨며 물을 되어 마시
다가
17 떡과 물이 부족하여 피차에 두려워
하여 떨며 그 죄악 중에서 쇠패하
리라

5 너 인자야 너는 날카로운 칼을 가
져다가 삭도로 삼아 네 머리털과
수염을 깎아서 저울로 달아 나누어
두라
2 그 성읍을 에워싸는 날이 차거든
너는 터럭 삼분의 일은 성읍 안에서
불사르고 삼분의 일은 성읍 사방에
서 칼로 치고 또 삼분의 일은 바람
에 흩으라 내가 그 뒤를 따라 칼을
빼리라
3 너는 터럭 중에서 조금을 네 옷자
락에 싸고
4 또 그 가운데에서 얼마를 불에 던
져 사르라 그 속에서 불이 이스라
엘 온 족속에게로 나오리라
5 주 야훼께서 이와 같이 이르시되
이것이 곧 예루살렘이라 내가 그를
이방인 가운데에 두어 나라들이 둘
러 있게 하였거늘
6 그가 내 규례를 거슬러서 이방인보
다 악을 더 행하며 내 율례도 그리
함이 그를 둘러 있는 나라들보다
더하니 이는 그들이 내 규례를 버리
고 내 율례를 행하지 아니하였음이
니라
7 그러므로 나 주 야훼가 말하노라
너희 요란함이 너희를 둘러싸고 있
는 이방인들보다 더하여 내 율례를
행하지 아니하며 내 규례를 지키지
아니하고 너희를 둘러 있는 이방인
들의 규례대로도 행하지 아니하였
느니라
8 그러므로 나 주 야훼가 말하노라
나 곧 내가 너를 치며 이방인의 목
전에서 너에게 벌을 내리되
9 네 모든 가증한 일로 말미암아 내
가 전무후무하게 네게 내릴지라
10 그리한즉 네 가운데에서 아버지가
아들을 잡아먹고 아들이 그 아버지
를 잡아먹으리라 내가 벌을 네게
내리고 너희 중에 남은 자를 다 사

기록일 : . . .

방에 흩으리라
11 그러므로 나 주 야훼가 말하노라
내가 나의 삶을 두고 맹세하노니
네가 모든 미운 물건과 모든 가증
한 일로 내 성소를 더럽혔은즉 나
도 너를 아끼지 아니하며 긍휼을
베풀지 아니하고 미약하게 하리니
12 너희 가운데에서 삼분의 일은 전염
병으로 죽으며 기근으로 멸망할 것
이요 삼분의 일은 너의 사방에서
칼에 엎드러질 것이며 삼분의 일은
내가 사방에 흩어 버리고 또 그 뒤
를 따라 가며 칼을 빼리라
13 이와 같이 내 노가 다한즉 그들을
향한 분이 풀려서 내 마음이 가라
앉으리라 내 분이 그들에게 다한즉
나 야훼가 열심으로 말한 줄을 그
들이 알리라
14 내가 이르되 또 너를 황무하게 하
고 너를 둘러싸고 있는 이방인들
중에서 모든 지나가는 자의 목전에
모욕 거리가 되게 하리니
15 내 노와 분과 중한 책망으로 네게
벌을 내린즉 너를 둘러싸고 있는
이방인들에게 네가 수치와 조롱 거
리가 되고 두려움과 경고가 되리라
나 야훼의 말이니라
16 내가 멸망하게 하는 기근의 독한
화살을 너희에게 보내되 기근을 더
하여 너희가 의뢰하는 양식을 끊을
것이라
17 내가 기근과 사나운 짐승을 너희에
게 보내 외롭게 하고 너희 가운데
에 전염병과 살육이 일어나게 하고
또 칼이 너희에게 임하게 하리라
나 야훼의 말이니라

6 야훼의 말씀이 내게 임하여 이르
시되
2 인자야 너는 이스라엘 산을 향하여
그들에게 예언하여
3 이르기를 이스라엘 산들아 주 야훼
의 말씀을 들으라 주 야훼께서 산
과 언덕과 시내와 골짜기를 향하
여 이같이 말씀하시기를 나 곧 내
가 칼이 너희에게 임하게 하여 너
희 산당을 멸하리니
4 너희 제단들이 황폐하고 분향제단
들이 깨뜨려질 것이며 너희가 죽임
을 당하여 너희 우상 앞에 엎드러
지게 할 것이라
5 이스라엘 자손의 시체를 그 우상
앞에 두며 너희 해골을 너희 제단
사방에 흩으리라
6 내가 너희가 거주하는 모든 성읍이
사막이 되게 하며 산당을 황폐하게
하리니 이는 너희 제단이 깨어지고
황폐하며 너희 우상들이 깨어져 없
어지며 너희 분향제단들이 찍히며
너희가 만든 것이 폐하여지며
7 또 너희가 죽임을 당하여 엎드러지

게 하여 내가 야훼인 줄을 너희가
알게 하려 함이라
8 그러나 너희가 여러 나라에 흩어질
때에 내가 너희 중에서 칼을 피하
여 이방인들 중에 살아 남은 자가
있게 할지라
9 너희 중에서 살아 남은 자가 사로
잡혀 이방인들 중에 있어서 나를 기
억하되 그들이 음란한 마음으로 나
를 떠나고 음란한 눈으로 우상을
섬겨 나를 근심하게 한 것을 기억하
고 스스로 한탄하리니 이는 그 모
든 가증한 일로 악을 행하였음이라
10 그 때에야 그들이 나를 야훼인 줄
알리라 내가 이런 재앙을 그들에
게 내리겠다 한 말이 헛되지 아니
하니라
11 주 야훼께서 이같이 이르시되 너는
손뼉을 치고 발을 구르며 말할지어
다 오호라 이스라엘 족속이 모든
가증한 악을 행하므로 마침내 칼과
기근과 전염병에 망하되
12 먼 데 있는 자는 전염병에 죽고 가
까운 데 있는 자는 칼에 엎드러지
고 남아 있어 에워싸인 자는 기근
에 죽으리라 이같이 내 진노를 그
들에게 이룬즉
13 그 죽임 당한 시체들이 그 우상들
사이에, 제단 사방에, 각 높은 고개
위에, 모든 산 꼭대기에, 모든 푸른
나무 아래에, 무성한 상수리나무
아래 곧 그 우상에게 분향하던 곳
에 있으리니 내가 야훼인 줄을 너
희가 알리라
14 내가 내 손을 그들의 위에 펴서 그
가 사는 온 땅 곧 광야에서부터 디
블라까지 황량하고 황폐하게 하리
니 내가 야훼인 줄을 그들이 알리라

7

또 야훼의 말씀이 내게 임하여 이
르시되
2 너 인자야 주 야훼께서 이스라엘
땅에 관하여 이같이 말씀하셨느니
라 끝났도다 이 땅 사방의 일이 끝
났도다
3 이제는 네게 끝이 이르렀나니 내가
내 진노를 네게 나타내어 네 행위
를 심판하고 네 모든 가증한 일을
보응하리라
4 내가 너를 불쌍히 여기지 아니하며
긍휼히 여기지도 아니하고 네 행위
대로 너를 벌하여 네 가증한 일이
너희 중에 나타나게 하리니 내가
야훼인 줄을 너희가 알리라
5 주 야훼께서 이같이 이르시되 재앙
이로다, 비상한 재앙이로다 볼지어
다 그것이 왔도다
6 끝이 왔도다, 끝이 왔도다 끝이
너에게 왔도다 볼지어다 그것이 왔
도다
7 이 땅 주민아 정한 재앙이 네게 임

기록일 : . . .

하도다 때가 이르렀고 날이 가까웠
으니 요란한 날이요 산에서 즐거이
부르는 날이 아니로다
8 이제 내가 속히 분을 네게 쏟고 내
진노를 네게 이루어서 네 행위대로
너를 심판하여 네 모든 가증한 일
을 네게 보응하되
9 내가 너를 불쌍히 여기지 아니하며
긍휼히 여기지도 아니하고 네 행위
대로 너를 벌하여 너의 가증한 일이
너희 중에 나타나게 하리니 나 야
훼가 때리는 이임을 네가 알리라
10 볼지어다 그 날이로다 볼지어다 임
박하도다 정한 재앙이 이르렀으니
몽둥이가 꽃이 피며 교만이 싹이
났도다
11 포학이 일어나서 죄악의 몽둥이가
되었은즉 그들도, 그 무리도, 그 재
물도 하나도 남지 아니하며 그 중
의 아름다운 것도 없어지리로다
12 때가 이르렀고 날이 가까웠으니 사
는 자도 기뻐하지 말고 파는 자도
근심하지 말 것은 진노가 그 모든
무리에게 임함이로다
13 파는 자가 살아 있다 할지라도 다
시 돌아가서 그 판 것을 얻지 못하
리니 이는 묵시가 그 모든 무리에
게 돌아오지 아니하고, 사람이 그
죄악으로 말미암아 자기의 목숨을
유지할 수 없으리라 하였음이로다
14 그들이 나팔을 불어 온갖 것을 준
비하였을지라도 전쟁에 나갈 사람
이 없나니 이는 내 진노가 그 모든
무리에게 이르렀음이라
15 밖에는 칼이 있고 안에는 전염병과
기근이 있어서 밭에 있는 자는 칼에
죽을 것이요 성읍에 있는 자는 기
근과 전염병에 망할 것이며
16 도망하는 자는 산 위로 피하여 다
각기 자기 죄악 때문에 골짜기의
비둘기들처럼 슬피 울 것이며
17 모든 손은 피곤하고 모든 무릎은
물과 같이 약할 것이라
18 그들이 굵은 베로 허리를 묶을 것
이요 두려움이 그들을 덮을 것이요
모든 얼굴에는 수치가 있고 모든
머리는 대머리가 될 것이며
19 그들이 그 은을 거리에 던지며 그
금을 오물 같이 여기리니 이는 야훼
내가 진노를 내리는 날에 그들의
은과 금이 능히 그들을 건지지 못
하며 능히 그 심령을 족하게 하거
나 그 창자를 채우지 못하고 오직
죄악의 걸림돌이 됨이로다
20 그들이 그 화려한 장식으로 말미암
아 교만을 품었고 또 그것으로 가
증한 우상과 미운 물건을 만들었은
즉 내가 그것을 그들에게 오물이
되게 하여
21 타국인의 손에 넘겨 노략하게 하며

기록일 :　　.　　.　　.

세상 악인에게 넘겨 그들이 약탈하
여 더럽히게 하고
22 내가 또 내 얼굴을 그들에게서 돌
이키리니 그들이 내 은밀한 처소를
더럽히고 포악한 자도 거기 들어와
서 더럽히리라
23 너는 쇠사슬을 만들라 이는 피 흘
리는 죄가 그 땅에 가득하고 포악
이 그 성읍에 찼음이라
24 내가 극히 악한 이방인들을 데려와
서 그들이 그 집들을 점령하게 하고
강한 자의 교만을 그치게 하리니 그
들의 성소가 더럽힘을 당하리라
25 패망이 이르리니 그들이 평강을 구
하여도 없을 것이라
26 환난에 환난이 더하고 소문에 소문
이 더할 때에 그들이 선지자에게서
묵시를 구하나 헛될 것이며 제사장
에게는 율법이 없어질 것이요 장로
에게는 책략이 없어질 것이며
27 왕은 애통하고 고관은 놀람을 옷
입듯 하며 주민의 손은 떨리리라
내가 그 행위대로 그들에게 갚고
그 죄악대로 그들을 심판하리니 내
가 야훼인 줄을 그들이 알리라

8 여섯째 해 여섯째 달 초닷새에 나
는 집에 앉았고 유다의 장로들은
내 앞에 앉아 있는데 주 야훼의 권
능이 거기에서 내게 내리기로
2 내가 보니 불 같은 형상이 있더라
그 허리 아래의 모양은 불 같고 허
리 위에는 광채가 나서 단 쇠 같
은데
3 그가 손 같은 것을 펴서 내 머리털
한 모숨을 잡으며 주의 영이 나를
들어 천지 사이로 올리시고 하나님
의 환상 가운데에 나를 이끌어 예
루살렘으로 가서 안뜰로 들어가는
북향한 문에 이르시니 거기에는 질
투의 우상 곧 질투를 일어나게 하
는 우상의 자리가 있는 곳이라
4 이스라엘 하나님의 영광이 거기에
있는데 내가 들에서 본 모습과 같
더라
5 그가 내게 이르시되 인자야 이제
너는 눈을 들어 북쪽을 바라보라
하시기로 내가 눈을 들어 북쪽을
바라보니 제단문 어귀 북쪽에 그
질투의 우상이 있더라
6 그가 또 내게 이르시되 인자야 이
스라엘 족속이 행하는 일을 보느냐
그들이 여기에서 크게 가증한 일을
행하여 나로 내 성소를 멀리 떠나
게 하느니라 너는 다시 다른 큰 가
증한 일을 보리라 하시더라
7 그가 나를 이끌고 뜰 문에 이르시기
로 내가 본즉 담에 구멍이 있더라
8 그가 내게 이르시되 인자야 너는
이 담을 헐라 하시기로 내가 그 담
을 허니 한 문이 있더라

기록일 : . . .

9 또 내게 이르시되 들어가서 그들이
거기에서 행하는 가증하고 악한 일
을 보라 하시기로
10 내가 들어가 보니 각양 곤충과 가
증한 짐승과 이스라엘 족속의 모든
우상을 그 사방 벽에 그렸고
11 이스라엘 족속의 장로 중 칠십 명
이 그 앞에 섰으며 사반의 아들 야
아사냐도 그 가운데에 섰고 각기
손에 향로를 들었는데 향연이 구름
같이 오르더라
12 또 내게 이르시되 인자야 이스라엘
족속의 장로들이 각각 그 우상의 방
안 어두운 가운데에서 행하는 것을
네가 보았느냐 그들이 이르기를 야
훼께서 우리를 보지 아니하시며 야
훼께서 이 땅을 버리셨다 하느니라
13 또 내게 이르시되 너는 다시 그들
이 행하는 바 다른 큰 가증한 일을
보리라 하시더라
14 그가 또 나를 데리고 야훼의 전으
로 들어가는 북문에 이르시기로 보
니 거기에 여인들이 앉아 담무스를
위하여 애곡하더라
15 그가 또 내게 이르시되 인자야 네
가 그것을 보았느냐 너는 또 이보
다 더 큰 가증한 일을 보리라 하시
더라
16 그가 또 나를 데리고 야훼의 성
전 안뜰에 들어가시니라 보라 야훼
의 성전 문 곧 현관과 제단 사이에
서 약 스물다섯 명이 야훼의 성전을
등지고 낯을 동쪽으로 향하여 동쪽
태양에게 예배하더라
17 또 내게 이르시되 인자야 네가 보
았느냐 유다 족속이 여기에서 행한
가증한 일을 적다 하겠느냐 그들이
그 땅을 폭행으로 채우고 또 다시
내 노여움을 일으키며 심지어 나뭇
가지를 그 코에 두었느니라
18 그러므로 나도 분노로 갚아 불쌍히
여기지 아니하며 긍휼을 베풀지도
아니하리니 그들이 큰 소리로 내
귀에 부르짖을지라도 내가 듣지 아
니하리라

9 또 그가 큰 소리로 내 귀에 외쳐
이르시되 이 성읍을 관할하는 자들
이 각기 죽이는 무기를 손에 들고
나아오게 하라 하시더라
2 내가 보니 여섯 사람이 북향한 윗
문 길로부터 오는데 각 사람의 손
에 죽이는 무기를 잡았고 그 중의
한 사람은 가는 베 옷을 입고 허리
에 서기관의 먹 그릇을 찼더라 그
들이 들어와서 놋 제단 곁에 서더라
3 그룹에 머물러 있던 이스라엘 하나
님의 영광이 성전 문지방에 이르더
니 야훼께서 그 가는 베 옷을 입고
서기관의 먹 그릇을 찬 사람을 불러
4 야훼께서 이르시되 너는 예루살렘

성읍 중에 순행하여 그 가운데에서
행하는 모든 가증한 일로 말미암아
탄식하며 우는 자의 이마에 표를
그리라 하시고
5 그들에 대하여 내 귀에 이르시되
너희는 그를 따라 성읍 중에 다니
며 불쌍히 여기지 말며 긍휼을 베
풀지 말고 쳐서
6 늙은 자와 젊은 자와 처녀와 어린
이와 여자를 다 죽이되 이마에 표
있는 자에게는 가까이 하지 말라
내 성소에서 시작할지니라 하시매
그들이 성전 앞에 있는 늙은 자들
로부터 시작하더라
7 그가 또 그들에게 이르시되 너희는
성전을 더럽혀 시체로 모든 뜰에 채
우라 너희는 나가라 하시매 그들이
나가서 성읍 중에서 치더라
8 그들이 칠 때에 내가 홀로 있었는
지라 엎드려 부르짖어 이르되 아하
주 야훼여 예루살렘을 향하여 분노
를 쏟으시오니 이스라엘의 남은 자
를 모두 멸하려 하시나이까
9 그가 내게 이르시되 이스라엘과 유
다 족속의 죄악이 심히 중하여 그
땅에 피가 가득하며 그 성읍에 불
법이 찼나니 이는 그들이 이르기를
야훼께서 이 땅을 버리셨으며 야훼
께서 보지 아니하신다 함이라
10 그러므로 내가 그들을 불쌍히 여기
지 아니하며 긍휼을 베풀지 아니하
고 그들의 행위대로 그들의 머리에
갚으리라 하시더라
11 보라 가는 베 옷을 입고 허리에 먹
그릇을 찬 사람이 복명하여 이르되
주께서 내게 명령하신 대로 내가
준행하였나이다 하더라

10

이에 내가 보니 그룹들 머리 위
궁창에 남보석 같은 것이 나타나는
데 그들 위에 보좌의 형상이 있는
것 같더라
2 하나님이 가는 베 옷을 입은 사람
에게 말씀하여 이르시되 너는 그룹
밑에 있는 바퀴 사이로 들어가 그
속에서 숯불을 두 손에 가득히 움
켜 가지고 성읍 위에 흩으라 하시
매 그가 내 목전에서 들어가더라
3 그 사람이 들어갈 때에 그룹들은
성전 오른쪽에 서 있고 구름은 안
뜰에 가득하며
4 야훼의 영광이 그룹에서 올라와 성
전 문지방에 이르니 구름이 성전에
가득하며 야훼의 영화로운 광채가
뜰에 가득하였고
5 그룹들의 날개 소리는 바깥뜰까지
들리는데 전능하신 하나님이 말씀
하시는 음성 같더라
6 하나님이 가는 베 옷을 입은 자에
게 명령하시기를 바퀴 사이 곧 그
룹들 사이에서 불을 가져 가라 하

셨으므로 그가 들어가 바퀴 옆에
서매
7 그 그룹이 그룹들 사이에서 손을 내
밀어 그 그룹들 사이에 있는 불을
집어 가는 베 옷을 입은 자의 손에
주매 그가 받아 가지고 나가는데
8 그룹들의 날개 밑에 사람의 손 같
은 것이 나타나더라
9 내가 보니 그룹들 곁에 네 바퀴가
있는데 이 그룹 곁에도 한 바퀴가
있고 저 그룹 곁에도 한 바퀴가 있
으며 그 바퀴 모양은 황옥 같으며
10 그 모양은 넷이 꼭 같은데 마치 바
퀴 안에 바퀴가 있는 것 같으며
11 그룹들이 나아갈 때에는 사방으로
몸을 돌리지 아니하고 나아가되 몸
을 돌리지 아니하고 그 머리 향한
곳으로 나아가며
12 그 온 몸과 등과 손과 날개와 바퀴
곧 네 그룹의 바퀴의 둘레에 다 눈
이 가득하더라
13 내가 들으니 그 바퀴들을 도는 것
이라 부르며
14 그룹들에게는 각기 네 면이 있는데
첫째 면은 그룹의 얼굴이요 둘째
면은 사람의 얼굴이요 셋째는 사자
의 얼굴이요 넷째는 독수리의 얼굴
이더라
15 그룹들이 올라가니 그들은 내가 그
발 강 가에서 보던 생물이라
16 그룹들이 나아갈 때에는 바퀴도 그
곁에서 나아가고 그룹들이 날개를
들고 땅에서 올라가려 할 때에도
바퀴가 그 곁을 떠나지 아니하며
17 그들이 서면 이들도 서고 그들이 올
라가면 이들도 함께 올라가니 이는
생물의 영이 바퀴 가운데에 있음이
더라
18 야훼의 영광이 성전 문지방을 떠나
서 그룹들 위에 머무르니
19 그룹들이 날개를 들고 내 눈 앞의
땅에서 올라가는데 그들이 나갈 때
에 바퀴도 그 곁에서 함께 하더라
그들이 야훼의 전으로 들어가는 동
문에 머물고 이스라엘 하나님의 영
광이 그 위에 덮였더라
20 그것은 내가 그발 강 가에서 보던
이스라엘의 하나님 아래에 있던 생
물이라 그들이 그룹인 줄을 내가
아니라
21 각기 네 얼굴과 네 날개가 있으며
날개 밑에는 사람의 손 형상이 있
으니
22 그 얼굴의 형상은 내가 그발 강 가
에서 보던 얼굴이며 그 모양과 그
몸도 그러하며 각기 곧게 앞으로
가더라

11

그 때에 주의 영이 나를 들어올려
서 야훼의 전 동문 곧 동향한 문에
이르시기로 보니 그 문에 사람이

스물다섯 명이 있는데 내가 그 중
에서 앗술의 아들 야아사나와 브나
야의 아들 블라다를 보았으니 그들
은 백성의 고관이라
2 그가 내게 이르시되 인자야 이 사
람들은 불의를 품고 이 성 중에서
악한 꾀를 꾸미는 자니라
3 그들의 말이 집 건축할 때가 가깝
지 아니한즉 이 성읍은 가마가 되
고 우리는 고기가 된다 하나니
4 그러므로 인자야 너는 그들을 쳐서
예언하고 예언할지니라
5 야훼의 영이 내게 임하여 이르시되
너는 말하기를 야훼의 말씀에 이스
라엘 족속아 너희가 이렇게 말하였
도다 너희 마음에서 일어나는 것을
내가 다 아노라
6 너희가 이 성읍에서 많이 죽여 그
거리를 시체로 채웠도다
7 그러므로 주 야훼께서 이같이 말씀
하셨느니라 이 성읍 중에서 너희가
죽인 시체는 그 고기요 이 성읍은
그 가마인데 너희는 그 가운데에서
끌려 나오리라
8 나 주 야훼가 말하노라 너희가 칼
을 두려워하니 내가 칼로 너희에게
이르게 하고
9 너희를 그 성읍 가운데에서 끌어내
어 타국인의 손에 넘겨 너희에게 벌
을 내리리니
10 너희가 칼에 엎드러질 것이라 내가
이스라엘 변경에서 너희를 심판하
리니 너희는 내가 야훼인 줄을 알
리라
11 이 성읍은 너희 가마가 되지 아니
하고 너희는 그 가운데에 고기가
되지 아니할지라 내가 너희를 이스
라엘 변경에서 심판하리니
12 너희는 내가 야훼인 줄을 알리라
너희가 내 율례를 행하지 아니하며
규례를 지키지 아니하고 너희 사방
에 있는 이방인의 규례대로 행하였
느니라 하셨다 하라
13 이에 내가 예언할 때에 브나야의
아들 블라댜가 죽기로 내가 엎드려
큰 소리로 부르짖어 이르되 오호라
주 야훼여 이스라엘의 남은 자를
다 멸절하고자 하시나이까 하니라
14 야훼의 말씀이 내게 임하여 이르
시되
15 인자야 예루살렘 주민이 네 형제
곧 네 형제와 친척과 온 이스라엘
족속을 향하여 이르기를 너희는 야
훼에게서 멀리 떠나라 이 땅은 우
리에게 주어 기업이 되게 하신 것이
라 하였나니
16 그런즉 너는 말하기를 주 야훼의
말씀에 내가 비록 그들을 멀리 이
방인 가운데로 쫓아내어 여러 나라
에 흩었으나 그들이 도달한 나라들

기록일 : . . .

에서 내가 잠깐 그들에게 성소가
되리라 하셨다 하고
17 너는 또 말하기를 주 야훼의 말씀
에 내가 너희를 만민 가운데에서
모으며 너희를 흩은 여러 나라 가
운데에서 모아 내고 이스라엘 땅을
너희에게 주리라 하셨다 하라
18 그들이 그리로 가서 그 가운데의
모든 미운 물건과 모든 가증한 것
을 제거하여 버릴지라
19 내가 그들에게 한 마음을 주고 그
속에 새 영을 주며 그 몸에서 돌 같
은 마음을 제거하고 살처럼 부드러
운 마음을 주어
20 내 율례를 따르며 내 규례를 지켜
행하게 하리니 그들은 내 백성이
되고 나는 그들의 하나님이 되리라
21 그러나 미운 것과 가증한 것을 마
음으로 따르는 자는 내가 그 행위
대로 그 머리에 갚으리라 나 주 야
훼의 말이니라
22 그 때에 그룹들이 날개를 드는데
바퀴도 그 곁에 있고 이스라엘 하
나님의 영광도 그 위에 덮였더니
23 야훼의 영광이 성읍 가운데에서부
터 올라가 성읍 동쪽 산에 머무르고
24 주의 영이 나를 들어 하나님의 영
의 환상 중에 데리고 갈대아에 있
는 사로잡힌 자 중에 이르시더니
내가 본 환상이 나를 떠나 올라
간지라
25 내가 사로잡힌 자에게 야훼께서 내
게 보이신 모든 일을 말하니라

12

또 야훼의 말씀이 내게 임하여 이
르시되
2 인자야 네가 반역하는 족속 중에
거주하는도다 그들은 볼 눈이 있어
도 보지 아니하고 들을 귀가 있어
도 듣지 아니하나니 그들은 반역하
는 족속임이라
3 인자야 너는 포로의 행장을 꾸리고
낮에 그들의 목전에서 끌려가라 네
가 네 처소를 다른 곳으로 옮기는
것을 그들이 보면 비록 반역하는
족속이라도 혹 생각이 있으리라
4 너는 낮에 그들의 목전에서 네 포
로의 행장을 밖에 내놓기를 끌려가
는 포로의 행장 같이 하고 저물 때
에 너는 그들의 목전에서 밖으로
나가기를 포로되어 가는 자 같이
하라
5 너는 그들의 목전에서 성벽을 뚫고
그리로 따라 옮기되
6 캄캄할 때에 그들의 목전에서 어깨
에 메고 나가며 얼굴을 가리고 땅
을 보지 말지어다 이는 내가 너를
세워 이스라엘 족속에게 징조가 되
게 함이라 하시기로
7 내가 그 명령대로 행하여 낮에 나
의 행장을 끌려가는 포로의 행장

기록일 : . . .

같이 내놓고 저물 때에 내 손으로
성벽을 뚫고 캄캄할 때에 행장을
내다가 그들의 목전에서 어깨에 메
고 나가니라
8 이튿날 아침에 야훼의 말씀이 또
내게 임하여 이르시되
9 인자야 이스라엘 족속 곧 그 반역
하는 족속이 네게 묻기를 무엇을
하느냐 하지 아니하더냐
10 너는 그들에게 말하기를 주 야훼의
말씀에 이것은 예루살렘 왕과 그
가운데에 있는 이스라엘 온 족속에
대한 묵시라 하셨다 하고
11 또 말하기를 나는 너희 징조라 내
가 행한 대로 그들도 포로로 사로
잡혀 가리라
12 무리가 성벽을 뚫고 행장을 그리
로 가지고 나가고 그 중에 왕은 어
두울 때에 어깨에 행장을 메고 나
가며 눈으로 땅을 보지 아니하려고
자기 얼굴을 가리리라 하라
13 내가 또 내 그물을 그의 위에 치고
내 올무에 걸리게 하여 그를 끌고
갈대아 땅 바벨론에 이르리니 그가
거기에서 죽으려니와 그 땅을 보지
못하리라
14 내가 그 호위하는 자와 부대들을
다 사방으로 흩고 또 그 뒤를 따라
칼을 빼리라
15 내가 그들을 이방인 가운데로 흩으
며 여러 나라 가운데에 헤친 후에야
내가 야훼인 줄을 그들이 알리라
16 그러나 내가 그 중 몇 사람을 남
겨 칼과 기근과 전염병에서 벗어나
게 하여 그들이 이르는 이방인 가
운데에서 자기의 모든 가증한 일을
자백하게 하리니 내가 야훼인 줄을
그들이 알리라
17 야훼의 말씀이 또 내게 임하여 이
르시되
18 인자야 너는 떨면서 네 음식을 먹
고 놀라고 근심하면서 네 물을 마
시며
19 이 땅 백성에게 말하되 주 야훼께
서 예루살렘 주민과 이스라엘 땅에
대하여 이르시기를 그들이 근심하
면서 그 음식을 먹으며 놀라면서 그
물을 마실 것은 이 땅 모든 주민의
포악으로 말미암아 땅에 가득한 것
이 황폐하게 됨이라
20 사람이 거주하는 성읍들이 황폐하
며 땅이 적막하리니 내가 야훼인
줄을 너희가 알리라 하셨다 하라
21 야훼의 말씀이 또 내게 임하여 이
르시되
22 인자야 이스라엘 땅에서 이르기를
날이 더디고 모든 묵시가 사라지리
라 하는 너희의 이 속담이 어찌 됨
이냐
23 그러므로 너는 그들에게 이르기를

기록일 : . . .

주 야훼께서 이같이 말씀하시기를
내가 이 속담을 그치게 하리니 사
람이 다시는 이스라엘 가운데에서
이 속담을 사용하지 못하리라 하셨
다 하고 또 그들에게 이르기를 날
과 모든 묵시의 응함이 가까우니
24 이스라엘 족속 중에 허탄한 묵시나
아첨하는 복술이 다시 있지 못하리
라 하라
25 나는 야훼라 내가 말하리니 내가
하는 말이 다시는 더디지 아니하고
응하리라 반역하는 족속이여 내가
너희 생전에 말하고 이루리라 나
주 야훼의 말이니라 하셨다 하라
26 야훼의 말씀이 또 내게 임하여 이
르시되
27 인자야 이스라엘 족속의 말이 그가
보는 묵시는 여러 날 후의 일이라
그가 멀리 있는 때에 대하여 예언
하였다 하느니라
28 그러므로 너는 그들에게 이르기를
주 야훼의 말씀에 나의 말이 하나
도 다시 더디지 아니할지니 내가 한
말이 이루어지리라 나 주 야훼의
말이니라 하셨다 하라
13 야훼의 말씀이 내게 임하여 이르
시되
2 인자야 너는 이스라엘의 예언하
는 선지자들에게 경고하여 예언하
되 자기 마음대로 예언하는 자에
게 말하기를 너희는 야훼의 말씀
을 들으라
3 주 야훼의 말씀에 본 것이 없이 자
기 심령을 따라 예언하는 어리석은
선지자에게 화가 있을진저
4 이스라엘아 너의 선지자들은 황무
지에 있는 여우 같으니라
5 너희 선지자들이 성 무너진 곳에 올
라가지도 아니하였으며 이스라엘
족속을 위하여 야훼의 날에 전쟁에
서 견디게 하려고 성벽을 수축하지
도 아니하였느니라
6 야훼께서 말씀하셨다고 하는 자들
이 허탄한 것과 거짓된 점괘를 보며
사람들에게 그 말이 확실히 이루어
지기를 바라게 하거니와 그들은 야
훼가 보낸 자가 아니라
7 너희가 말하기는 야훼의 말씀이라
하여도 내가 말한 것이 아닌즉 어
찌 허탄한 묵시를 보며 거짓된 점
괘를 말한 것이 아니냐
8 그러므로 주 야훼께서 이같이 말씀
하셨느니라 너희가 허탄한 것을 말
하며 거짓된 것을 보았은즉 내가 너
희를 치리라 주 야훼의 말씀이니라
9 그 선지자들이 허탄한 묵시를 보며
거짓 것을 점쳤으니 내 손이 그들을
쳐서 내 백성의 공회에 들어오지
못하게 하며 이스라엘 족속의 호적
에도 기록되지 못하게 하며 이스라

기록일 : . . .

엘 땅에도 들어가지 못하게 하리니
너희가 나를 야훼인 줄 알리라
10 이렇게 칠 것은 그들이 내 백성을
유혹하여 평강이 없으나 평강이 있
다 함이라 어떤 사람이 담을 쌓을
때에 그들이 회칠을 하는도다
11 그러므로 너는 회칠하는 자에게 이
르기를 그것이 무너지리라 폭우가
내리며 큰 우박덩이가 떨어지며 폭
풍이 몰아치리니
12 그 담이 무너진즉 어떤 사람이 너
희에게 말하기를 그것에 칠한 회가
어디 있느냐 하지 아니하겠느냐
13 그러므로 나 주 야훼가 말하노라
내가 분노하여 폭풍을 퍼붓고 내가
진노하여 폭우를 내리고 분노하여
큰 우박덩어리로 무너뜨리리라
14 회칠한 담을 내가 이렇게 허물어서
땅에 넘어뜨리고 그 기초를 드러낼
것이라 담이 무너진즉 너희가 그 가
운데에서 망하리니 나를 야훼인 줄
알리라
15 이와 같이 내가 내 노를 담과 회칠
한 자에게 모두 이루고 또 너희에
게 말하기를 담도 없어지고 칠한
자들도 없어졌다 하리니
16 이들은 예루살렘에 대하여 예언하
기를 평강이 없으나 평강의 묵시를
보았다고 하는 이스라엘의 선지자
들이니라 주 야훼의 말씀이니라

17 너 인자야 너의 백성 중 자기 마음
대로 예언하는 여자들에게 경고하
며 예언하여
18 이르기를 주 야훼의 말씀에 사람
의 영혼을 사냥하려고 손목마다 부
적을 꿰어 매고 키가 큰 자나 작은
자의 머리를 위하여 수건을 만드는
여자들에게 화 있을진저 너희가 어
찌하여 내 백성의 영혼은 사냥하면
서 자기를 위하여는 영혼을 살리려
하느냐
19 너희가 두어 움큼 보리와 두어 조
각 떡을 위하여 나를 내 백성 가운
데에서 욕되게 하여 거짓말을 곧이
듣는 내 백성에게 너희가 거짓말을
지어내어 죽지 아니할 영혼을 죽이
고 살지 못할 영혼을 살리는도다
20 그러므로 나 주 야훼가 이같이 말하
노라 너희가 새를 사냥하듯 영혼들
을 사냥하는 그 부적을 내가 너희
팔에서 떼어 버리고 너희가 새처럼
사냥한 그 영혼들을 놓아 주며
21 또 너희 수건을 찢고 내 백성을 너
희 손에서 건지고 다시는 너희 손
에 사냥물이 되지 아니하게 하리니
내가 야훼인 줄을 너희가 알리라
22 내가 슬프게 하지 아니한 의인의
마음을 너희가 거짓말로 근심하게
하며 너희가 또 악인의 손을 굳게
하여 그 악한 길에서 돌이켜 떠나

기록일 : . . .

삶을 얻지 못하게 하였은즉
23 너희가 다시는 허탄한 묵시를 보지
못하고 점복도 못할지라 내가 내 백
성을 너희 손에서 건져내리니 내가
야훼인 줄을 너희가 알리라 하라

14 이스라엘 장로 두어 사람이 나아
와 내 앞에 앉으니
2 야훼의 말씀이 내게 임하여 이르
시되
3 인자야 이 사람들이 자기 우상을
마음에 들이며 죄악의 걸림돌을 자
기 앞에 두었으니 그들이 내게 묻
기를 내가 조금인들 용납하랴
4 그런즉 너는 그들에게 말하여 이르
라 나 주 야훼가 말하노라 이스라
엘 족속 중에 그 우상을 마음에 들
이며 죄악의 걸림돌을 자기 앞에
두고 선지자에게로 가는 모든 자에
게 나 야훼가 그 우상의 수효대로
보응하리니
5 이는 이스라엘 족속이 다 그 우상
으로 말미암아 나를 배반하였으므
로 내가 그들이 마음먹은 대로 그
들을 잡으려 함이라
6 그런즉 너는 이스라엘 족속에게 이
르기를 주 야훼의 말씀에 너희는
마음을 돌이켜 우상을 떠나고 얼굴
을 돌려 모든 가증한 것을 떠나라
7 이스라엘 족속과 이스라엘 가운데
에 거류하는 외국인 중에 누구든지
나를 떠나고 자기 우상을 마음에
들이며 죄악의 걸림돌을 자기 앞에
두고 자기를 위하여 내게 묻고자
하여 선지자에게 가는 모든 자에게
는 나 야훼가 친히 응답하여
8 그 사람을 대적하여 그들을 놀라움
과 표징과 속담 거리가 되게 하여
내 백성 가운데에서 끊으리니 내가
야훼인 줄을 너희가 알리라
9 만일 선지자가 유혹을 받고 말을
하면 나 야훼가 그 선지자를 유혹
을 받게 하였음이거니와 내가 손을
펴서 내 백성 이스라엘 가운데에서
그를 멸할 것이라
10 선지자의 죄악과 그에게 묻는 자의
죄악이 같은즉 각각 자기의 죄악을
담당하리니
11 이는 이스라엘 족속이 다시는 미혹
되어 나를 떠나지 아니하게 하며
다시는 모든 죄로 스스로 더럽히지
아니하게 하여 그들을 내 백성으로
삼고 나는 그들의 하나님이 되려
함이라 주 야훼의 말씀이니라
12 야훼의 말씀이 또 내게 임하여 이
르시되
13 인자야 가령 어떤 나라가 불법을
행하여 내게 범죄하므로 내가 손을
그 위에 펴서 그 의지하는 양식을
끊어 기근을 내려 사람과 짐승을
그 나라에서 끊는다 하자

14 비록 노아, 다니엘, 욥, 이 세 사람
이 거기에 있을지라도 그들은 자기
의 공의로 자기의 생명만 건지리라
나 주 야훼의 말이니라
15 가령 내가 사나운 짐승을 그 땅에
다니게 하여 그 땅을 황폐하게 하
여 사람이 그 짐승 때문에 능히 다
니지 못하게 한다 하자
16 비록 이 세 사람이 거기에 있을지라
도 나의 삶을 두고 맹세하노니 그
들도 자녀는 건지지 못하고 자기만
건지겠고 그 땅은 황폐하리라 주
야훼의 말씀이니라
17 가령 내가 칼이 그 땅에 임하게 하
고 명령하기를 칼아 그 땅에 돌아
다니라 하고 내가 사람과 짐승을
거기에서 끊는다 하자
18 비록 이 세 사람이 거기에 있을지라
도 나의 삶을 두고 맹세하노니 그
들도 자녀는 건지지 못하고 자기만
건지리라 나 주 야훼의 말이니라
19 가령 내가 그 땅에 전염병을 내려
죽임으로 내 분노를 그 위에 쏟아
사람과 짐승을 거기에서 끊는다
하자
20 비록 노아, 다니엘, 욥이 거기에 있
을지라도 나의 삶을 두고 맹세하
노니 그들도 자녀는 건지지 못하고
자기의 공의로 자기의 생명만 건지
리라 주 야훼의 말씀이니라
21 주 야훼께서 이같이 이르시되 내가
나의 네 가지 중한 벌 곧 칼과 기근
과 사나운 짐승과 전염병을 예루살
렘에 함께 내려 사람과 짐승을 그
중에서 끊으리니 그 해가 더욱 심
하지 아니하겠느냐
22 그러나 그 가운데에 피하는 자가
남아 있어 끌려 나오리니 곧 자녀들
이라 그들이 너희에게로 나아오리
니 너희가 그 행동과 소행을 보면
내가 예루살렘에 내린 재앙 곧 그
내린 모든 일에 대하여 너희가 위
로를 받을 것이라
23 너희가 그 행동과 소행을 볼 때에
그들에 의해 위로를 받고 내가 예
루살렘에서 행한 모든 일이 이유
없이 한 것이 아닌 줄을 알리라 주
야훼의 말씀이니라

15 야훼의 말씀이 내게 임하여 이르
시되
2 인자야 포도나무가 모든 나무보다
나은 것이 무엇이랴 숲속의 여러 나
무 가운데에 있는 그 포도나무 가
지가 나은 것이 무엇이랴
3 그 나무를 가지고 무엇을 제조할
수 있겠느냐 그것으로 무슨 그릇을
걸 못을 만들 수 있겠느냐
4 불에 던질 땔감이 될 뿐이라 불이
그 두 끝을 사르고 그 가운데도
태웠으면 제조에 무슨 소용이 있

기록일 : . . .

겠느냐
5 그것이 온전할 때에도 아무 제조에
합당하지 아니하였거든 하물며 불
에 살라지고 탄 후에 어찌 제조에
합당하겠느냐
6 그러므로 주 야훼께서 이같이 말씀
하셨느니라 내가 수풀 가운데에 있
는 포도나무를 불에 던질 땔감이
되게 한 것 같이 내가 예루살렘 주
민도 그같이 할지라
7 내가 그들을 대적한즉 그들이 그
불에서 나와도 불이 그들을 사르리
니 내가 그들을 대적할 때에 내가
야훼인 줄 너희가 알리라
8 내가 그 땅을 황폐하게 하리니 이
는 그들이 범법함이니라 나 주 야
훼의 말이니라 하시니라

16 또 야훼의 말씀이 내게 임하여 이
르시되
2 인자야 예루살렘으로 그 가증한 일
을 알게 하여
3 이르기를 주 야훼께서 예루살렘에
관하여 이같이 말씀하시되 네 근
본과 난 땅은 가나안이요 네 아버
지는 아모리 사람이요 네 어머니는
헷 사람이라
4 네가 난 것을 말하건대 네가 날 때
에 네 배꼽 줄을 자르지 아니하였
고 너를 물로 씻어 정결하게 하지
아니하였고 네게 소금을 뿌리지 아
니하였고 너를 강보로 싸지도 아니
하였나니
5 아무도 너를 돌보아 이 중에 한 가
지라도 네게 행하여 너를 불쌍히
여긴 자가 없었으므로 네가 나던
날에 네 몸이 천하게 여겨져 네가
들에 버려졌느니라
6 내가 네 곁으로 지나갈 때에 네가
피투성이가 되어 발짓하는 것을 보
고 네게 이르기를 너는 피투성이라
도 살아 있으라 다시 이르기를 너
는 피투성이라도 살아 있으라 하고
7 내가 너를 들의 풀 같이 많게 하였
더니 네가 크게 자라고 심히 아름
다우며 유방이 뚜렷하고 네 머리털
이 자랐으나 네가 여전히 벌거벗은
알몸이더라
8 내가 네 곁으로 지나며 보니 네 때
가 사랑을 할 만한 때라 내 옷으로
너를 덮어 벌거벗은 것을 가리고 네
게 맹세하고 언약하여 너를 내게
속하게 하였느니라 나 주 야훼의
말이니라
9 내가 물로 네 피를 씻어 없애고 네
게 기름을 바르고
10 수 놓은 옷을 입히고 물돼지 가죽
신을 신기고 가는 베로 두르고 모
시로 덧입히고
11 패물을 채우고 팔고리를 손목에 끼
우고 목걸이를 목에 걸고

12 코고리를 코에 달고 귀고리를 귀
에 달고 화려한 왕관을 머리에 씌
웠나니
13 이와 같이 네가 금, 은으로 장식하
고 가는 베와 모시와 수 놓은 것을
입으며 또 고운 밀가루와 꿀과 기
름을 먹음으로 극히 곱고 형통하여
왕후의 지위에 올랐느니라
14 네 화려함으로 말미암아 네 명성이
이방인 중에 퍼졌음은 내가 네게
입힌 영화로 네 화려함이 온전함이
라 나 주 야훼의 말이니라
15 그러나 네가 네 화려함을 믿고 네
명성을 가지고 행음하되 지나가는
모든 자와 더불어 음란을 많이 행하
므로 네 몸이 그들의 것이 되도다
16 네가 네 의복을 가지고 너를 위하
여 각색으로 산당을 꾸미고 거기에
서 행음하였나니 이런 일은 전무후
무하니라
17 네가 또 내가 준 금, 은 장식품으로
너를 위하여 남자 우상을 만들어
행음하며
18 또 네 수 놓은 옷을 그 우상에게 입
히고 나의 기름과 향을 그 앞에 베
풀며
19 또 내가 네게 주어 먹게 한 내 음
식물 곧 고운 밀가루와 기름과 꿀
을 네가 그 앞에 베풀어 향기를 삼
았나니 과연 그렇게 하였느니라 주
야훼의 말씀이니라
20 또 네가 나를 위하여 낳은 네 자녀
를 그들에게 데리고 가서 드려 제
물로 삼아 불살랐느니라 네가 네
음행을 작은 일로 여겨서
21 나의 자녀들을 죽여 우상에게 넘겨
불 가운데로 지나가게 하였느냐
22 네가 어렸을 때에 벌거벗은 몸이었
으며 피투성이가 되어서 발짓하던
것을 기억하지 아니하고 네가 모든
가증한 일과 음란을 행하였느니라
23 주 야훼의 말씀이니라 너는 화 있
을진저 화 있을진저 네가 모든 악
을 행한 후에
24 너를 위하여 누각을 건축하며 모든
거리에 높은 대를 쌓았도다
25 네가 높은 대를 모든 길 어귀에 쌓
고 네 아름다움을 가증하게 하여
모든 지나가는 자에게 다리를 벌려
심히 음행하고
26 하체가 큰 네 이웃 나라 애굽 사람
과도 음행하되 심히 음란히 하여
내 진노를 샀도다
27 그러므로 내가 내 손을 네 위에 펴
서 네 일용할 양식을 감하고 너를
미워하는 블레셋 여자 곧 네 더러
운 행실을 부끄러워하는 자에게 너
를 넘겨 임의로 하게 하였거늘
28 네가 음욕이 차지 아니하여 또 앗
수르 사람과 행음하고 그들과 행음

기록일 : . . .

하고도 아직도 부족하게 여겨
29 장사하는 땅 갈대아에까지 심히 행
음하되 아직도 족한 줄을 알지 못
하였느니라
30 주 야훼의 말씀이니라 네가 이 모
든 일을 행하니 이는 방자한 음녀
의 행위라 네 마음이 어찌 그리 약
한지
31 네가 누각을 모든 길 어귀에 건축
하며 높은 대를 모든 거리에 쌓고
도 값을 싫어하니 창기 같지도 아니
하도다
32 그 남편 대신에 다른 남자들과 내
통하여 간음하는 아내로다
33 사람들은 모든 창기에게 선물을 주
거늘 오직 너는 네 모든 정든 자에
게 선물을 주며 값을 주어서 사방
에서 와서 너와 행음하게 하니
34 네 음란함이 다른 여인과 같지 아
니함은 행음하려고 너를 따르는 자
가 없음이며 또 네가 값을 받지 아
니하고 도리어 값을 줌이라 그런즉
다른 여인과 같지 아니하니라
35 그러므로 너 음녀야 야훼의 말씀을
들을지어다
36 주 야훼께서 이같이 말씀하셨느니
라 네가 네 누추한 것을 쏟으며 네
정든 자와 행음함으로 벗은 몸을
드러내며 또 가증한 우상을 위하
며 네 자녀의 피를 그 우상에게 드
렸은즉
37 내가 너의 즐거워하는 정든 자와
사랑하던 모든 자와 미워하던 모든
자를 모으되 사방에서 모아 너를
대적하게 할 것이요 또 네 벗은 몸
을 그 앞에 드러내 그들이 그것을
다 보게 할 것이며
38 내가 또 간음하고 사람의 피를 흘
리는 여인을 심판함 같이 너를 심판
하여 진노의 피와 질투의 피를 네
게 돌리고
39 내가 또 너를 그들의 손에 넘기리
니 그들이 네 누각을 헐며 네 높은
대를 부수며 네 의복을 벗기고 네
장식품을 빼앗고 네 몸을 벌거벗겨
버려 두며
40 무리를 데리고 와서 너를 돌로 치며
칼로 찌르며
41 불로 네 집들을 사르고 여러 여인
의 목전에서 너를 벌할지라 내가 너
에게 곧 음행을 그치게 하리니 네
가 다시는 값을 주지 아니하리라
42 그리한즉 나는 네게 대한 내 분노
가 그치며 내 질투가 네게서 떠나
고 마음이 평안하여 다시는 노하지
아니하리라
43 네가 어렸을 때를 기억하지 아니하
고 이 모든 일로 나를 분노하게 하
였은즉 내가 네 행위대로 네 머리
에 보응하리니 네가 이 음란과 네

모든 가증한 일을 다시는 행하지
아니하리라 주 야훼의 말씀이니라
44 속담을 말하는 자마다 네게 대하여
속담을 말하기를 어머니가 그러하
면 딸도 그러하다 하리라
45 너는 그 남편과 자녀를 싫어한 어머
니의 딸이요 너는 그 남편과 자녀
를 싫어한 형의 동생이로다 네 어머
니는 헷 사람이요 네 아버지는 아
모리 사람이며
46 네 형은 그 딸들과 함께 네 왼쪽에
거주하는 사마리아요 네 아우는 그
딸들과 함께 네 오른쪽에 거주하는
소돔이라
47 네가 그들의 행위대로만 행하지 아
니하며 그 가증한 대로만 행하지 아
니하고 그것을 적게 여겨서 네 모든
행위가 그보다 더욱 부패하였도다
48 주 야훼의 말씀이니라 내가 나의
삶을 두고 맹세하노니 네 아우 소
돔 곧 그와 그의 딸들은 너와 네
딸들의 행위 같이 행하지 아니하였
느니라
49 네 아우 소돔의 죄악은 이러하니
그와 그의 딸들에게 교만함과 음식
물의 풍족함과 태평함이 있음이며
또 그가 가난하고 궁핍한 자를 도
와 주지 아니하며
50 거만하여 가증한 일을 내 앞에서
행하였음이라 그러므로 내가 보고
곧 그들을 없이 하였느니라
51 사마리아는 네 죄의 절반도 범하
지 아니하였느니라 네가 그들보다
가증한 일을 심히 행하였으므로 네
모든 가증한 행위로 네 형과 아우
를 의롭게 하였느니라
52 네가 네 형과 아우를 유리하게 판
단하였은즉 너도 네 수치를 담당할
지니라 네가 그들보다 더욱 가증한
죄를 범하므로 그들이 너보다 의롭
게 되었나니 네가 네 형과 아우를
의롭게 하였은즉 너는 놀라며 네
수치를 담당할지니라
53 내가 그들의 사로잡힘 곧 소돔과
그의 딸들의 사로잡힘과 사마리아
와 그의 딸들의 사로잡힘과 그들
중에 너의 사로잡힌 자의 사로잡힘
을 풀어 주어
54 네가 네 수욕을 담당하고 네가 행
한 모든 일로 말미암아 부끄럽게
하리니 이는 네가 그들에게 위로가
됨이라
55 네 아우 소돔과 그의 딸들이 옛 지
위를 회복할 것이요 사마리아와 그
의 딸들도 그의 옛 지위를 회복할
것이며 너와 네 딸들도 너희 옛 지
위를 회복할 것이니라
56 네가 교만하던 때에 네 아우 소돔을
네 입으로 말하지도 아니하였나니
57 곧 네 악이 드러나기 전이며 아람의

기록일 : . . .

딸들이 너를 능욕하기 전이며 너의
사방에 둘러 있는 블레셋의 딸들이
너를 멸시하기 전이니라
58 네 음란과 네 가증한 일을 네가 담
당하였느니라 나 야훼의 말이니라
59 나 주 야훼가 이같이 말하노라 네
가 맹세를 멸시하여 언약을 배반하
였은즉 내가 네 행한 대로 네게 행
하리라
60 그러나 내가 너의 어렸을 때에 너
와 세운 언약을 기억하고 너와 영
원한 언약을 세우리라
61 네가 네 형과 아우를 접대할 때에
네 행위를 기억하고 부끄러워할 것
이라 내가 그들을 네게 딸로 주려
니와 네 언약으로 말미암음이 아니
니라
62 내가 네게 내 언약을 세워 내가 야
훼인 줄 네가 알게 하리니
63 이는 내가 네 모든 행한 일을 용서
한 후에 네가 기억하고 놀라고 부끄
러워서 다시는 입을 열지 못하게 하
려 함이니라 주 야훼의 말씀이니라

17 야훼의 말씀이 내게 임하여 이르
시되
2 인자야 너는 이스라엘 족속에게 수
수께끼와 비유를 말하라
3 야훼께서 이같이 말씀하여 이르시
되 색깔이 화려하고 날개가 크고
깃이 길고 털이 숱한 큰 독수리가
레바논에 이르러 백향목 높은 가지
를 꺾되
4 그 연한 가지 끝을 꺾어 가지고 장
사하는 땅에 이르러 상인의 성읍에
두고
5 또 그 땅의 종자를 꺾어 옥토에 심
되 수양버들 가지처럼 큰 물 가에
심더니
6 그것이 자라며 퍼져서 높지 아니한
포도나무 곧 굵은 가지와 가는 가
지가 난 포도나무가 되어 그 가지
는 독수리를 향하였고 그 뿌리는
독수리 아래에 있었더라
7 또 날개가 크고 털이 많은 큰 독수
리 하나가 있었는데 그 포도나무가
이 독수리에게 물을 받으려고 그
심어진 두둑에서 그를 향하여 뿌리
가 뻗고 가지가 퍼졌도다
8 그 포도나무를 큰 물 가 옥토에 심
은 것은 가지를 내고 열매를 맺어
서 아름다운 포도나무를 이루게 하
려 하였음이라
9 너는 이르기를 주 야훼의 말씀에
그 나무가 능히 번성하겠느냐 이
독수리가 어찌 그 뿌리를 빼고 열
매를 따며 그 나무가 시들게 하지
아니하겠으며 그 연한 잎사귀가 마
르게 하지 아니하겠느냐 많은 백성
이나 강한 팔이 아니라도 그 뿌리
를 뽑으리라

기록일 : . . .

10 볼지어다 그것이 심어졌으나 번성
하겠느냐 동풍에 부딪힐 때에 아주
마르지 아니하겠느냐 그 자라던 두
둑에서 마르리라 하셨다 하라
11 야훼의 말씀이 또 내게 임하여 이
르시되
12 너는 반역하는 족속에게 묻기를 너
희가 이 비유를 깨닫지 못하겠느냐
하고 그들에게 말하기를 바벨론 왕
이 예루살렘에 이르러 왕과 고관을
사로잡아 바벨론 자기에게로 끌어
가고
13 그 왕족 중에서 하나를 택하여 언약
을 세우고 그에게 맹세하게 하고 또
그 땅의 능한 자들을 옮겨 갔나니
14 이는 나라를 낮추어 스스로 서지
못하고 그 언약을 지켜야 능히 서
게 하려 하였음이거늘
15 그가 사절을 애굽에 보내 말과 군
대를 구함으로 바벨론 왕을 배반하
였으니 형통하겠느냐 이런 일을 행
한 자가 피하겠느냐 언약을 배반하
고야 피하겠느냐
16 주 야훼의 말씀이니라 내가 나의
삶을 두고 맹세하노니 바벨론 왕이
그를 왕으로 세웠거늘 그가 맹세를
저버리고 언약을 배반하였은즉 그
왕이 거주하는 곳 바벨론에서 왕과
함께 있다가 죽을 것이라
17 대적이 토성을 쌓고 사다리를 세우
고 많은 사람을 멸절하려 할 때에
바로가 그 큰 군대와 많은 무리로
도 그 전쟁에 그를 도와 주지 못하
리라
18 그가 이미 손을 내밀어 언약하였거
늘 맹세를 업신여겨 언약을 배반하
고 이 모든 일을 행하였으니 피하지
못하리라
19 그러므로 주 야훼의 말씀이니라 내
가 나의 삶을 두고 맹세하노니 그
가 내 맹세를 업신여기고 내 언약
을 배반하였은즉 내가 그 죄를 그
머리에 돌리되
20 그 위에 내 그물을 치며 내 올무에
걸리게 하여 끌고 바벨론으로 가서
나를 반역한 그 반역을 거기에서 심
판할지며
21 그 모든 군대에서 도망한 자들은 다
칼에 엎드러질 것이요 그 남은 자는
사방으로 흩어지리니 나 야훼가 이
것을 말한 줄을 너희가 알리라
22 주 야훼께서 이같이 말씀하시되 내
가 백향목 꼭대기에서 높은 가지를
꺾어다가 심으리라 내가 그 높은
새 가지 끝에서 연한 가지를 꺾어
높고 우뚝 솟은 산에 심되
23 이스라엘 높은 산에 심으리니 그
가지가 무성하고 열매를 맺어서 아
름다운 백향목이 될 것이요 각종
새가 그 아래에 깃들이며 그 가지

기록일 : . . .

그늘에 살리라
24 들의 모든 나무가 나 야훼는 높은
나무를 낮추고 낮은 나무를 높이며
푸른 나무를 말리고 마른 나무를
무성하게 하는 줄 알리라 나 야훼
는 말하고 이루느니라 하라

18 또 야훼의 말씀이 내게 임하여 이
르시되
2 너희가 이스라엘 땅에 관한 속담
에 이르기를 아버지가 신 포도를 먹
었으므로 그의 아들의 이가 시다고
함은 어찌 됨이냐
3 주 야훼의 말씀이니라 내가 나의
삶을 두고 맹세하노니 너희가 이스
라엘 가운데에서 다시는 이 속담을
쓰지 못하게 되리라
4 모든 영혼이 다 내게 속한지라 아
버지의 영혼이 내게 속함 같이 그
의 아들의 영혼도 내게 속하였나니
범죄하는 그 영혼은 죽으리라
5 사람이 만일 의로워서 정의와 공의
를 따라 행하며
6 산 위에서 제물을 먹지 아니하며 이
스라엘 족속의 우상에게 눈을 들지
아니하며 이웃의 아내를 더럽히지
아니하며 월경 중에 있는 여인을 가
까이 하지 아니하며
7 사람을 학대하지 아니하며 빚진 자
의 저당물을 돌려 주며 강탈하지
아니하며 주린 자에게 음식물을 주
며 벗은 자에게 옷을 입히며
8 변리를 위하여 꾸어 주지 아니하며
이자를 받지 아니하며 스스로 손을
금하여 죄를 짓지 아니하며 사람과
사람 사이에 진실하게 판단하며
9 내 율례를 따르며 내 규례를 지켜
진실하게 행할진대 그는 의인이니
반드시 살리라 주 야훼의 말씀이
니라
10 가령 그가 아들을 낳았다 하자 그
아들이 이 모든 선은 하나도 행하
지 아니하고 이 죄악 중 하나를 범
하여 강포하거나 살인하거나
11 산 위에서 제물을 먹거나 이웃의
아내를 더럽히거나
12 가난하고 궁핍한 자를 학대하거나
강탈하거나 빚진 자의 저당물을 돌
려 주지 아니하거나 우상에게 눈을
들거나 가증한 일을 행하거나
13 변리를 위하여 꾸어 주거나 이자를
받거나 할진대 그가 살겠느냐 결코
살지 못하리니 이 모든 가증한 일
을 행하였은즉 반드시 죽을지라 자
기의 피가 자기에게로 돌아가리라
14 또 가령 그가 아들을 낳았다 하자
그 아들이 그 아버지가 행한 모든
죄를 보고 두려워하여 그대로 행하
지 아니하고
15 산 위에서 제물을 먹지도 아니하며
이스라엘 족속의 우상에게 눈을 들

지도 아니하며 이웃의 아내를 더럽
히지도 아니하며
16 사람을 학대하지도 아니하며 저당
을 잡지도 아니하며 강탈하지도 아
니하고 주린 자에게 음식물을 주며
벗은 자에게 옷을 입히며
17 손을 금하여 가난한 자를 압제하지
아니하며 변리나 이자를 받지 아니
하여 내 규례를 지키며 내 율례를
행할진대 이 사람은 그의 아버지의
죄악으로 죽지 아니하고 반드시 살
겠고
18 그의 아버지는 심히 포학하여 그
동족을 강탈하고 백성들 중에서 선
을 행하지 아니하였으므로 그는 그
의 죄악으로 죽으리라
19 그런데 너희는 이르기를 아들이 어
찌 아버지의 죄를 담당하지 아니하
겠느냐 하는도다 아들이 정의와 공
의를 행하며 내 모든 율례를 지켜
행하였으면 그는 반드시 살려니와
20 범죄하는 그 영혼은 죽을지라 아들
은 아버지의 죄악을 담당하지 아니
할 것이요 아버지는 아들의 죄악을
담당하지 아니하리니 의인의 공의
도 자기에게로 돌아가고 악인의 악
도 자기에게로 돌아가리라
21 그러나 악인이 만일 그가 행한 모
든 죄에서 돌이켜 떠나 내 모든 율
례를 지키고 정의와 공의를 행하면
반드시 살고 죽지 아니할 것이라
22 그 범죄한 것이 하나도 기억함이 되
지 아니하리니 그가 행한 공의로
살리라
23 주 야훼의 말씀이니라 내가 어찌 악
인이 죽는 것을 조금인들 기뻐하랴
그가 돌이켜 그 길에서 떠나 사는
것을 어찌 기뻐하지 아니하겠느냐
24 만일 의인이 돌이켜 그 공의에서
떠나 범죄하고 악인이 행하는 모든
가증한 일대로 행하면 살겠느냐 그
가 행한 공의로운 일은 하나도 기
억함이 되지 아니하리니 그가 그 범
한 허물과 그 지은 죄로 죽으리라
25 그런데 너희는 이르기를 주의 길
이 공평하지 아니하다 하는도다 이
스라엘 족속아 들을지어다 내 길이
어찌 공평하지 아니하냐 너희 길이
공평하지 아니한 것이 아니냐
26 만일 의인이 그 공의를 떠나 죄악
을 행하고 그로 말미암아 죽으면
그 행한 죄악으로 말미암아 죽는
것이요
27 만일 악인이 그 행한 악을 떠나 정
의와 공의를 행하면 그 영혼을 보
전하리라
28 그가 스스로 헤아리고 그 행한 모
든 죄악에서 돌이켜 떠났으니 반드
시 살고 죽지 아니하리라
29 그런데 이스라엘 족속은 이르기를

기록일 : . . .

주의 길이 공평하지 아니하다 하는
도다 이스라엘 족속아 나의 길이
어찌 공평하지 아니하냐 너희 길이
공평하지 아니한 것 아니냐
30 주 야훼의 말씀이니라 이스라엘 족
속아 내가 너희 각 사람이 행한 대
로 심판할지라 너희는 돌이켜 회개
하고 모든 죄에서 떠날지어다 그리
한즉 그것이 너희에게 죄악의 걸림
돌이 되지 아니하리라
31 너희는 너희가 범한 모든 죄악을
버리고 마음과 영을 새롭게 할지어
다 이스라엘 족속아 너희가 어찌하
여 죽고자 하느냐
32 주 야훼의 말씀이니라 죽을 자가 죽
는 것도 내가 기뻐하지 아니하노니
너희는 스스로 돌이키고 살지니라

19

너는 이스라엘 고관들을 위하여
애가를 지어
2 부르라 네 어머니는 무엇이냐 암사
자라 그가 사자들 가운데에 엎드려
젊은 사자 중에서 그 새끼를 기르
는데
3 그 새끼 하나를 키우매 젊은 사자
가 되어 먹이 물어뜯기를 배워 사
람을 삼키매
4 이방이 듣고 함정으로 그를 잡아
갈고리로 꿰어 끌고 애굽 땅으로
간지라
5 암사자가 기다리다가 소망이 끊어
진 줄을 알고 그 새끼 하나를 또 골
라 젊은 사자로 키웠더니
6 젊은 사자가 되매 여러 사자 가운
데에 왕래하며 먹이 물어뜯기를 배
워 사람을 삼키며
7 그의 궁궐들을 헐고 성읍들을 부수
니 그 우는 소리로 말미암아 땅과
그 안에 가득한 것이 황폐한지라
8 이방이 포위하고 있는 지방에서 그
를 치러 와서 그의 위에 그물을 치
고 함정에 잡아
9 우리에 넣고 갈고리를 꿰어 끌고
바벨론 왕에게 이르렀나니 그를 옥
에 가두어 그 소리가 다시 이스라
엘 산에 들리지 아니하게 하려 함
이라
10 네 피의 어머니는 물 가에 심겨진
포도나무 같아서 물이 많으므로 열
매가 많고 가지가 무성하며
11 그 가지들은 강하여 권세 잡은 자의
규가 될 만한데 그 하나의 키가 굵
은 가지 가운데에서 높았으며 많은
가지 가운데에서 뛰어나 보이다가
12 분노 중에 뽑혀서 땅에 던짐을 당
하매 그 열매는 동풍에 마르고 그
강한 가지들은 꺾이고 말라 불에
탔더니
13 이제는 광야, 메마르고 가물이 든
땅에 심어진 바 되고
14 불이 그 가지 중 하나에서부터 나

기록일 : . . .

와 그 열매를 태우니 권세 잡은 자
의 규가 될 만한 강한 가지가 없도
다 하라 이것이 애가라 후에도 애
가가 되리라

20 일곱째 해 다섯째 달 열째 날에
이스라엘 장로 여러 사람이 야훼께
물으려고 와서 내 앞에 앉으니
2 야훼의 말씀이 내게 임하여 이르
시되
3 인자야 이스라엘 장로들에게 말하
여 이르라 주 야훼께서 이렇게 말
씀하셨느니라 너희가 내게 물으려
고 왔느냐 내가 나의 목숨을 걸고
맹세하거니와 너희가 내게 묻기를
내가 용납하지 아니하리라 주 야훼
의 말씀이니라
4 인자야 네가 그들을 심판하려느냐
네가 그들을 심판하려느냐 너는 그
들에게 그들의 조상들의 가증한 일
을 알게 하여
5 이르라 주 야훼께서 이같이 말씀
하셨느니라 옛날에 내가 이스라엘
을 택하고 야곱 집의 후예를 향하
여 내 손을 들어 맹세하고 애굽 땅
에서 그들에게 나타나 맹세하여 이
르기를 나는 야훼 너희 하나님이라
하였노라
6 그 날에 내가 내 손을 들어 그들에
게 맹세하기를 애굽 땅에서 인도하
여 내어 그들을 위하여 찾아 두었
던 땅 곧 젖과 꿀이 흐르는 땅이요
모든 땅 중의 아름다운 곳에 이르
게 하리라 하고
7 또 그들에게 이르기를 너희는 눈을
끄는 바 가증한 것을 각기 버리고
애굽의 우상들로 말미암아 스스로
더럽히지 말라 나는 야훼 너희 하
나님이니라 하였으나
8 그들이 내게 반역하여 내 말을 즐
겨 듣지 아니하고 그들의 눈을 끄
는 바 가증한 것을 각기 버리지 아
니하며 애굽의 우상들을 떠나지 아
니하므로 내가 말하기를 내가 애굽
땅에서 그들에게 나의 분노를 쏟으
며 그들에게 진노를 이루리라 하였
노라
9 그러나 내가 그들이 거주하는 이방
인의 눈 앞에서 그들에게 나타나
그들을 애굽 땅에서 인도하여 내었
나니 이는 내 이름을 위함이라 내
이름을 그 이방인의 눈 앞에서 더럽
히지 아니하려고 행하였음이라
10 그러므로 내가 그들을 애굽 땅에서
나와서 광야에 이르게 하고
11 사람이 준행하면 그로 말미암아 삶
을 얻을 내 율례를 주며 내 규례를
알게 하였고
12 또 내가 그들을 거룩하게 하는 야
훼인 줄 알게 하려고 내 안식일을
주어 그들과 나 사이에 표징을 삼

았노라
13 그러나 이스라엘 족속이 광야에서
내게 반역하여 사람이 준행하면 그
로 말미암아 삶을 얻을 나의 율례
를 준행하지 아니하며 나의 규례를
멸시하였고 나의 안식일을 크게 더
럽혔으므로 내가 이르기를 내가 내
분노를 광야에서 그들에게 쏟아 멸
하리라 하였으나
14 내가 내 이름을 위하여 달리 행하였
었나니 내가 그들을 인도하여 내는
것을 본 나라들 앞에서 내 이름을
더럽히지 아니하려 하였음이로라
15 또 내가 내 손을 들어 광야에서 그
들에게 맹세하기를 내가 그들에게
허락한 땅 곧 젖과 꿀이 흐르는 땅
이요 모든 땅 중의 아름다운 곳으
로 그들을 인도하여 들이지 아니하
리라 한 것은
16 그들이 마음으로 우상을 따라 나의
규례를 업신여기며 나의 율례를 행
하지 아니하며 나의 안식일을 더럽
혔음이라
17 그러나 내가 그들을 아껴서 광야에
서 멸하여 아주 없이하지 아니하였
었노라
18 내가 광야에서 그들의 자손에게 이
르기를 너희 조상들의 율례를 따르
지 말며 그 규례를 지키지 말며 그
우상들로 말미암아 스스로 더럽히
지 말라
19 나는 야훼 너희 하나님이라 너희는
나의 율례를 따르며 나의 규례를
지켜 행하고
20 또 나의 안식일을 거룩하게 할지어
다 이것이 나와 너희 사이에 표징이
되어 내가 야훼 너희 하나님인 줄
을 너희가 알게 하리라 하였노라
21 그러나 그들의 자손이 내게 반역하
여 사람이 지켜 행하면 그로 말미암
아 삶을 얻을 나의 율례를 따르지
아니하며 나의 규례를 지켜 행하지
아니하였고 나의 안식일을 더럽힌
지라 이에 내가 이르기를 내가 광
야에서 그들에게 내 분노를 쏟으며
그들에게 내 진노를 이루리라 하였
으나
22 내가 내 이름을 위하여 내 손을 막
아 달리 행하였나니 내가 그들을
인도하여 내는 것을 본 여러 나라
앞에서 내 이름을 더럽히지 아니하
려 하였음이로라
23 또 내가 내 손을 들어 광야에서 그
들에게 맹세하기를 내가 그들을 이
방인 중에 흩으며 여러 민족 가운
데에 헤치리라 하였나니
24 이는 그들이 나의 규례를 행하지
아니하며 나의 율례를 멸시하며 내
안식일을 더럽히고 눈으로 그들의
조상들의 우상들을 사모함이며

기록일 : . . .

25 또 내가 그들에게 선하지 못한 율
례와 능히 지키지 못할 규례를 주
었고
26 그들이 장자를 다 화제로 드리는
그 예물로 내가 그들을 더럽혔음은
그들을 멸망하게 하여 나를 야훼인
줄 알게 하려 하였음이라
27 그런즉 인자야 이스라엘 족속에게
말하여 이르라 주 야훼께서 이같이
말씀하셨느니라 너희 조상들이 또
내게 범죄하여 나를 욕되게 하였느
니라
28 내가 내 손을 들어 그들에게 주기
로 맹세한 땅으로 그들을 인도하여
들였더니 그들이 모든 높은 산과
모든 무성한 나무를 보고 거기에서
제사를 드리고 분노하게 하는 제물
을 올리며 거기서 또 분향하고 전제
물을 부어 드린지라
29 이에 내가 그들에게 이르기를 너희
가 다니는 산당이 무엇이냐 하였노
라 (그것을 오늘날까지 바마라 일
컫느니라)
30 그러므로 너는 이스라엘 족속에게
이르라 주 야훼께서 이같이 말씀하
셨느니라 너희가 조상들의 풍속을
따라 너희 자신을 더럽히며 그 모
든 가증한 것을 따라 행음하느냐
31 너희가 또 너희 아들을 화제로 삼
아 불 가운데로 지나게 하며 오늘
까지 너희 자신을 우상들로 말미암
아 더럽히느냐 이스라엘 족속아 너
희가 내게 묻기를 내가 용납하겠느
냐 주 야훼의 말씀이니라 내가 나
의 삶을 두고 맹세하노니 너희가
내게 묻기를 내가 용납하지 아니하
리라
32 너희가 스스로 이르기를 우리가 이
방인 곧 여러 나라 족속 같이 되어
서 목석을 경배하리라 하거니와 너
희 마음에 품은 것을 결코 이루지
못하리라
33 주 야훼의 말씀이니라 내가 나의
삶을 두고 맹세하노니 내가 능한
손과 편 팔로 분노를 쏟아 너희를
반드시 다스릴지라
34 능한 손과 편 팔로 분노를 쏟아 너
희를 여러 나라에서 나오게 하며
너희의 흩어진 여러 지방에서 모아
내고
35 너희를 인도하여 여러 나라 광야에
이르러 거기에서 너희를 대면하여
심판하되
36 내가 애굽 땅 광야에서 너희 조상
들을 심판한 것 같이 너희를 심판
하리라 주 야훼의 말씀이니라
37 내가 너희를 막대기 아래로 지나가
게 하며 언약의 줄로 매려니와
38 너희 가운데에서 반역하는 자와 내
게 범죄하는 자를 모두 제하여 버

기록일 : . . .

릴지라 그들을 그 머물러 살던 땅
에서는 나오게 하여도 이스라엘 땅
에는 들어가지 못하게 하리니 너희
가 나는 야훼인 줄을 알리라
39 주 야훼께서 이같이 말씀하셨느니
라 이스라엘 족속아 너희가 내 말
을 듣지 아니하려거든 가서 각각
그 우상을 섬기라 그렇게 하려거든
이 후에 다시는 너희 예물과 너희
우상들로 내 거룩한 이름을 더럽히
지 말지니라
40 주 야훼의 말씀이니라 이스라엘 온
족속이 그 땅에 있어서 내 거룩한
산 곧 이스라엘의 높은 산에서 다
나를 섬기리니 거기에서 내가 그들
을 기쁘게 받을지라 거기에서 너희
예물과 너희가 드리는 첫 열매와
너희 모든 성물을 요구하리라
41 내가 너희를 인도하여 여러 나라
가운데에서 나오게 하고 너희가 흩
어진 여러 민족 가운데에서 모아 낼
때에 내가 너희를 향기로 받고 내
가 또 너희로 말미암아 내 거룩함
을 여러 나라의 목전에서 나타낼
것이며
42 내가 내 손을 들어 너희 조상들에
게 주기로 맹세한 땅 곧 이스라엘
땅으로 너희를 인도하여 들일 때에
너희는 내가 야훼인 줄 알고
43 거기에서 너희의 길과 스스로 더럽
힌 모든 행위를 기억하고 이미 행
한 모든 악으로 말미암아 스스로
미워하리라
44 이스라엘 족속아 내가 너희의 악한
길과 더러운 행위대로 하지 아니하
고 내 이름을 위하여 행한 후에야
내가 야훼인 줄 너희가 알리라 주
야훼의 말씀이니라
45 야훼의 말씀이 또 내게 임하여 이
르시되
46 인자야 너는 얼굴을 남으로 향하라
남으로 향하여 소리내어 남쪽의 숲
을 쳐서 예언하라
47 남쪽의 숲에게 이르기를 야훼의 말
씀을 들을지어다 주 야훼께서 이같
이 말씀하셨느니라 내가 너의 가운
데에 불을 일으켜 모든 푸른 나무
와 모든 마른 나무를 없애리니 맹
렬한 불꽃이 꺼지지 아니하고 남에
서 북까지 모든 얼굴이 그슬릴지라
48 혈기 있는 모든 자는 나 야훼가 그
불을 일으킨 줄을 알리니 그것이
꺼지지 아니하리라 하셨다 하라 하
시기로
49 내가 이르되 아하 주 야훼여 그들
이 나를 가리켜 말하기를 그는 비
유로 말하는 자가 아니냐 하나이다
하니라

21

또 야훼의 말씀이 내게 임하여 이
르시되

2 인자야 너는 얼굴을 예루살렘으로
향하며 성소를 향하여 소리내어 이
스라엘 땅에게 예언하라
3 이스라엘 땅에게 이르기를 야훼의
말씀에 내가 너를 대적하여 내 칼
을 칼집에서 빼어 의인과 악인을
네게서 끊을지라
4 내가 의인과 악인을 네게서 끊을
터이므로 내 칼을 칼집에서 빼어
모든 육체를 남에서 북까지 치리니
5 모든 육체는 나 야훼가 내 칼을 칼
집에서 빼낸 줄을 알지라 칼이 다
시 꽂히지 아니하리라 하셨다 하라
6 인자야 탄식하되 너는 허리가 끊어
지듯 탄식하라 그들의 목전에서 슬
피 탄식하라
7 그들이 네게 묻기를 네가 어찌하여
탄식하느냐 하거든 대답하기를 재
앙이 다가온다는 소문 때문이니 각
마음이 녹으며 모든 손이 약하여지
며 각 영이 쇠하며 모든 무릎이 물
과 같이 약해지리라 보라 재앙이
오나니 반드시 이루어지리라 주 야
훼의 말씀이니라 하라
8 야훼의 말씀이 또 내게 임하여 이
르시되
9 인자야 너는 예언하여 야훼의 말씀
을 이같이 말하라 칼이여 칼이여 날
카롭고도 빛나도다
10 그 칼이 날카로움은 죽임을 위함이
요 빛남은 번개 같이 되기 위함이니
우리가 즐거워하겠느냐 내 아들의
규가 모든 나무를 업신여기는도다
11 그 칼을 손에 잡아 쓸 만하도록 빛
나게 하되 죽이는 자의 손에 넘기
기 위하여 날카롭고도 빛나게 하였
도다 하셨다 하라
12 인자야 너는 부르짖어 슬피 울지어
다 이것이 내 백성에게 임하며 이스
라엘 모든 고관에게 임함이로다 그
들과 내 백성이 함께 칼에 넘긴 바
되었으니 너는 네 넓적다리를 칠지
어다
13 이것이 시험이라 만일 업신여기는
규가 없어지면 어찌할까 주 야훼의
말씀이니라
14 그러므로 인자야 너는 예언하며 손
뼉을 쳐서 칼로 두세 번 거듭 쓰이
게 하라 이 칼은 죽이는 칼이라 사
람들을 둘러싸고 죽이는 큰 칼이
로다
15 내가 그들이 낙담하여 많이 엎드러
지게 하려고 그 모든 성문을 향하
여 번쩍번쩍하는 칼을 세워 놓았도
다 오호라 그 칼이 번개 같고 죽이
기 위하여 날카로웠도다
16 칼아 모이라 오른쪽을 치라 대열을
맞추라 왼쪽을 치라 향한 대로 가라
17 나도 내 손뼉을 치며 내 분노를 다
풀리로다 나 야훼가 말하였노라

기록일 : . . .

18 야훼의 말씀이 내게 임하여 이르
시되
19 인자야 너는 바벨론 왕의 칼이 올
두 길을 한 땅에서 나오도록 그리
되 곧 성으로 들어가는 길 어귀에
다가 길이 나뉘는 지시표를 하여
20 칼이 암몬 족속의 랍바에 이르는
길과 유다의 견고한 성 예루살렘에
이르는 길을 그리라
21 바벨론 왕이 갈랫길 곧 두 길 어귀
에 서서 점을 치되 화살들을 흔들
어 우상에게 묻고 희생제물의 간을
살펴서
22 오른손에 예루살렘으로 갈 점괘를
얻었으므로 공성퇴를 설치하며 입
을 벌리고 죽이며 소리를 높여 외
치며 성문을 향하여 공성퇴를 설치
하고 토성을 쌓고 사다리를 세우게
되었나니
23 전에 그들에게 맹약한 자들은 그것
을 거짓 점괘로 여길 것이나 바벨론
왕은 그 죄악을 기억하고 그 무리
를 잡으리라
24 그러므로 주 야훼께서 이같이 말씀
하셨느니라 너희의 악이 기억을 되
살리며 너희의 허물이 드러나며 너
희 모든 행위의 죄가 나타났도다
너희가 기억한 바 되었은즉 그 손
에 잡히리라
25 너 극악하여 중상을 당할 이스라엘
왕아 네 날이 이르렀나니 곧 죄악
의 마지막 때이니라
26 주 야훼께서 이같이 말씀하셨느니
라 관을 제거하며 왕관을 벗길지라
그대로 두지 못하리니 낮은 자를
높이고 높은 자를 낮출 것이니라
27 내가 엎드러뜨리고 엎드러뜨리고
엎드러뜨리려니와 이것도 다시 있
지 못하리라 마땅히 얻을 자가 이
르면 그에게 주리라
28 인자야 너는 주 야훼께서 암몬 족
속과 그의 능욕에 대하여 이같이
말씀하셨다고 예언하라 너는 이르
기를 칼이 뽑히도다 칼이 뽑히도다
죽이며 멸절하며 번개 같이 되기 위
하여 빛났도다
29 네게 대하여 허무한 것을 보며 네
게 대하여 거짓 복술을 하는 자가
너를 중상 당한 악인의 목 위에 두
리니 이는 그의 날 곧 죄악의 마지
막 때가 이름이로다
30 그러나 칼을 그 칼집에 꽂을지어다
네가 지음을 받은 곳에서, 네가 출
생한 땅에서 내가 너를 심판하리
로다
31 내가 내 분노를 네게 쏟으며 내 진
노의 불을 네게 내뿜고 너를 짐승
같은 자 곧 멸하기에 익숙한 자의
손에 넘기리로다
32 네가 불에 섶과 같이 될 것이며 너

기록일 : . . .

피가 나라 가운데에 있을 것이며
네가 다시 기억되지 못할 것이니 나
야훼가 말하였음이라 하라

22 또 야훼의 말씀이 내게 임하여 이
르시되
2 인자야 네가 심판하려느냐 이 피흘
린 성읍을 심판하려느냐 그리하려
거든 자기의 모든 가증한 일을 그
들이 알게 하라
3 너는 말하라 주 야훼께서 이같이 말
씀하셨느니라 자기 가운데에 피를
흘려 벌 받을 때가 이르게 하며 우
상을 만들어 스스로 더럽히는 성아
4 네가 흘린 피로 말미암아 죄가 있
고 네가 만든 우상으로 말미암아
스스로 더럽혔으니 네 날이 가까웠
고 네 연한이 찼도다 그러므로 내
가 너로 이방의 능욕을 받으며 만
국의 조롱 거리가 되게 하였노라
5 너 이름이 더럽고 어지러움이 많은
자여 가까운 자나 먼 자나 다 너를
조롱하리라
6 이스라엘 모든 고관은 각기 권세대
로 피를 흘리려고 네 가운데에 있
었도다
7 그들이 네 가운데에서 부모를 업신
여겼으며 네 가운데에서 나그네를
학대하였으며 네 가운데에서 고아
와 과부를 해하였도다
8 너는 나의 성물들을 업신여겼으며
나의 안식일을 더럽혔으며
9 네 가운데에 피를 흘리려고 이간을
붙이는 자도 있었으며 네 가운데
에 산 위에서 제물을 먹는 자도 있
었으며 네 가운데에 음행하는 자도
있었으며
10 네 가운데에 자기 아버지의 하체를
드러내는 자도 있었으며 네 가운데
에 월경하는 부정한 여인과 관계하
는 자도 있었으며
11 어떤 사람은 그 이웃의 아내와 가
증한 일을 행하였으며 어떤 사람은
그의 며느리를 더럽혀 음행하였으
며 네 가운데에 어떤 사람은 그 자
매 곧 아버지의 딸과 관계하였으며
12 네 가운데에 피를 흘리려고 뇌물을
받는 자도 있었으며 네가 변돈과
이자를 받았으며 이익을 탐하여 이
웃을 속여 빼앗았으며 나를 잊어버
렸도다 주 야훼의 말씀이니라
13 네가 불의를 행하여 이익을 얻은
일과 네 가운데에 피 흘린 일로 말
미암아 내가 손뼉을 쳤나니
14 내가 네게 보응하는 날에 네 마음
이 견디겠느냐 네 손이 힘이 있겠느
냐 나 야훼가 말하였으니 내가 이
루리라
15 내가 너를 뭇 나라 가운데에 흩으
며 각 나라에 헤치고 너의 더러운
것을 네 가운데에서 멸하리라

기록일 : . . .

16 네가 자신 때문에 나라들의 목전
에서 수치를 당하리니 내가 야훼인
줄 알리라 하셨다 하라
17 야훼의 말씀이 내게 임하여 이르
시되
18 인자야 이스라엘 족속이 내게 찌꺼
기가 되었나니 곧 풀무 불 가운데
에 있는 놋이나 주석이나 쇠나 납
이며 은의 찌꺼기로다
19 그러므로 주 야훼께서 이와 같이
말씀하셨느니라 너희가 다 찌꺼기
가 되었은즉 내가 너희를 예루살렘
가운데로 모으고
20 사람이 은이나 놋이나 쇠나 납이나
주석이나 모아서 풀무 불 속에 넣
고 불을 불어 녹이는 것 같이 내가
노여움과 분으로 너희를 모아 거기
에 두고 녹이리라
21 내가 너희를 모으고 내 분노의 불
을 너희에게 불면 너희가 그 가운
데에서 녹되
22 은이 풀무 불 가운데에서 녹는 것
같이 너희가 그 가운데에서 녹으리
니 나 야훼가 분노를 너희 위에 쏟
은 줄을 너희가 알리라
23 야훼의 말씀이 내게 임하여 이르
시되
24 인자야 너는 그에게 이르기를 너는
정결함을 얻지 못한 땅이요 진노의
날에 비를 얻지 못한 땅이로다 하라

25 그 가운데에서 선지자들의 반역함
이 우는 사자가 음식물을 움킴 같
았도다 그들이 사람의 영혼을 삼켰
으며 재산과 보물을 탈취하며 과부
를 그 가운데에 많게 하였으며
26 그 제사장들은 내 율법을 범하였으
며 나의 성물을 더럽혔으며 거룩함
과 속된 것을 구별하지 아니하였으
며 부정함과 정한 것을 사람이 구별
하게 하지 아니하였으며 그의 눈을
가리어 나의 안식일을 보지 아니하
였으므로 내가 그들 가운데에서 더
럽힘을 받았느니라
27 그 가운데에 그 고관들은 음식물을
삼키는 이리 같아서 불의한 이익을
얻으려고 피를 흘려 영혼을 멸하
거늘
28 그 선지자들이 그들을 위하여 회를
칠하고 스스로 허탄한 이상을 보며
거짓 복술을 행하며 야훼가 말하지
아니하였어도 주 야훼께서 이같이
말씀하셨느니라 하였으며
29 이 땅 백성은 포악하고 강탈을 일
삼고 가난하고 궁핍한 자를 압제하
고 나그네를 부당하게 학대하였으
므로
30 이 땅을 위하여 성을 쌓으며 성
무너진 데를 막아 서서 나로 하여
금 멸하지 못하게 할 사람을 내가
그 가운데에서 찾다가 찾지 못하

기록일 : . . .

였으므로
31 내가 내 분노를 그들 위에 쏟으며
내 진노의 불로 멸하여 그들 행위
대로 그들 머리에 보응하였느니라
주 야훼의 말씀이니라

23 또 야훼의 말씀이 내게 임하여 이
르시되
2 인자야 두 여인이 있었으니 한 어머
니의 딸이라
3 그들이 애굽에서 행음하되 어렸을
때에 행음하여 그들의 유방이 눌
리며 그 처녀의 가슴이 어루만져졌
나니
4 그 이름이 형은 오홀라요 아우는
오홀리바라 그들이 내게 속하여 자
녀를 낳았나니 그 이름으로 말하면
오홀라는 사마리아요 오홀리바는
예루살렘이니라
5 오홀라가 내게 속하였을 때에 행음
하여 그가 연애하는 자 곧 그의 이
웃 앗수르 사람을 사모하였나니
6 그들은 다 자색 옷을 입은 고관과
감독이요 준수한 청년이요 말 타는
자들이라
7 그가 앗수르 사람들 가운데에 잘
생긴 그 모든 자들과 행음하고 누
구를 연애하든지 그들의 모든 우상
으로 자신을 더럽혔으며
8 그가 젊었을 때에 애굽 사람과 동
침하매 그 처녀의 가슴이 어루만져
졌으며 그의 몸에 음란을 쏟음을
당한 바 되었더니 그가 그 때부터
행음함을 마지아니하였느니라
9 그러므로 내가 그를 그의 정든 자
곧 그가 연애하는 앗수르 사람의
손에 넘겼더니
10 그들이 그의 하체를 드러내고 그의
자녀를 빼앗으며 칼로 그를 죽여
여인들에게 이야깃거리가 되게 하
였나니 이는 그들이 그에게 심판을
행함이니라
11 그 아우 오홀리바가 이것을 보고도
그의 형보다 음욕을 더하며 그의
형의 간음함보다 그 간음이 더 심
하므로 그의 형보다 더 부패하여졌
느니라
12 그가 그의 이웃 앗수르 사람을 연
애하였나니 그들은 화려한 의복을
입은 고관과 감독이요 말 타는 자
들과 준수한 청년이었느니라
13 그 두 여인이 한 길로 행하므로 그
도 더러워졌음을 내가 보았노라
14 그가 음행을 더하였음은 붉은 색으
로 벽에 그린 사람의 형상 곧 갈대
아 사람의 형상을 보았음이니
15 그 형상은 허리를 띠로 동이고 머
리를 긴 수건으로 쌌으며 그의 용
모는 다 준수한 자 곧 그의 고향 갈
대아 바벨론 사람 같은 것이라
16 그가 보고 곧 사랑하게 되어 사절

기록일 : . . .

을 갈대아 그들에게로 보내매
17 바벨론 사람이 나아와 연애하는 침
상에 올라 음행으로 그를 더럽히매
그가 더럽힘을 입은 후에 그들을
싫어하는 마음이 생겼느니라
18 그가 이같이 그의 음행을 나타내며
그가 하체를 드러내므로 내 마음이
그의 형을 싫어한 것 같이 그를 싫
어하였으나
19 그가 그의 음행을 더하여 젊었을
때 곧 애굽 땅에서 행음하던 때를
생각하고
20 그의 하체는 나귀 같고 그의 정수
는 말 같은 음란한 간부를 사랑하
였도다
21 네가 젊었을 때에 행음하여 애굽
사람에게 네 가슴과 유방이 어루만
져졌던 것을 아직도 생각하도다
22 그러므로 오홀리바야 주 야훼께서
이같이 말씀하셨느니라 나는 네가
사랑하다가 싫어하던 자들을 충동
하여 그들이 사방에서 와서 너를 치
게 하리니
23 그들은 바벨론 사람과 갈대아 모든
무리 브곳과 소아와 고아 사람과
또 그와 함께 한 모든 앗수르 사람
곧 준수한 청년이며 다 고관과 감
독이며 귀인과 유명한 자요 다 말
타는 자들이라
24 그들이 무기와 병거와 수레와 크고
작은 방패를 이끌고 투구 쓴 군대
를 거느리고 치러 와서 너를 에워
싸리라 내가 재판을 그들에게 맡긴
즉 그들이 그들의 법대로 너를 재
판하리라
25 내가 너를 향하여 질투하리니 그들
이 분내어 네 코와 귀를 깎아 버리
고 남은 자를 칼로 엎드러뜨리며
네 자녀를 빼앗고 그 남은 자를 불
에 사르며
26 또 네 옷을 벗기며 네 장식품을 빼
앗을지라
27 이와 같이 내가 네 음란과 애굽 땅
에서부터 행음하던 것을 그치게 하
여 너로 그들을 향하여 눈을 들지
도 못하게 하며 다시는 애굽을 기
억하지도 못하게 하리라
28 주 야훼께서 이같이 말씀하셨느니
라 나는 네가 미워하는 자와 네 마
음에 싫어하는 자의 손에 너를 붙
이리니
29 그들이 미워하는 마음으로 네게 행
하여 네 모든 수고한 것을 빼앗고
너를 벌거벗은 몸으로 두어서 네 음
행의 벗은 몸 곧 네 음란하며 행음
하던 것이 드러날 것이라
30 네가 이같이 당할 것은 네가 음란
하게 이방을 따르고 그 우상들로
더럽혔기 때문이로다
31 네가 네 형의 길로 행하였은즉 내

가 그의 잔을 네 손에 주리라
32 주 야훼께서 이같이 말씀하셨느니
라 깊고 크고 가득히 담긴 네 형의
잔을 네가 마시고 코웃음과 조롱을
당하리라
33 네가 네 형 사마리아의 잔 곧 놀람
과 패망의 잔에 넘치게 취하고 근
심할지라
34 네가 그 잔을 다 기울여 마시고 그
깨어진 조각을 씹으며 네 유방을
꼬집을 것은 내가 이렇게 말하였음
이라 주 야훼의 말씀이니라
35 그러므로 주 야훼께서 이같이 말
씀하셨느니라 네가 나를 잊었고 또
나를 네 등 뒤에 버렸은즉 너는 네
음란과 네 음행의 죄를 담당할지니
라 하시니라
36 야훼께서 또 내게 이르시되 인자야
네가 오홀라와 오홀리바를 심판하
려느냐 그러면 그 가증한 일을 그
들에게 말하라
37 그들이 행음하였으며 피를 손에 묻
혔으며 또 그 우상과 행음하며 내
게 낳아 준 자식들을 우상을 위하
여 화제로 살랐으며
38 이 외에도 그들이 내게 행한 것이
있나니 당일에 내 성소를 더럽히며
내 안식일을 범하였도다
39 그들이 자녀를 죽여 그 우상에게
드린 그 날에 내 성소에 들어와서
더럽혔으되 그들이 내 성전 가운데
에서 그렇게 행하였으며
40 또 사절을 먼 곳에 보내 사람을 불
러오게 하고 그들이 오매 그들을
위하여 목욕하며 눈썹을 그리며 스
스로 단장하고
41 화려한 자리에 앉아 앞에 상을 차
리고 내 향과 기름을 그 위에 놓고
42 그 무리와 편히 지껄이고 즐겼으며
또 광야에서 잡류와 술 취한 사람
을 청하여 오매 그들이 팔찌를 그
손목에 끼우고 아름다운 관을 그
머리에 씌웠도다
43 내가 음행으로 쇠한 여인을 가리켜
말하노라 그가 그래도 그들과 피차
행음하는도다
44 그들이 그에게 나오기를 기생에게
나옴 같이 음란한 여인 오홀라와
오홀리바에게 나왔은즉
45 의인이 간통한 여자들을 재판함 같
이 재판하며 피를 흘린 여인을 재판
함 같이 재판하리니 그들은 간통한
여자들이요 또 피가 그 손에 묻었
음이라
46 주 야훼께서 이같이 말씀하셨느니
라 그들에게 무리를 올려 보내 그
들이 공포와 약탈을 당하게 하라
47 무리가 그들을 돌로 치며 칼로 죽
이고 그 자녀도 죽이며 그 집들을
불사르리라

기록일 : . . .

48 이같이 내가 이 땅에서 음란을 그
치게 한즉 모든 여인이 정신이 깨어
너희 음행을 본받지 아니하리라
49 그들이 너희 음란으로 너희에게 보
응한즉 너희가 모든 우상을 위하던
죄를 담당할지라 내가 주 야훼인
줄을 너희가 알리라 하시니라

24

아홉째 해 열째 달 열째 날에 야
훼의 말씀이 내게 임하여 이르시되
2 인자야 너는 날짜 곧 오늘의 이름
을 기록하라 바벨론 왕이 오늘 예
루살렘에 가까이 왔느니라
3 너는 이 반역하는 족속에게 비유를
베풀어 이르기를 주 야훼께서 이같
이 말씀하시기를 가마 하나를 걸라
4~5 건 후에 물을 붓고 양 떼에서 한 마
리를 골라 각을 뜨고 그 넓적다리와
어깨 고기의 모든 좋은 덩이를 그
가운데에 모아 넣으며 고른 뼈를 가
득히 담고 그 뼈를 위하여 가마 밑
에 나무를 쌓아 넣고 잘 삶되 가마
속의 뼈가 무르도록 삶을지어다
6 그러므로 주 야훼께서 이같이 말씀
하셨느니라 피를 흘린 성읍, 녹슨
가마 곧 그 속의 녹을 없이하지 아
니한 가마여 화 있을진저 제비 뽑을
것도 없이 그 덩이를 하나하나 꺼
낼지어다
7 그 피가 그 가운데에 있음이여 피
를 땅에 쏟아 티끌이 덮이게 하지
않고 맨 바위 위에 두었도다
8 내가 그 피를 맨 바위 위에 두고 덮
이지 아니하게 함은 분노를 나타내
어 보응하려 함이로라
9 그러므로 주 야훼께서 이같이 말
씀하셨느니라 화 있을진저 피를 흘
린 성읍이여 내가 또 나무 무더기를
크게 하리라
10 나무를 많이 쌓고 불을 피워 그 고
기를 삶아 녹이고 국물을 졸이고
그 뼈를 태우고
11 가마가 빈 후에는 숯불 위에 놓아
뜨겁게 하며 그 가마의 놋을 달궈
서 그 속에 더러운 것을 녹게 하며
녹이 소멸되게 하라
12 이 성읍이 수고하므로 스스로 피곤
하나 많은 녹이 그 속에서 벗겨지지
아니하며 불에서도 없어지지 아니
하는도다
13 너의 더러운 것들 중에 음란이 그
하나이니라 내가 너를 깨끗하게 하
나 네가 깨끗하여지지 아니하니 내
가 네게 향한 분노를 풀기 전에는
네 더러움이 다시 깨끗하여지지 아
니하리라
14 나 야훼가 말하였은즉 그 일이 이
루어질지라 내가 돌이키지도 아니
하고 아끼지도 아니하며 뉘우치지
도 아니하고 행하리니 그들이 네
모든 행위대로 너를 재판하리라 주

기록일 :   .   .   .

야훼의 말씀이니라
15 야훼의 말씀이 또 내게 임하여 이
르시되
16 인자야 내가 네 눈에 기뻐하는 것
을 한 번 쳐서 빼앗으리니 너는 슬
퍼하거나 울거나 눈물을 흘리거나
하지 말며
17 죽은 자들을 위하여 슬퍼하지 말고
조용히 탄식하며 수건으로 머리를
동이고 발에 신을 신고 입술을 가
리지 말고 사람이 초상집에서 먹는
음식물을 먹지 말라 하신지라
18 내가 아침에 백성에게 말하였더니
저녁에 내 아내가 죽었으므로 아침
에 내가 받은 명령대로 행하매
19 백성이 내게 이르되 네가 행하는
이 일이 우리와 무슨 상관이 있는지
너는 우리에게 말하지 아니하겠느
냐 하므로
20 내가 그들에게 대답하기를 야훼의
말씀이 내게 임하여 이르시되
21 너는 이스라엘 족속에게 이르기를
주 야훼의 말씀에 내 성소는 너희
세력의 영광이요 너희 눈의 기쁨이
요 너희 마음에 아낌이 되거니와
내가 더럽힐 것이며 너희의 버려 둔
자녀를 칼에 엎드러지게 할지라
22 너희가 에스겔이 행한 바와 같이
행하여 입술을 가리지 아니하며 사
람의 음식물을 먹지 아니하며
23 수건으로 머리를 동인 채, 발에 신
을 신은 채로 두고 슬퍼하지도 아니
하며 울지도 아니하되 죄악 중에 패
망하여 피차 바라보고 탄식하리라
24 이같이 에스겔이 너희에게 표징이
되리니 그가 행한 대로 너희가 다
행할지라 이 일이 이루어지면 내가
주 야훼인 줄을 너희가 알리라 하
라 하셨느니라
25 인자야 내가 그 힘과 그 즐거워하
는 영광과 그 눈이 기뻐하는 것과
그 마음이 간절하게 생각하는 자녀
를 데려가는 날
26 곧 그 날에 도피한 자가 네게 나와
서 네 귀에 그 일을 들려 주지 아니
하겠느냐
27 그 날에 네 입이 열려서 도피한 자
에게 말하고 다시는 잠잠하지 아니
하리라 이같이 너는 그들에게 표징
이 되고 그들은 내가 야훼인 줄 알
리라

25

야훼의 말씀이 또 내게 임하여 이
르시되
2 인자야 네 얼굴을 암몬 족속에게
돌리고 그들에게 예언하라
3 너는 암몬 족속에게 이르기를 너희
는 주 야훼의 말씀을 들을지어다
주 야훼께서 이같이 말씀하셨느니
라 내 성소가 더럽힘을 받을 때에
네가 그것에 관하여, 이스라엘 땅

기록일 : . . .

이 황폐할 때에 네가 그것에 관하
여, 유다 족속이 사로잡힐 때에 네
가 그들에 대하여 이르기를 아하
좋다 하였도다
4 그러므로 내가 너를 동방 사람에게
기업으로 넘겨 주리니 그들이 네 가
운데에 진을 치며 네 가운데에 그
거처를 베풀며 네 열매를 먹으며 네
젖을 마실지라
5 내가 랍바를 낙타의 우리로 만들며
암몬 족속의 땅을 양 떼가 눕는 곳
으로 삼은즉 내가 주 야훼인 줄을
너희가 알리라
6 주 야훼께서 이같이 말씀하셨느니
라 네가 이스라엘 땅에 대하여 손
뼉을 치며 발을 구르며 마음을 다
하여 멸시하며 즐거워하였나니
7 그런즉 내가 손을 네 위에 펴서 너
를 다른 민족에게 넘겨 주어 노략
을 당하게 하며 너를 만민 중에서
끊어 버리며 너를 여러 나라 가운데
에서 패망하게 하여 멸하리니 내가
주 야훼인 줄을 너희가 알리라 하
셨다 하라
8 주 야훼께서 이같이 말씀하셨느니
라 모압과 세일이 이르기를 유다
족속은 모든 이방과 다름이 없다
하도다
9 그러므로 내가 모압의 한편 곧 그
나라 국경에 있는 영화로운 성읍들
벧여시못과 바알므온과 기랴다임을
열고
10 암몬 족속과 더불어 동방 사람에게
넘겨 주어 기업을 삼게 할 것이라
암몬 족속이 다시는 이방 가운데에
서 기억되지 아니하게 하려니와
11 내가 모압에 벌을 내리리니 내가
주 야훼인 줄을 너희가 알리라
12 주 야훼께서 이같이 말씀하셨느니
라 에돔이 유다 족속을 쳐서 원수
를 갚았고 원수를 갚음으로 심히
범죄하였도다
13 그러므로 주 야훼께서 이같이 말씀
하셨느니라 내가 내 손을 에돔 위에
펴서 사람과 짐승을 그 가운데에서
끊어 데단에서부터 황폐하게 하리
니 드단까지 칼에 엎드러지리라
14 내가 내 백성 이스라엘의 손으로 내
원수를 에돔에게 갚으리니 그들이
내 진노와 분노를 따라 에돔에 행
한즉 내가 원수를 갚음인 줄을 에돔
이 알리라 주 야훼의 말씀이니라
15 주 야훼께서 이같이 말씀하셨느니
라 블레셋 사람이 옛날부터 미워하
여 멸시하는 마음으로 원수를 갚아
진멸하고자 하였도다
16 그러므로 주 야훼께서 이같이 말씀
하셨느니라 내가 블레셋 사람 위에
손을 펴서 그렛 사람을 끊으며 해
변에 남은 자를 진멸하되

기록일 : . . .

17 분노의 책벌로 내 원수를 그들에게
크게 갚으리라 내가 그들에게 원수
를 갚은즉 내가 야훼인 줄을 그들
이 알리라 하시니라

26

열한째 해 어느 달 초하루에 야훼
의 말씀이 내게 임하여 이르시되
2 인자야 두로가 예루살렘에 관하여
이르기를 아하 만민의 문이 깨져서
내게로 돌아왔도다 그가 황폐하였
으니 내가 충만함을 얻으리라 하였
도다
3 그러므로 주 야훼께서 이같이 말씀
하셨느니라 두로야 내가 너를 대
적하여 바다가 그 파도를 굽이치게
함 같이 여러 민족들이 와서 너를
치게 하리니
4 그들이 두로의 성벽을 무너뜨리며
그 망대를 헐 것이요 나도 티끌을
그 위에서 쓸어 버려 맨 바위가 되
게 하며
5 바다 가운데에 그물 치는 곳이 되
게 하리니 내가 말하였음이라 주
야훼의 말씀이니라 그가 이방의 노
략 거리가 될 것이요
6 들에 있는 그의 딸들은 칼에 죽으
리니 그들이 나를 야훼인 줄을 알
리라
7 주 야훼께서 이같이 말씀하셨느니
라 내가 왕들 중의 왕 곧 바벨론의
느부갓네살 왕으로 하여금 북쪽에
서 말과 병거와 기병과 군대와 백
성의 큰 무리를 거느리고 와서 두
로를 치게 할 때에
8 그가 들에 있는 너의 딸들을 칼로
죽이고 너를 치려고 사다리를 세우
며 토성을 쌓으며 방패를 갖출 것
이며
9 공성퇴를 가지고 네 성을 치며 도
끼로 망대를 찍을 것이며
10 말이 많으므로 그 티끌이 너를 가
릴 것이며 사람이 무너진 성 구멍으
로 들어가는 것 같이 그가 네 성문
으로 들어갈 때에 그 기병과 수레
와 병거의 소리로 말미암아 네 성
곽이 진동할 것이며
11 그가 그 말굽으로 네 모든 거리를
밟을 것이며 칼로 네 백성을 죽일
것이며 네 견고한 석상을 땅에 엎
드러뜨릴 것이며
12 네 재물을 빼앗을 것이며 네가 무
역한 것을 노략할 것이며 네 성을
헐 것이며 네가 기뻐하는 집을 무너
뜨릴 것이며 또 네 돌들과 네 재목
과 네 흙을 다 물 가운데에 던질 것
이라
13 내가 네 노래 소리를 그치게 하며
네 수금 소리를 다시 들리지 않게
하고
14 너를 맨 바위가 되게 한즉 네가 그
물 말리는 곳이 되고 다시는 건축

기록일 : . . .

되지 못하리니 나 야훼가 말하였음
이니라 주 야훼의 말씀이니라
15 주 야훼께서 이같이 두로에 대하여
말씀하시되 네가 엎드러지는 소리
에 모든 섬이 진동하지 아니하겠느
냐 곧 너희 가운데에 상한 자가 부
르짖으며 죽임을 당할 때에라
16 그 때에 바다의 모든 왕이 그 보좌
에서 내려 조복을 벗으며 수 놓은
옷을 버리고 떨림을 입듯 하고 땅
에 앉아서 너로 말미암아 무시로
떨며 놀랄 것이며
17 그들이 너를 위하여 슬픈 노래를
불러 이르기를 항해자가 살았던 유
명한 성읍이여 너와 너의 주민이 바
다 가운데에 있어 견고하였도다 해
변의 모든 주민을 두렵게 하였더니
어찌 그리 멸망하였는고
18 네가 무너지는 그날에 섬들이 진동
할 것임이여 바다 가운데의 섬들이
네 결국을 보고 놀라리로다 하리라
19 주 야훼께서 이같이 말씀하셨느니
라 내가 너를 주민이 없는 성읍과
같이 황폐한 성읍이 되게 하고 깊
은 바다가 네 위에 오르게 하며 큰
물이 너를 덮게 할 때에
20 내가 너를 구덩이에 내려가는 자와
함께 내려가서 옛적 사람에게로 나
아가게 하고 너를 그 구덩이에 내
려간 자와 함께 땅 깊은 곳 예로부
터 황폐한 곳에 살게 하리라 네가
다시는 사람이 거주하는 곳이 되지
못하리니 살아 있는 자의 땅에서
영광을 얻지 못하리라
21 내가 너를 패망하게 하여 다시 있
지 못하게 하리니 사람이 비록 너를
찾으나 다시는 영원히 만나지 못하
리라 주 야훼의 말씀이니라

27 야훼의 말씀이 내게 임하여 이르
시되
2 인자야 너는 두로를 위하여 슬픈
노래를 지으라
3 너는 두로를 향하여 이르기를 바다
어귀에 거주하면서 여러 섬 백성과
거래하는 자여 주 야훼께서 이같이
말씀하시되 두로야 네가 말하기를
나는 온전히 아름답다 하였도다
4 네 땅이 바다 가운데에 있음이여
너를 지은 자가 네 아름다움을 온
전하게 하였도다
5 스닐의 잣나무로 네 판자를 만들었
음이여 너를 위하여 레바논의 백향
목을 가져다 돛대를 만들었도다
6 바산의 상수리나무로 네 노를 만들
었음이여 깃딤 섬 황양목에 상아로
꾸며 갑판을 만들었도다
7 애굽의 수 놓은 가는 베로 돛을 만
들어 깃발을 삼았음이여 엘리사 섬
의 청색 자색 베로 차일을 만들었
도다

기록일 : . . .

8 시돈과 아르왓 주민들이 네 사공이
되었음이여 두로야 네 가운데에 있
는 지혜자들이 네 선장이 되었도다
9 그발의 노인들과 지혜자들이 네 가
운데에서 배의 틈을 막는 자가 되었
음이여 바다의 모든 배와 그 사공들
은 네 가운데에서 무역하였도다
10 바사와 룻과 붓이 네 군대 가운데
에서 병정이 되었음이여 네 가운데
에서 방패와 투구를 달아 네 영광
을 나타냈도다
11 아르왓 사람과 네 군대는 네 사방
성 위에 있었고 용사들은 네 여러
망대에 있었음이여 네 사방 성 위
에 방패를 달아 네 아름다움을 온
전하게 하였도다
12 다시스는 각종 보화가 풍부하므로
너와 거래하였음이여 은과 철과 주
석과 납을 네 물품과 바꾸어 갔도다
13 야완과 두발과 메섹은 네 상인이
되었음이여 사람과 놋그릇을 가지
고 네 상품을 바꾸어 갔도다
14 도갈마 족속은 말과 군마와 노새를
네 물품과 바꾸었으며
15 드단 사람은 네 상인이 되었음이여
여러 섬이 너와 거래하여 상아와 박
달나무를 네 물품과 바꾸어 갔도다
16 너의 제품이 풍부하므로 아람은 너
와 거래하였음이여 남보석과 자색
베와 수 놓은 것과 가는 베와 산호
와 홍보석을 네 물품과 바꾸어 갔
도다
17 유다와 이스라엘 땅 사람이 네 상
인이 되었음이여 민닛 밀과 과자와
꿀과 기름과 유향을 네 물품과 바
꾸어 갔도다
18 너의 제품이 많고 각종 보화가 풍
부하므로 다메섹이 너와 거래하였
음이여 헬본 포도주와 흰 양털을
너와 거래하였도다
19 워단과 야완은 길쌈하는 실로 네
물품을 거래하였음이여 가공한 쇠
와 계피와 대나무 제품이 네 상품
중에 있었도다
20 드단은 네 상인이 되었음이여 말을
탈 때 까는 천을 너와 거래하였도다
21 아라비아와 게달의 모든 고관은 네
손아래 상인이 되어 어린 양과 숫
양과 염소들, 그것으로 너와 거래
하였도다
22 스바와 라아마의 상인들도 너의 상
인들이 됨이여 각종 극상품 향 재
료와 각종 보석과 황금으로 네 물
품을 바꾸어 갔도다
23 하란과 간네와 에덴과 스바와 앗수
르와 길맛의 장사꾼들도 너의 상인
들이라
24 이들이 아름다운 물품 곧 청색 옷
과 수 놓은 물품과 빛난 옷을 백향
목 상자에 담고 노끈으로 묶어 가

기록일 : . . .

지고 너와 거래하여 네 물품을 바
꾸어 갔도다
25 다시스의 배는 떼를 지어 네 화물
을 나르니 네가 바다 중심에서 풍
부하여 영화가 매우 크도다
26 네 사공이 너를 인도하여 큰 물에
이르게 함이여 동풍이 바다 한가운
데에서 너를 무찔렀도다
27 네 재물과 상품과 바꾼 물건과 네
사공과 선장과 네 배의 틈을 막는
자와 네 상인과 네 가운데에 있는
모든 용사와 네 가운데에 있는 모
든 무리가 네가 패망하는 날에 다
바다 한가운데에 빠질 것임이여
28 네 선장이 부르짖는 소리에 물결이
흔들리리로다
29 노를 잡은 모든 자와 사공과 바다
의 선장들이 다 배에서 내려 언덕에
서서
30 너를 위하여 크게 소리 질러 통곡
하고 티끌을 머리에 덮어쓰며 재 가
운데에 뒹굴며
31 그들이 다 너를 위하여 머리털을 밀
고 굵은 베로 띠를 띠고 마음이 아
프게 슬피 통곡하리로다
32 그들이 통곡할 때에 너를 위하여
슬픈 노래를 불러 애도하여 말하기
를 두로와 같이 바다 가운데에서
적막한 자 누구인고
33 네 물품을 바다로 실어 낼 때에 네
가 여러 백성을 풍족하게 하였음이
여 네 재물과 무역품이 많으므로
세상 왕들을 풍부하게 하였었도다
34 네가 바다 깊은 데에서 파선한 때
에 네 무역품과 네 승객이 다 빠졌
음이여
35 섬의 주민들이 너로 말미암아 놀라
고 왕들이 심히 두려워하여 얼굴에
근심이 가득하도다
36 많은 민족의 상인들이 다 너를 비
웃음이여 네가 공포의 대상이 되고
네가 영원히 다시 있지 못하리라 하
셨느니라

28 또 야훼의 말씀이 내게 임하여 이
르시되
2 인자야 너는 두로 왕에게 이르기를
주 야훼께서 이같이 말씀하시되 네
마음이 교만하여 말하기를 나는 신
이라 내가 하나님의 자리 곧 바다
가운데에 앉아 있다 하도다 네 마
음이 하나님의 마음 같은 체할지라
도 너는 사람이요 신이 아니거늘
3 네가 다니엘보다 지혜로워서 은밀한
것을 깨닫지 못할 것이 없다 하고
4 네 지혜와 총명으로 재물을 얻었으
며 금과 은을 곳간에 저축하였으며
5 네 큰 지혜와 네 무역으로 재물을
더하고 그 재물로 말미암아 네 마
음이 교만하였도다
6 그러므로 주 야훼께서 이같이 말씀

기록일 : . . .

하셨느니라 네 마음이 하나님의 마
음 같은 체하였으니
7 그런즉 내가 이방인 곧 여러 나라
의 강포한 자를 거느리고 와서 너
를 치리니 그들이 칼을 빼어 네 지
혜의 아름다운 것을 치며 네 영화
를 더럽히며
8 또 너를 구덩이에 빠뜨려서 너를
바다 가운데에서 죽임을 당한 자의
죽음 같이 바다 가운데에서 죽게
할지라
9 네가 너를 죽이는 자 앞에서도 내
가 하나님이라고 말하겠느냐 너를
치는 자들 앞에서 사람일 뿐이요
신이 아니라
10 네가 이방인의 손에서 죽기를 할례
받지 않은 자의 죽음 같이 하리니
내가 말하였음이니라 주 야훼의 말
씀이니라 하셨다 하라
11 야훼의 말씀이 또 내게 임하여 이
르시되
12 인자야 두로 왕을 위하여 슬픈 노
래를 지어 그에게 이르기를 주 야
훼의 말씀에 너는 완전한 도장이었
고 지혜가 충족하며 온전히 아름다
웠도다
13 네가 옛적에 하나님의 동산 에덴에
있어서 각종 보석 곧 홍보석과 황
보석과 금강석과 황옥과 홍마노와
창옥과 청보석과 남보석과 홍옥과
황금으로 단장하였음이여 네가 지
음을 받던 날에 너를 위하여 소고
와 비파가 준비되었도다
14 너는 기름 부음을 받고 지키는 그
룹임이여 내가 너를 세우매 네가
하나님의 성산에 있어서 불타는 돌
들 사이에 왕래하였도다
15 네가 지음을 받던 날로부터 네 모
든 길에 완전하더니 마침내 네게서
불의가 드러났도다
16 네 무역이 많으므로 네 가운데에
강포가 가득하여 네가 범죄하였도
다 너 지키는 그룹아 그러므로 내
가 너를 더럽게 여겨 하나님의 산에
서 쫓아냈고 불타는 돌들 사이에서
멸하였도다
17 네가 아름다우므로 마음이 교만하
였으며 네가 영화로우므로 네 지혜
를 더럽혔음이여 내가 너를 땅에 던
져 왕들 앞에 두어 그들의 구경 거
리가 되게 하였도다
18 네가 죄악이 많고 무역이 불의하므
로 네 모든 성소를 더럽혔음이여 내
가 네 가운데에서 불을 내어 너를
사르게 하고 너를 보고 있는 모든
자 앞에서 너를 땅 위에 재가 되게
하였도다
19 만민 중에 너를 아는 자가 너로 말
미암아 다 놀랄 것임이여 네가 공
포의 대상이 되고 네가 영원히 다

기록일 : . . .

시 있지 못하리로다 하셨다 하라
20 야훼의 말씀이 또 내게 임하여 이
르시되
21 인자야 너는 얼굴을 시돈으로 향하
고 그에게 예언하라
22 너는 이르기를 주 야훼께서 이같이
말씀하시되 시돈아 내가 너를 대
적하나니 네 가운데에서 내 영광이
나타나리라 하셨다 하라 내가 그
가운데에서 심판을 행하여 내 거룩
함을 나타낼 때에 무리가 나를 야
훼인 줄을 알지라
23 내가 그에게 전염병을 보내며 그의
거리에 피가 흐르게 하리니 사방에
서 오는 칼에 상한 자가 그 가운데
에 엎드러질 것인즉 무리가 나를 야
훼인 줄을 알겠고
24 이스라엘 족속에게는 그 사방에서
그들을 멸시하는 자 중에 찌르는
가시와 아프게 하는 가시가 다시는
없으리니 내가 주 야훼인 줄을 그
들이 알리라
25 주 야훼께서 이같이 말씀하셨느니
라 내가 여러 민족 가운데에 흩어
져 있는 이스라엘 족속을 모으고
그들로 말미암아 여러 나라의 눈
앞에서 내 거룩함을 나타낼 때에
그들이 고국 땅 곧 내 종 야곱에게
준 땅에 거주할지라
26 그들이 그 가운데에 평안히 살면서
집을 건축하며 포도원을 만들고 그
들의 사방에서 멸시하던 모든 자를
내가 심판할 때에 그들이 평안히
살며 내가 그 하나님 야훼인 줄을
그들이 알리라

29 열째 해 열째 달 열두째 날에 야
훼의 말씀이 내게 임하여 이르시되
2 인자야 너는 애굽의 바로 왕과 온
애굽으로 얼굴을 향하고 예언하라
3 너는 말하여 이르기를 주 야훼께
서 이같이 말씀하시되 애굽의 바로
왕이여 내가 너를 대적하노라 너는
자기의 강들 가운데에 누운 큰 악
어라 스스로 이르기를 나의 이 강
은 내 것이라 내가 나를 위하여 만
들었다 하는도다
4 내가 갈고리로 네 아가미를 꿰고
너의 강의 고기가 네 비늘에 붙게
하고 네 비늘에 붙은 강의 모든 고
기와 함께 너를 너의 강들 가운데
에서 끌어내고
5 너와 너의 강의 모든 고기를 들에
던지리니 네가 지면에 떨어지고 다
시는 거두거나 모으지 못할 것은
내가 너를 들짐승과 공중의 새의
먹이로 주었음이라
6 애굽의 모든 주민이 내가 야훼인
줄을 알리라 애굽은 본래 이스라엘
족속에게 갈대 지팡이라
7 그들이 너를 손으로 잡은즉 네가

기록일 : . . .

부러져서 그들의 모든 어깨를 찢었
고 그들이 너를 의지한즉 네가 부
러져서 그들의 모든 허리가 흔들리
게 하였느니라
8 그러므로 주 야훼께서 이같이 말씀
하셨느니라 내가 칼이 네게 임하게
하여 네게서 사람과 짐승을 끊은즉
9 애굽 땅이 사막과 황무지가 되리니
내가 야훼인 줄을 그들이 알리라
네가 스스로 이르기를 이 강은 내
것이라 내가 만들었다 하도다
10 그러므로 내가 너와 네 강들을 쳐
서 애굽 땅 믹돌에서부터 수에네
곧 구스 지경까지 황폐한 황무지
곧 사막이 되게 하리니
11 그 가운데로 사람의 발도 지나가지
아니하며 짐승의 발도 지나가지 아
니하고 거주하는 사람이 없이 사십
년이 지날지라
12 내가 애굽 땅을 황폐한 나라들 같
이 황폐하게 하며 애굽 성읍도 사
막이 된 나라들의 성읍 같이 사십
년 동안 황폐하게 하고 애굽 사람
들은 각국 가운데로 흩으며 여러
민족 가운데로 헤치리라
13 주 야훼께서 이같이 말씀하셨느니
라 사십 년 끝에 내가 만민 중에 흩
은 애굽 사람을 다시 모아 내되
14 애굽의 사로잡힌 자들을 돌이켜 바
드로스 땅 곧 그 고국 땅으로 돌아
가게 할 것이라 그들이 거기에서 미
약한 나라가 되되
15 나라 가운데에 지극히 미약한 나
라가 되어 다시는 나라들 위에 스
스로 높이지 못하리니 내가 그들을
감하여 다시는 나라들을 다스리지
못하게 할 것임이라
16 그들이 다시는 이스라엘 족속의 의
지가 되지 못할 것이요 이스라엘
족속은 돌이켜 그들을 바라보지 아
니하므로 그 죄악이 기억되지 아니
하리니 내가 야훼인 줄을 그들이
알리라 하셨다 하라
17 스물일곱째 해 첫째 달 초하루에 야
훼의 말씀이 내게 임하여 이르시되
18 인자야 바벨론의 느부갓네살 왕이
그의 군대로 두로를 치게 할 때에
크게 수고하여 모든 머리털이 무지
러졌고 모든 어깨가 벗어졌으나 그
와 군대가 그 수고한 대가를 두로
에서 얻지 못하였느니라
19 그러므로 주 야훼께서 이같이 말씀
하셨느니라 내가 애굽 땅을 바벨론
의 느부갓네살 왕에게 넘기리니 그
가 그 무리를 잡아가며 물건을 노
략하며 빼앗아 갈 것이라 이것이
그 군대의 보상이 되리라
20 그들의 수고는 나를 위하여 함인즉
그 대가로 내가 애굽 땅을 그에게
주었느니라 주 야훼의 말씀이니라

기록일 : . . .

21 그 날에 나는 이스라엘 족속에게
한 뿔이 돋아나게 하고 나는 또 네
가 그들 가운데에서 입을 열게 하
리니 내가 야훼인 줄을 그들이 알
리라

30

또 야훼의 말씀이 내게 임하여 이
르시되
2 인자야 너는 예언하여 이르라 주
야훼께서 이와 같이 말씀하시되 너
희는 통곡하며 이르기를 슬프다 이
날이여 하라
3 그 날이 가깝도다 야훼의 날이 가
깝도다 구름의 날일 것이요 여러
나라들의 때이리로다
4 애굽에 칼이 임할 것이라 애굽에서
죽임 당한 자들이 엎드러질 때에
구스에 심한 근심이 있을 것이며 애
굽의 무리가 잡혀 가며 그 터가 헐
릴 것이요
5 구스와 붓과 룻과 모든 섞인 백성
과 굽과 및 동맹한 땅의 백성들이
그들과 함께 칼에 엎드러지리라
6 야훼께서 이같이 말씀하셨느니라
애굽을 붙들어 주는 자도 엎드러질
것이요 애굽의 교만한 권세도 낮아
질 것이라 믹돌에서부터 수에네까
지 무리가 그 가운데에서 칼에 엎
드러지리라 주 야훼의 말씀이니라
7 황폐한 나라들 같이 그들도 황폐할
것이며 사막이 된 성읍들 같이 그
성읍들도 사막이 될 것이라
8 내가 애굽에 불을 일으키며 그 모
든 돕는 자를 멸할 때에 그들이 나
를 야훼인 줄 알리라
9 그 날에 사절들이 내 앞에서 배로
나아가서 염려 없는 구스 사람을
두렵게 하리니 애굽의 재앙의 날과
같이 그들에게도 심한 근심이 있으
리라 이것이 오리로다
10 주 야훼께서 이같이 말씀하셨느니
라 내가 또 바벨론의 느부갓네살
왕의 손으로 애굽의 무리들을 끊으
리니
11 그가 여러 나라 가운데에 강포한
자기 군대를 거느리고 와서 그 땅
을 멸망시킬 때에 칼을 빼어 애굽
을 쳐서 죽임 당한 자로 땅에 가득
하게 하리라
12 내가 그 모든 강을 마르게 하고 그
땅을 악인의 손에 팔겠으며 타국
사람의 손으로 그 땅과 그 가운데
에 있는 모든 것을 황폐하게 하리
라 나 야훼의 말이니라
13 주 야훼께서 이같이 말씀하셨느니
라 내가 그 우상들을 없애며 신상
들을 놉 가운데에서 부수며 애굽
땅에서 왕이 다시 나지 못하게 하
고 그 땅에 두려움이 있게 하리라
14 내가 바드로스를 황폐하게 하며
소안에 불을 지르며 노 나라를 심

판하며
15 내 분노를 애굽의 견고한 성읍 신
에 쏟고 또 노 나라의 무리를 끊을
것이라
16 내가 애굽에 불을 일으키리니 신
나라가 심히 근심할 것이며 노 나라
는 찢겨 나누일 것이며 놉 나라가
날로 대적이 있을 것이며
17 아웬과 비베셋의 장정들은 칼에 엎
드러질 것이며 그 성읍 주민들은 포
로가 될 것이라
18 내가 애굽의 멍에를 꺾으며 그 교만
한 권세를 그 가운데에서 그치게 할
때에 드합느헤스에서는 날이 어둡
겠고 그 성읍에는 구름이 덮일 것이
며 그 딸들은 포로가 될 것이라
19 이같이 내가 애굽을 심판하리니 내
가 야훼인 줄을 그들이 알리라 하
셨다 하라
20 열한째 해 첫째 달 일곱째 날에 야
훼의 말씀이 내게 임하여 이르시되
21 인자야 내가 애굽의 바로 왕의 팔
을 꺾었더니 칼을 잡을 힘이 있도
록 그것을 아주 싸매지도 못하였고
약을 붙여 싸매지도 못하였느니라
22 그러므로 주 야훼께서 이같이 말씀
하셨느니라 내가 애굽의 바로 왕을
대적하여 그 두 팔 곧 성한 팔과 이
미 꺾인 팔을 꺾어서 칼이 그 손에
서 떨어지게 하고
23 애굽 사람을 뭇 나라 가운데로 흩
으며 뭇 백성 가운데로 헤칠지라
24 내가 바벨론 왕의 팔을 견고하게
하고 내 칼을 그 손에 넘겨 주려니
와 내가 바로의 팔을 꺾으리니 그
가 바벨론 왕 앞에서 고통하기를
죽게 상한 자의 고통하듯 하리라
25 내가 바벨론 왕의 팔은 들어 주고
바로의 팔은 내려뜨릴 것이라 내가
내 칼을 바벨론 왕의 손에 넘기고
그를 들어 애굽 땅을 치게 하리니
내가 야훼인 줄을 그들이 알리라
26 내가 애굽 사람을 나라들 가운데로
흩으며 백성들 가운데로 헤치리니
내가 야훼인 줄을 그들이 알리라

31 열한째 해 셋째 달 초하루에 야
훼의 말씀이 내게 임하여 이르시되
2 인자야 너는 애굽의 바로 왕과 그
무리에게 이르기를 네 큰 위엄을
누구에게 비하랴
3 볼지어다 앗수르 사람은 가지가 아
름답고 그늘은 숲의 그늘 같으며
키가 크고 꼭대기가 구름에 닿은
레바논 백향목이었느니라
4 물들이 그것을 기르며 깊은 물이 그
것을 자라게 하며 강들이 그 심어진
곳을 둘러 흐르며 둑의 물이 들의
모든 나무에까지 미치매
5 그 나무가 물이 많으므로 키가 들
의 모든 나무보다 크며 굵은 가지

기록일 : . . .

가 번성하며 가는 가지가 길게 뻗
어 나갔고
6 공중의 모든 새가 그 큰 가지에 깃
들이며 들의 모든 짐승이 그 가는
가지 밑에 새끼를 낳으며 모든 큰
나라가 그 그늘 아래에 거주하였느
니라
7 그 뿌리가 큰 물 가에 있으므로 그
나무가 크고 가지가 길어 모양이
아름다우매
8 하나님의 동산의 백향목이 능히 그
를 가리지 못하며 잣나무가 그 굵
은 가지만 못하며 단풍나무가 그
가는 가지만 못하며 하나님의 동산
의 어떤 나무도 그 아름다운 모양
과 같지 못하였도다
9 내가 그 가지를 많게 하여 모양이
아름답게 하였더니 하나님의 동산
에덴에 있는 모든 나무가 다 시기
하였느니라
10 그러므로 주 야훼께서 이같이 말씀
하셨느니라 그의 키가 크고 꼭대기
가 구름에 닿아서 높이 솟아났으므
로 마음이 교만하였은즉
11 내가 여러 나라의 능한 자의 손에
넘겨 줄지라 그가 임의로 대우할
것은 내가 그의 악으로 말미암아
쫓아내었음이라
12 여러 나라의 포악한 다른 민족이
그를 찍어 버렸으므로 그 가는 가
지가 산과 모든 골짜기에 떨어졌고
그 굵은 가지가 그 땅 모든 물 가에
꺾어졌으며 세상 모든 백성이 그를
버리고 그 그늘 아래에서 떠나매
13 공중의 모든 새가 그 넘어진 나무
에 거주하며 들의 모든 짐승이 그
가지에 있으리니
14 이는 물 가에 있는 모든 나무는 키
가 크다고 교만하지 못하게 하며
그 꼭대기가 구름에 닿지 못하게
하며 또 물을 마시는 모든 나무가
스스로 높아 서지 못하게 함이니
그들을 다 죽음에 넘겨 주어 사람
들 가운데에서 구덩이로 내려가는
자와 함께 지하로 내려가게 하였음
이라
15 주 야훼께서 이같이 말씀하셨느니
라 그가 스올에 내려가던 날에 내
가 그를 위하여 슬프게 울게 하며
깊은 바다를 덮으며 모든 강을 쉬
게 하며 큰 물을 그치게 하고 레바
논이 그를 위하여 슬프게 울게 하
며 들의 모든 나무를 그로 말미암
아 쇠잔하게 하였느니라
16 내가 그를 구덩이에 내려가는 자와
함께 스올에 떨어뜨리던 때에 백성
들이 그 떨어지는 소리로 말미암아
진동하게 하였고 물을 마시는 에덴
의 모든 나무 곧 레바논의 뛰어나
고 아름다운 나무들이 지하에서 위

기록일 : . . .

로를 받게 하였느니라
17 그러나 그들도 그와 함께 스올에
내려 칼에 죽임을 당한 자에게 이
르렀나니 그들은 옛적에 그의 팔이
된 자요 나라들 가운데에서 그 그
늘 아래에 거주하던 자니라
18 너의 영광과 위대함이 에덴의 나무
들 중에서 어떤 것과 같은고 그러
나 네가 에덴의 나무들과 함께 지
하에 내려갈 것이요 거기에서 할례
를 받지 못하고 칼에 죽임을 당한
자 가운데에 누우리라 이들은 바로
와 그의 모든 군대니라 주 야훼의
말씀이니라 하라

32 열두째 해 열두째 달 초하루에 야
훼의 말씀이 내게 임하여 이르시되
2 인자야 너는 애굽의 바로 왕에 대
하여 슬픈 노래를 불러 그에게 이
르라 너를 여러 나라에서 사자로
생각하였더니 실상은 바다 가운
데의 큰 악어라 강에서 튀어 일어
나 발로 물을 휘저어 그 강을 더
럽혔도다
3 주 야훼께서 이같이 말씀하셨느니
라 내가 많은 백성의 무리를 거느
리고 내 그물을 네 위에 치고 그 그
물로 너를 끌어오리로다
4 내가 너를 뭍에 버리며 들에 던져
공중의 새들이 네 위에 앉게 할 것
임이여 온 땅의 짐승이 너를 먹어
배부르게 하리로다
5 내가 네 살점을 여러 산에 두며 네
시체를 여러 골짜기에 채울 것임
이여
6 네 피로 네 헤엄치는 땅에 물 대듯
하여 산에 미치게 하며 그 모든 개
천을 채우리로다
7 내가 너를 불 끄듯 할 때에 하늘을
가리어 별을 어둡게 하며 해를 구
름으로 가리며 달이 빛을 내지 못
하게 할 것임이여
8 하늘의 모든 밝은 빛을 내가 네 위
에서 어둡게 하여 어둠을 네 땅에
베풀리로다 주 야훼의 말씀이니라
9 내가 네 패망의 소문이 여러 나라
곧 네가 알지 못하는 나라들에 이
르게 할 때에 많은 백성의 마음을
번뇌하게 할 것임이여
10 내가 그 많은 백성을 너로 말미암
아 놀라게 할 것이며 내가 내 칼이
그들의 왕 앞에서 춤추게 할 때에
그 왕이 너로 말미암아 심히 두려워
할 것이며 네가 엎드러지는 날에 그
들이 각각 자기 생명을 위하여 무
시로 떨리로다
11 주 야훼께서 이같이 말씀하셨느니
라 바벨론 왕의 칼이 네게 오리로다
12 나는 네 무리가 용사 곧 모든 나라
의 무서운 자들의 칼에 엎드러지게
할 것임이여 그들이 애굽의 교만을

기록일 : . . .

폐하며 그 모든 무리를 멸하리로다
13 내가 또 그 모든 짐승을 큰 물 가에
서 멸하리니 사람의 발이나 짐승의
굽이 다시는 그 물을 흐리지 못할
것임이여
14 그 때에 내가 그 물을 맑게 하여
그 강이 기름 같이 흐르게 하리로
다 주 야훼의 말씀이니라
15 내가 애굽 땅이 황폐하여 사막이
되게 하여 거기에 풍성한 것이 없게
할 것임이여 그 가운데의 모든 주
민을 치리니 내가 야훼인 줄을 그
들이 알리라
16 이는 슬피 부를 노래이니 여러 나라
여자들이 이것을 슬피 부름이여 애
굽과 그 모든 무리를 위하여 이것
을 슬피 부르리로다 주 야훼의 말
씀이니라
17 열두째 해 어느 달 열다섯째 날
에 야훼의 말씀이 내게 임하여 이
르시되
18 인자야 애굽의 무리를 위하여 슬피
울고 그와 유명한 나라의 여자들을
구덩이에 내려가는 자와 함께 지하
에 던지며
19 이르라 너의 아름다움이 어떤 사람
들보다도 뛰어나도다 너는 내려가
서 할례를 받지 아니한 자와 함께
누울지어다
20 그들이 죽임을 당한 자 가운데에
엎드러질 것임이여 그는 칼에 넘겨
진 바 되었은즉 그와 그 모든 무리
를 끌지어다
21 용사 가운데에 강한 자가 그를 돕
는 자와 함께 스올 가운데에서 그
에게 말함이여 할례를 받지 아니한
자 곧 칼에 죽임을 당한 자들이 내
려와서 가만히 누웠다 하리로다
22 거기에 앗수르와 그 온 무리가 있
음이여 다 죽임을 당하여 칼에 엎
드러진 자라 그 무덤이 그 사방에
있도다
23 그 무덤이 구덩이 깊은 곳에 만들
어졌고 그 무리가 그 무덤 사방에
있음이여 그들은 다 죽임을 당하여
칼에 엎드러진 자 곧 생존하는 사
람들의 세상에서 사람을 두렵게 하
던 자로다
24 거기에 엘람이 있고 그 모든 무리
가 그 무덤 사방에 있음이여 그들
은 다 할례를 받지 못하고 죽임을
당하여 칼에 엎드러져 지하에 내려
간 자로다 그들이 생존하는 사람
들의 세상에서 두렵게 하였으나 이
제는 구덩이에 내려가는 자와 함께
수치를 당하였도다
25 그와 그 모든 무리를 위하여 죽임
을 당한 자 가운데에 침상을 놓았
고 그 여러 무덤은 사방에 있음이여
그들은 다 할례를 받지 못하고 칼

에 죽임을 당한 자로다 그들이 생
존하는 사람들의 세상에서 두렵게
하였으나 이제는 구덩이에 내려가
는 자와 함께 수치를 당하고 죽임
을 당한 자 가운데에 뉘었도다
26 거기에 메섹과 두발과 그 모든 무
리가 있고 그 여러 무덤은 사방에
있음이여 그들은 다 할례를 받지
못하고 칼에 죽임을 당한 자로다
그들이 생존하는 사람들의 세상에
서 두렵게 하였으나
27 그들이 할례를 받지 못한 자 가운
데에 이미 엎드러진 용사와 함께
누운 것이 마땅하지 아니하냐 이
용사들은 다 무기를 가지고 스올에
내려가서 자기의 칼을 베개로 삼았
으니 그 백골이 자기 죄악을 졌음
이여 생존하는 사람들의 세상에서
용사의 두려움이 있던 자로다
28 오직 너는 할례를 받지 못한 자와
함께 패망할 것임이여 칼에 죽임을
당한 자와 함께 누우리로다
29 거기에 에돔 곧 그 왕들과 그 모든
고관이 있음이여 그들이 강성하였었
으나 칼에 죽임을 당한 자와 함께
있겠고 할례를 받지 못하고 구덩이
에 내려간 자와 함께 누우리로다
30 거기에 죽임을 당한 자와 함께 내
려간 북쪽 모든 방백과 모든 시돈
사람이 있음이여 그들이 본래는 강
성하였으므로 두렵게 하였으나 이
제는 부끄러움을 품고 할례를 받지
못하고 칼에 죽임을 당한 자와 함
께 누웠고 구덩이에 내려가는 자와
함께 수치를 당하였도다
31 바로가 그들을 보고 그 모든 무리
로 말미암아 위로를 받을 것임이여
칼에 죽임을 당한 바로와 그 온 군
대가 그러하리로다 주 야훼의 말씀
이니라
32 내가 바로로 하여금 생존하는 사람
들의 세상에서 사람을 두렵게 하게
하였으나 이제는 그가 그 모든 무
리와 더불어 할례를 받지 못한 자
곧 칼에 죽임을 당한 자와 함께 누
이리로다 주 야훼의 말씀이니라

33 야훼의 말씀이 내게 임하여 이르
시되
2 인자야 너는 네 민족에게 말하여
이르라 가령 내가 칼을 한 땅에 임
하게 한다 하자 그 땅 백성이 자기
들 가운데의 하나를 택하여 파수꾼
을 삼은
3 그 사람이 그 땅에 칼이 임함을 보
고 나팔을 불어 백성에게 경고하되
4 그들이 나팔 소리를 듣고도 정신차
리지 아니하므로 그 임하는 칼에
제거함을 당하면 그 피가 자기의
머리로 돌아갈 것이라
5 그가 경고를 받았던들 자기 생명을

기록일 : . . .

보전하였을 것이나 나팔 소리를 듣
고도 경고를 받지 아니하였으니 그
피가 자기에게로 돌아가리라
6 그러나 칼이 임함을 파수꾼이 보고
도 나팔을 불지 아니하여 백성에
게 경고하지 아니하므로 그 중의
한 사람이 그 임하는 칼에 제거 당
하면 그는 자기 죄악으로 말미암아
제거되려니와 그 죄는 내가 파수꾼
의 손에서 찾으리라
7 인자야 내가 너를 이스라엘 족속의
파수꾼으로 삼음이 이와 같으니라
그런즉 너는 내 입의 말을 듣고 나
를 대신하여 그들에게 경고할지어다
8 가령 내가 악인에게 이르기를 악인
아 너는 반드시 죽으리라 하였다
하자 네가 그 악인에게 말로 경고
하여 그의 길에서 떠나게 하지 아
니하면 그 악인은 자기 죄악으로
말미암아 죽으려니와 내가 그의 피
를 네 손에서 찾으리라
9 그러나 너는 악인에게 경고하여 돌
이켜 그의 길에서 떠나라고 하되
그가 돌이켜 그의 길에서 떠나지
아니하면 그는 자기 죄악으로 말
미암아 죽으려니와 너는 네 생명을
보전하리라
10 그런즉 인자야 너는 이스라엘 족
속에게 이르기를 너희가 말하여 이
르되 우리의 허물과 죄가 이미 우
리에게 있어 우리로 그 가운데에서
쇠퇴하게 하니 어찌 능히 살리요
하거니와
11 너는 그들에게 말하라 주 야훼의
말씀이니라 나의 삶을 두고 맹세하
노니 나는 악인이 죽는 것을 기뻐
하지 아니하고 악인이 그의 길에서
돌이켜 떠나 사는 것을 기뻐하노라
이스라엘 족속아 돌이키고 돌이키
라 너희 악한 길에서 떠나라 어찌
죽고자 하느냐 하셨다 하라
12 인자야 너는 네 민족에게 이르기를
의인이 범죄하는 날에는 그 공의가
구원하지 못할 것이요 악인이 돌이
켜 그 악에서 떠나는 날에는 그 악
이 그를 엎드러뜨리지 못할 것인즉
의인이 범죄하는 날에는 그 의로
말미암아 살지 못하리라
13 가령 내가 의인에게 말하기를 너는
살리라 하였다 하자 그가 그 공의
를 스스로 믿고 죄악을 행하면 그
모든 의로운 행위가 하나도 기억되
지 아니하리니 그가 그 지은 죄악
으로 말미암아 곧 그 안에서 죽으
리라
14 가령 내가 악인에게 말하기를 너는
죽으리라 하였다 하자 그가 돌이켜
자기의 죄에서 떠나서 정의와 공의
로 행하여
15 저당물을 도로 주며 강탈한 물건을

기록일 : . . .

돌려 보내고 생명의 율례를 지켜
행하여 죄악을 범하지 아니하면 그
가 반드시 살고 죽지 아니할지라
16 그가 본래 범한 모든 죄가 기억되
지 아니하리니 그가 반드시 살리라
이는 정의와 공의를 행하였음이라
하라
17 그래도 네 민족은 말하기를 주의
길이 바르지 아니하다 하는도다 그
러나 실상은 그들의 길이 바르지
아니하니라
18 만일 의인이 돌이켜 그 공의에서
떠나 죄악을 범하면 그가 그 가운
데에서 죽을 것이고
19 만일 악인이 돌이켜 그 악에서 떠
나 정의와 공의대로 행하면 그가
그로 말미암아 살리라
20 그러나 너희가 이르기를 주의 길이
바르지 아니하다 하는도다 이스라
엘 족속아 나는 너희가 각기 행한
대로 심판하리라 하시니라
21 우리가 사로잡힌 지 열두째 해 열
째 달 다섯째 날에 예루살렘에서부
터 도망하여 온 자가 내게 나아와
말하기를 그 성이 함락되었다 하였
는데
22 그 도망한 자가 내게 나아오기 전
날 저녁에 여호와의 손이 내게 임하
여 내 입을 여시더니 다음 아침 그
사람이 내게 나아올 그 때에 내 입
이 열리기로 내가 다시는 잠잠하지
아니하였노라
23 여호와의 말씀이 내게 임하여 이르
시되
24 인자야 이 이스라엘의 이 황폐한
땅에 거주하는 자들이 말하여 이르
기를 아브라함은 오직 한 사람이라
도 이 땅을 기업으로 얻었나니 우리
가 많은즉 더욱 이 땅을 우리에게
기업으로 주신 것이 되느니라 하는
도다
25 그러므로 너는 그들에게 이르기를
주 여호와께서 이같이 말씀하시되 너
희가 고기를 피째 먹으며 너희 우
상들에게 눈을 들며 피를 흘리니
그 땅이 너희의 기업이 될까보냐
26 너희가 칼을 믿어 가증한 일을 행
하며 각기 이웃의 아내를 더럽히니
그 땅이 너희의 기업이 될까보냐
하고
27 너는 그들에게 이르기를 주 여호와
께서 이같이 말씀하시되 내가 나의
삶을 두고 맹세하노니 황무지에 있
는 자는 칼에 엎드러뜨리고 들에
있는 자는 들짐승에게 넘겨 먹히게
하고 산성과 굴에 있는 자는 전염
병에 죽게 하리라
28 내가 그 땅이 황무지와 공포의 대
상이 되게 하고 그 권능의 교만을
그치게 하리니 이스라엘의 산들이

기록일 : . . .

황폐하여 지나갈 사람이 없으리라
29 내가 그들이 행한 모든 가증한 일로
말미암아 그 땅을 황무지와 공포의
대상이 되게 하면 그 때에 내가 야
훼인 줄을 그들이 알리라 하라
30 인자야 네 민족이 담 곁에서와 집
문에서 너에 대하여 말하며 각각
그 형제와 더불어 말하여 이르기를
자, 가서 야훼께로부터 무슨 말씀
이 나오는가 들어 보자 하고
31 백성이 모이는 것 같이 네게 나아
오며 내 백성처럼 네 앞에 앉아서
네 말을 들으나 그대로 행하지 아
니하니 이는 그 입으로는 사랑을
나타내어도 마음으로는 이익을 따
름이라
32 그들은 네가 고운 음성으로 사랑의
노래를 하며 음악을 잘하는 자 같
이 여겼나니 네 말을 듣고도 행하
지 아니하거니와
33 그 말이 응하리니 응할 때에는 그
들이 한 선지자가 자기 가운데에
있었음을 알리라

34 야훼의 말씀이 내게 임하여 이르
시되
2 인자야 너는 이스라엘 목자들에게
예언하라 그들 곧 목자들에게 예
언하여 이르기를 주 야훼께서 이같
이 말씀하시되 자기만 먹는 이스라
엘 목자들은 화 있을진저 목자들이
양 떼를 먹이는 것이 마땅하지 아
니하냐
3 너희가 살진 양을 잡아 그 기름을
먹으며 그 털을 입되 양 떼는 먹이
지 아니하는도다
4 너희가 그 연약한 자를 강하게 아
니하며 병든 자를 고치지 아니하며
상한 자를 싸매 주지 아니하며 쫓
기는 자를 돌아오게 하지 아니하며
잃어버린 자를 찾지 아니하고 다만
포악으로 그것들을 다스렸도다
5 목자가 없으므로 그것들이 흩어지
고 흩어져서 모든 들짐승의 밥이
되었도다
6 내 양 떼가 모든 산과 높은 멧부리
에마다 유리되었고 내 양 떼가 온
지면에 흩어졌으되 찾고 찾는 자가
없었도다
7 그러므로 목자들아 야훼의 말씀을
들을지어다
8 주 야훼의 말씀에 내가 나의 삶
을 두고 맹세하노라 내 양 떼가 노
략 거리가 되고 모든 들짐승의 밥
이 된 것은 목자가 없기 때문이라
내 목자들이 내 양을 찾지 아니하
고 자기만 먹이고 내 양 떼를 먹이
지 아니하였도다
9 그러므로 너희 목자들아 야훼의 말
씀을 들을지어다
10 주 야훼께서 이같이 말씀하시되 내

기록일 : . . .

가 목자들을 대적하여 내 양 떼를
그들의 손에서 찾으리니 목자들이
양을 먹이지 못할 뿐 아니라 그들
이 다시는 자기도 먹이지 못할지라
내가 내 양을 그들의 입에서 건져
내어서 다시는 그 먹이가 되지 아니
하게 하리라
11 주 야훼께서 이같이 말씀하셨느니
라 나 곧 내가 내 양을 찾고 찾되
12 목자가 양 가운데에 있는 날에 양
이 흩어졌으면 그 떼를 찾는 것 같
이 내가 내 양을 찾아서 흐리고 캄
캄한 날에 그 흩어진 모든 곳에서
그것들을 건져낼지라
13 내가 그것들을 만민 가운데에서 끌
어내며 여러 백성 가운데에서 모아
그 본토로 데리고 가서 이스라엘
산 위에와 시냇가에와 그 땅 모든
거주지에서 먹이되
14 좋은 꼴을 먹이고 그 우리를 이스
라엘 높은 산에 두리니 그것들이
그 곳에 있는 좋은 우리에 누워 있
으며 이스라엘 산에서 살진 꼴을
먹으리라
15 내가 친히 내 양의 목자가 되어 그
것들을 누워 있게 할지라 주 야훼
의 말씀이니라
16 그 잃어버린 자를 내가 찾으며 쫓기
는 자를 내가 돌아오게 하며 상한
자를 내가 싸매 주며 병든 자를 내
가 강하게 하려니와 살진 자와 강
한 자는 내가 없애고 정의대로 그
것들을 먹이리라
17 주 야훼께서 이같이 말씀하셨느니
라 나의 양 떼 너희여 내가 양과 양
사이와 숫양과 숫염소 사이에서 심
판하노라
18 너희가 좋은 꼴을 먹는 것을 작은
일로 여기느냐 어찌하여 남은 꼴을
발로 밟았느냐 너희가 맑은 물을
마시는 것을 작은 일로 여기느냐 어
찌하여 남은 물을 발로 더럽혔느냐
19 나의 양은 너희 발로 밟은 것을 먹
으며 너희 발로 더럽힌 것을 마시는
도다 하셨느니라
20 그러므로 주 야훼께서 그들에게
이같이 말씀하시되 나 곧 내가 살
진 양과 파리한 양 사이에서 심판
하리라
21 너희가 옆구리와 어깨로 밀어뜨리
고 모든 병든 자를 뿔로 받아 무리
를 밖으로 흩어지게 하는도다
22 그러므로 내가 내 양 떼를 구원하
여 그들로 다시는 노략 거리가 되
지 아니하게 하고 양과 양 사이에
심판하리라
23 내가 한 목자를 그들 위에 세워 먹
이게 하리니 그는 내 종 다윗이라
그가 그들을 먹이고 그들의 목자가
될지라

기록일 : . . .

24 나 야훼는 그들의 하나님이 되고
내 종 다윗은 그들 중에 왕이 되리
라 나 야훼의 말이니라
25 내가 또 그들과 화평의 언약을 맺
고 악한 짐승을 그 땅에서 그치게
하리니 그들이 빈 들에 평안히 거하
며 수풀 가운데에서 잘지라
26 내가 그들에게 복을 내리고 내 산
사방에 복을 내리며 때를 따라 소
낙비를 내리되 복된 소낙비를 내리
리라
27 그리한즉 밭에 나무가 열매를 맺으
며 땅이 그 소산을 내리니 그들이
그 땅에서 평안할지라 내가 그들의
멍에의 나무를 꺾고 그들을 종으로
삼은 자의 손에서 그들을 건져낸
후에 내가 야훼인 줄을 그들이 알
겠고
28 그들이 다시는 이방의 노략 거리가
되지 아니하며 땅의 짐승들에게 잡
아먹히지도 아니하고 평안히 거주
하리니 놀랠 사람이 없으리라
29 내가 그들을 위하여 파종할 좋은
땅을 일으키리니 그들이 다시는 그
땅에서 기근으로 멸망하지 아니할
지며 다시는 여러 나라의 수치를 받
지 아니할지라
30 그들이 내가 야훼 그들의 하나님이
며 그들과 함께 있는 줄을 알고 그
들 곧 이스라엘 족속이 내 백성인
줄 알리라 주 야훼의 말씀이라
31 내 양 곧 내 초장의 양 너희는 사람
이요 나는 너희 하나님이라 주 야
훼의 말씀이니라

35 또 야훼의 말씀이 내게 임하여 이
르시되
2 인자야 네 얼굴을 세일 산으로 향
하고 그에게 예언하여
3 이르기를 주 야훼께서 이같이 말씀
하시되 세일 산아 내가 너를 대적
하여 내 손을 네 위에 펴서 네가 황
무지와 공포의 대상이 되게 할지라
4 내가 네 성읍들을 무너뜨리며 네가
황폐하게 되리니 네가 나를 야훼인
줄을 알리라
5 네가 옛날부터 한을 품고 이스라엘
족속의 환난 때 곧 죄악의 마지막
때에 칼의 위력에 그들을 넘겼도다
6 그러므로 주 야훼의 말씀이니라 내
가 나의 삶을 두고 맹세하노니 내
가 너에게 피를 만나게 한즉 피가
너를 따르리라 네가 피를 미워하지
아니하였은즉 피가 너를 따르리라
7 내가 세일 산이 황무지와 폐허가
되게 하여 그 위에 왕래하는 자를
다 끊을지라
8 내가 그 죽임 당한 자를 그 여러 산
에 채우되 칼에 죽임 당한 자를 네
여러 멧부리와, 골짜기와, 모든 시
내에 엎드러지게 하고

9 너를 영원히 황폐하게 하여 네 성
읍들에 다시는 거주하는 자가 없게
하리니 내가 야훼인 줄을 너희가
알리라
10 네가 말하기를 이 두 민족과 두 땅
은 다 내 것이며 내 기업이 되리라
하였도다 그러나 야훼께서 거기에
계셨느니라
11 그러므로 주 야훼의 말씀이니라 내
가 나의 삶을 두고 맹세하노니 네
가 그들을 미워하여 노하며 질투한
대로 내가 네게 행하여 너를 심판
할 때에 그들이 나를 알게 하리라
12 네가 이스라엘 산들을 가리켜 말하
기를 저 산들이 황폐하였으므로 우
리에게 넘겨 주어서 삼키게 되었다
하여 욕하는 모든 말을 나 야훼가
들은 줄을 네가 알리로다
13 너희가 나를 대적하여 입으로 자랑
하며 나를 대적하여 여러 가지로 말
한 것을 내가 들었노라
14 주 야훼께서 이같이 말씀하셨느니
라 온 땅이 즐거워할 때에 내가 너
를 황폐하게 하되
15 이스라엘 족속의 기업이 황폐하므
로 네가 즐거워한 것 같이 내가 너
를 황폐하게 하리라 세일 산아 너
와 에돔 온 땅이 황폐하리니 내가
야훼인 줄을 무리가 알리라 하셨다
하라

36

인자야 너는 이스라엘 산들에게
예언하여 이르기를 이스라엘 산들
아 야훼의 말씀을 들으라
2 주 야훼께서 이같이 말씀하시기를
원수들이 네게 대하여 말하기를 아
하 옛적 높은 곳이 우리의 기업이
되었도다 하였느니라
3 그러므로 너는 예언하여 이르기를
주 야훼께서 이같이 말씀하시기를
그들이 너희를 황폐하게 하고 너희
사방을 삼켜 너희가 남은 이방인의
기업이 되게 하여 사람의 말 거리와
백성의 비방 거리가 되게 하였도다
4 그러므로 이스라엘 산들아 주 야훼
의 말씀을 들을지어다 산들과 멧부
리들과 시내들과 골짜기들과 황폐
한 사막들과 사방에 남아 있는 이
방인의 노략 거리와 조롱 거리가
된 버린 성읍들에게 주 야훼께서
이같이 말씀하셨느니라
5 주 야훼께서 이같이 말씀하시기를
내가 진실로 내 맹렬한 질투로 남
아 있는 이방인과 에돔 온 땅을 쳐
서 말하였노니 이는 그들이 심히 즐
거워하는 마음과 멸시하는 심령으
로 내 땅을 빼앗아 노략하여 자기
소유를 삼았음이라
6 그러므로 너는 이스라엘 땅에 대하
여 예언하되 그 산들과 멧부리들과
시내들과 골짜기들에 관하여 이르

기록일 : . . .

기를 주 야훼께서 이같이 말씀하시
기를 내가 내 질투와 내 분노로 말
하였나니 이는 너희가 이방의 수치
를 당하였음이라
7 그러므로 주 야훼께서 이같이 말씀
하시기를 내가 맹세하였은즉 너희
사방에 있는 이방인이 자신들의 수
치를 반드시 당하리라
8 그러나 너희 이스라엘 산들아 너희
는 가지를 내고 내 백성 이스라엘
을 위하여 열매를 맺으리니 그들이
올 때가 가까이 이르렀음이라
9 내가 돌이켜 너희와 함께 하리니
사람이 너희를 갈고 심을 것이며
10 내가 또 사람을 너희 위에 많게 하
리니 이들은 이스라엘 온 족속이라
그들을 성읍들에 거주하게 하며 빈
땅에 건축하게 하리라
11 내가 너희 위에 사람과 짐승을 많
게 하되 그들의 수가 많고 번성하
게 할 것이라 너희 전 지위대로 사
람이 거주하게 하여 너희를 처음보
다 낫게 대우하리니 내가 야훼인
줄을 너희가 알리라
12 내가 사람을 너희 위에 다니게 하
리니 그들은 내 백성 이스라엘이라
그들은 너를 얻고 너는 그 기업이
되어 다시는 그들이 자식들을 잃어
버리지 않게 하리라
13 주 야훼께서 이같이 말씀하셨느니
라 그들이 너희에게 이르기를 너는
사람을 삼키는 자요 네 나라 백성
을 제거한 자라 하거니와
14 네가 다시는 사람을 삼키지 아니하
며 다시는 네 나라 백성을 제거하지
아니하리라 주 야훼의 말씀이니라
15 내가 또 너를 여러 나라의 수치를
듣지 아니하게 하며 만민의 비방을
다시 받지 아니하게 하며 네 나라
백성을 다시 넘어뜨리지 아니하게
하리라 주 야훼의 말씀이니라 하셨
다 하라
16 야훼의 말씀이 또 내게 임하여 이
르시되
17 인자야 이스라엘 족속이 그들의 고
국 땅에 거주할 때에 그들의 행위
로 그 땅을 더럽혔나니 나 보기에
그 행위가 월경 중에 있는 여인의
부정함과 같았느니라
18 그들이 땅 위에 피를 쏟았으며 그
우상들로 말미암아 자신들을 더럽
혔으므로 내가 분노를 그들 위에
쏟아
19 그들을 그 행위대로 심판하여 각국
에 흩으며 여러 나라에 헤쳤더니
20 그들이 이른바 그 여러 나라에서
내 거룩한 이름이 그들로 말미암아
더러워졌나니 곧 사람들이 그들을
가리켜 이르기를 이들은 야훼의 백
성이라도 야훼의 땅에서 떠난 자라

하였음이라
21 그러나 이스라엘 족속이 들어간 그
여러 나라에서 더럽힌 내 거룩한 이
름을 내가 아꼈노라
22 그러므로 너는 이스라엘 족속에게
이르기를 주 야훼께서 이같이 말씀
하시기를 이스라엘 족속아 내가 이
렇게 행함은 너희를 위함이 아니요
너희가 들어간 그 여러 나라에서 더
럽힌 나의 거룩한 이름을 위함이라
23 여러 나라 가운데에서 더럽혀진 이
름 곧 너희가 그들 가운데에서 더
럽힌 나의 큰 이름을 내가 거룩하
게 할지라 내가 그들의 눈 앞에서
너희로 말미암아 나의 거룩함을 나
타내리니 내가 야훼인 줄을 여러
나라 사람이 알리라 주 야훼의 말
씀이니라
24 내가 너희를 여러 나라 가운데에서
인도하여 내고 여러 민족 가운데에
서 모아 데리고 고국 땅에 들어가서
25 맑은 물을 너희에게 뿌려서 너희
로 정결하게 하되 곧 너희 모든 더
러운 것에서와 모든 우상 숭배에서
너희를 정결하게 할 것이며
26 또 새 영을 너희 속에 두고 새 마
음을 너희에게 주되 너희 육신에서
굳은 마음을 제거하고 부드러운 마
음을 줄 것이며
27 또 내 영을 너희 속에 두어 너희로
내 율례를 행하게 하리니 너희가
내 규례를 지켜 행할지라
28 내가 너희 조상들에게 준 땅에서
너희가 거주하면서 내 백성이 되고
나는 너희 하나님이 되리라
29 내가 너희를 모든 더러운 데에서
구원하고 곡식이 풍성하게 하여 기
근이 너희에게 닥치지 아니하게 할
것이며
30 또 나무의 열매와 밭의 소산을 풍
성하게 하여 너희가 다시는 기근의
욕을 여러 나라에게 당하지 아니하
게 하리니
31 그 때에 너희가 너희 악한 길과 너
희 좋지 못한 행위를 기억하고 너
희 모든 죄악과 가증한 일로 말미
암아 스스로 밉게 보리라
32 주 야훼의 말씀이니라 내가 이렇게
행함은 너희를 위함이 아닌 줄을
너희가 알리라 이스라엘 족속아 너
희 행위로 말미암아 부끄러워하고
한탄할지어다
33 주 야훼께서 이같이 말씀하셨느니
라 내가 너희를 모든 죄악에서 정
결하게 하는 날에 성읍들에 사람이
거주하게 하며 황폐한 것이 건축되
게 할 것인즉
34 전에는 지나가는 자의 눈에 황폐하
게 보이던 그 황폐한 땅이 장차 경
작이 될지라

기록일 : . . .

35 사람이 이르기를 이 땅이 황폐하더
니 이제는 에덴 동산 같이 되었고
황량하고 적막하고 무너진 성읍들
에 성벽과 주민이 있다 하리니
36 너희 사방에 남은 이방 사람이 나
야훼가 무너진 곳을 건축하며 황폐
한 자리에 심은 줄을 알리라 나 야
훼가 말하였으니 이루리라
37 주 야훼께서 이같이 말씀하셨느니
라 그래도 이스라엘 족속이 이같이
자기들에게 이루어 주기를 내게 구
하여야 할지라 내가 그들의 수효를
양 떼 같이 많아지게 하되
38 제사 드릴 양 떼 곧 예루살렘이 정
한 절기의 양 무리 같이 황폐한 성
읍을 사람의 떼로 채우리라 그리한
즉 그들이 나를 야훼인 줄 알리라
하셨느니라

37

야훼께서 권능으로 내게 임재하
시고 그의 영으로 나를 데리고 가
서 골짜기 가운데 두셨는데 거기
뼈가 가득하더라
2 나를 그 뼈 사방으로 지나가게 하
시기로 본즉 그 골짜기 지면에 뼈
가 심히 많고 아주 말랐더라
3 그가 내게 이르시되 인자야 이 뼈
들이 능히 살 수 있겠느냐 하시기
로 내가 대답하되 주 야훼여 주께
서 아시나이다
4 또 내게 이르시되 너는 이 모든 뼈
에게 대언하여 이르기를 너희 마른
뼈들아 야훼의 말씀을 들을지어다
5 주 야훼께서 이 뼈들에게 이같이 말
씀하시기를 내가 생기를 너희에게
들어가게 하리니 너희가 살아나리라
6 너희 위에 힘줄을 두고 살을 입히
고 가죽으로 덮고 너희 속에 생기
를 넣으리니 너희가 살아나리라 또
내가 야훼인 줄 너희가 알리라 하
셨다 하라
7 이에 내가 명령을 따라 대언하니
대언할 때에 소리가 나고 움직이며
이 뼈, 저 뼈가 들어 맞아 뼈들이
서로 연결되더라
8 내가 또 보니 그 뼈에 힘줄이 생기
고 살이 오르며 그 위에 가죽이 덮
이나 그 속에 생기는 없더라
9 또 내게 이르시되 인자야 너는 생
기를 향하여 대언하라 생기에게 대
언하여 이르기를 주 야훼께서 이같
이 말씀하시기를 생기야 사방에서
부터 와서 이 죽음을 당한 자에게
불어서 살아나게 하라 하셨다 하라
10 이에 내가 그 명령대로 대언하였더
니 생기가 그들에게 들어가매 그들
이 곧 살아나서 일어나 서는데 극히
큰 군대더라
11 또 내게 이르시되 인자야 이 뼈들
은 이스라엘 온 족속이라 그들이
이르기를 우리의 뼈들이 말랐고 우

기록일 : . . .

리의 소망이 없어졌으니 우리는 다
멸절되었다 하느니라
12 그러므로 너는 대언하여 그들에게
이르기를 주 야훼께서 이같이 말
씀하시기를 내 백성들아 내가 너희
무덤을 열고 너희로 거기에서 나오
게 하고 이스라엘 땅으로 들어가게
하리라
13 내 백성들아 내가 너희 무덤을 열
고 너희로 거기에서 나오게 한즉
너희는 내가 야훼인 줄을 알리라
14 내가 또 내 영을 너희 속에 두어 너
희가 살아나게 하고 내가 또 너희
를 너희 고국 땅에 두리니 나 야훼
가 이 일을 말하고 이룬 줄을 너희
가 알리라 야훼의 말씀이니라
15 야훼의 말씀이 또 내게 임하여 이
르시되
16 인자야 너는 막대기 하나를 가져다
가 그 위에 유다와 그 짝 이스라엘
자손이라 쓰고 또 다른 막대기 하
나를 가지고 그 위에 에브라임의
막대기 곧 요셉과 그 짝 이스라엘
온 족속이라 쓰고
17 그 막대기들을 서로 합하여 하나가
되게 하라 네 손에서 둘이 하나가
되리라
18 네 민족이 네게 말하여 이르기를 이
것이 무슨 뜻인지 우리에게 말하지
아니하겠느냐 하거든
19 너는 곧 이르기를 주 야훼께서 이
같이 말씀하시기를 내가 에브라임
의 손에 있는 바 요셉과 그 짝 이스
라엘 지파들의 막대기를 가져다가
유다의 막대기에 붙여서 한 막대기
가 되게 한즉 내 손에서 하나가 되
리라 하셨다 하고
20 너는 그 글 쓴 막대기들을 무리의
눈 앞에서 손에 잡고
21 그들에게 이르기를 주 야훼께서 이
같이 말씀하시기를 내가 이스라엘
자손을 잡혀 간 여러 나라에서 인
도하며 그 사방에서 모아서 그 고
국 땅으로 돌아가게 하고
22 그 땅 이스라엘 모든 산에서 그들
이 한 나라를 이루어서 한 임금이
모두 다스리게 하리니 그들이 다시
는 두 민족이 되지 아니하며 두 나
라로 나누이지 아니할지라
23 그들이 그 우상들과 가증한 물건과
그 모든 죄악으로 더 이상 자신들
을 더럽히지 아니하리라 내가 그들
을 그 범죄한 모든 처소에서 구원
하여 정결하게 한즉 그들은 내 백
성이 되고 나는 그들의 하나님이
되리라
24 내 종 다윗이 그들의 왕이 되리니
그들 모두에게 한 목자가 있을 것
이라 그들이 내 규례를 준수하고
내 율례를 지켜 행하며

기록일 : . . .

25 내가 내 종 야곱에게 준 땅 곧 그
의 조상들이 거주하던 땅에 그들이
거주하되 그들과 그들의 자자 손손
이 영원히 거기에 거주할 것이요 내
종 다윗이 영원히 그들의 왕이 되
리라
26 내가 그들과 화평의 언약을 세워서
영원한 언약이 되게 하고 또 그들
을 견고하고 번성하게 하며 내 성
소를 그 가운데에 세워서 영원히
이르게 하리니
27 내 처소가 그들 가운데에 있을 것
이며 나는 그들의 하나님이 되고
그들은 내 백성이 되리라
28 내 성소가 영원토록 그들 가운데에
있으리니 내가 이스라엘을 거룩하
게 하는 야훼인 줄을 열국이 알리
라 하셨다 하라

38

야훼의 말씀이 내게 임하여 이르
시되
2 인자야 너는 마곡 땅에 있는 로스
와 메섹과 두발 왕 곧 곡에게로 얼
굴을 향하고 그에게 예언하여
3 이르기를 주 야훼께서 이같이 말씀
하시기를 로스와 메섹과 두발 왕
곡아 내가 너를 대적하여
4 너를 돌이켜 갈고리로 네 아가리를
꿰고 너와 말과 기마병 곧 네 온 군
대를 끌어내되 완전한 갑옷을 입고
큰 방패와 작은 방패를 가지며 칼
을 잡은 큰 무리와
5 그들과 함께 한 방패와 투구를 갖
춘 바사와 구스와 붓과
6 고멜과 그 모든 떼와 북쪽 끝의 도
갈마 족속과 그 모든 떼 곧 많은 백
성의 무리를 너와 함께 끌어내리라
7 너는 스스로 예비하되 너와 네게
모인 무리들이 다 스스로 예비하고
너는 그들의 우두머리가 될지어다
8 여러 날 후 곧 말년에 네가 명령을
받고 그 땅 곧 오래 황폐하였던 이
스라엘 산에 이르리니 그 땅 백성
은 칼을 벗어나서 여러 나라에서 모
여 들어오며 이방에서 나와 다 평안
히 거주하는 중이라
9 네가 올라오되 너와 네 모든 떼와
너와 함께 한 많은 백성이 광풍 같
이 이르고 구름 같이 땅을 덮으리라
10 주 야훼께서 이같이 말씀하셨느니
라 그 날에 네 마음에서 여러 가지
생각이 나서 악한 꾀를 내어
11 말하기를 내가 평원의 고을들로 올
라 가리라 성벽도 없고 문이나 빗장
이 없어도 염려 없이 다 평안히 거
주하는 백성에게 나아가서
12 물건을 겁탈하며 노략하리라 하고
네 손을 돌려서 황폐하였다가 지금
사람이 거주하는 땅과 여러 나라에
서 모여서 짐승과 재물을 얻고 세
상 중앙에 거주하는 백성을 치고자

기록일 : . . .

할 때에
13 스바와 드단과 다시스의 상인과 그
부자들이 네게 이르기를 네가 탈취
하러 왔느냐 네가 네 무리를 모아
노략하고자 하느냐 은과 금을 빼
앗으며 짐승과 재물을 빼앗으며 물
건을 크게 약탈하여 가고자 하느냐
하리라
14 인자야 너는 또 예언하여 곡에게
이르기를 주 야훼께서 이같이 말씀
하시기를 내 백성 이스라엘이 평안
히 거주하는 날에 네가 어찌 그것
을 알지 못하겠느냐
15 네가 네 고국 땅 북쪽 끝에서 많은
백성 곧 다 말을 탄 큰 무리와 능한
군대와 함께 오되
16 구름이 땅을 덮음 같이 내 백성 이
스라엘을 치러 오리라 곡아 끝 날
에 내가 너를 이끌어다가 내 땅을
치게 하리니 이는 내가 너로 말미암
아 이방 사람의 눈 앞에서 내 거룩
함을 나타내어 그들이 다 나를 알
게 하려 함이라
17 주 야훼께서 이같이 말씀하셨느니
라 내가 옛적에 내 종 이스라엘 선
지자들을 통하여 말한 사람이 네가
아니냐 그들이 그 때에 여러 해 동
안 예언하기를 내가 너를 이끌어다
가 그들을 치게 하리라
18 그 날에 곡이 이스라엘 땅을 치러
오면 내 노여움이 내 얼굴에 나타
나리라 주 야훼의 말씀이니라
19 내가 질투와 맹렬한 노여움으로 말
하였거니와 그 날에 큰 지진이 이스
라엘 땅에 일어나서
20 바다의 고기들과 공중의 새들과 들
의 짐승들과 땅에 기는 모든 벌레
와 지면에 있는 모든 사람이 내 앞
에서 떨 것이며 모든 산이 무너지며
절벽이 떨어지며 모든 성벽이 땅에
무너지리라
21 주 야훼의 말씀이니라 내가 내 모든
산 중에서 그를 칠 칼을 부르리니
각 사람이 칼로 그 형제를 칠 것이며
22 내가 또 전염병과 피로 그를 심판
하며 쏟아지는 폭우와 큰 우박덩이
와 불과 유황으로 그와 그 모든 무
리와 그와 함께 있는 많은 백성에
게 비를 내리듯 하리라
23 이같이 내가 여러 나라의 눈에 내
위대함과 내 거룩함을 나타내어 나
를 알게 하리니 내가 야훼인 줄을
그들이 알리라

39 그러므로 인자야 너는 곡에게 예
언하여 이르기를 주 야훼께서 이같
이 말씀하시되 로스와 메섹과 두발
왕 곡아 내가 너를 대적하여
2 너를 돌이켜서 이끌고 북쪽 끝에서
부터 나와서 이스라엘 산 위에 이
르러

기록일 : . . .

3 네 활을 쳐서 네 왼손에서 떨어뜨
리고 네 화살을 네 오른손에서 떨
어뜨리리니
4 너와 네 모든 무리와 너와 함께 있
는 백성이 다 이스라엘 산 위에 엎
드러지리라 내가 너를 각종 사나운
새와 들짐승에게 넘겨 먹게 하리니
5 네가 빈 들에 엎드러지리라 이는 내
가 말하였음이니라 주 야훼의 말씀
이니라
6 내가 또 불을 마곡과 및 섬에 평안
히 거주하는 자에게 내리리니 내가
야훼인 줄을 그들이 알리라
7 내가 내 거룩한 이름을 내 백성 이
스라엘 가운데에 알게 하여 다시는
내 거룩한 이름을 더럽히지 아니하
게 하리니 내가 야훼 곧 이스라엘
의 거룩한 자인 줄을 민족들이 알
리라 하라
8 주 야훼의 말씀이니라 볼지어다 그
날이 와서 이루어지리니 내가 말한
그 날이 이 날이라
9 이스라엘 성읍들에 거주하는 자가
나가서 그들의 무기를 불태워 사르
되 큰 방패와 작은 방패와 활과 화
살과 몽둥이와 창을 가지고 일곱
해 동안 불태우리라
10 이같이 그 무기로 불을 피울 것이므
로 그들이 들에서 나무를 주워 오
지 아니하며 숲에서 벌목하지 아니
하겠고 전에 자기에게서 약탈하던
자의 것을 약탈하며 전에 자기에게
서 늑탈하던 자의 것을 늑탈하리라
주 야훼의 말씀이니라
11 그 날에 내가 곡을 위하여 이스라
엘 땅 곧 바다 동쪽 사람이 통행하
는 골짜기를 매장지로 주리니 통행
하던 길이 막힐 것이라 사람이 거
기에서 곡과 그 모든 무리를 매장
하고 그 이름을 하몬곡의 골짜기라
일컬으리라
12 이스라엘 족속이 일곱 달 동안에
그들을 매장하여 그 땅을 정결하게
할 것이라
13 그 땅 모든 백성이 그들을 매장하
고 그로 말미암아 이름을 얻으리니
이는 나의 영광이 나타나는 날이니
라 주 야훼의 말씀이니라
14 그들이 사람을 택하여 그 땅에 늘
순행하며 매장할 사람과 더불어 지
면에 남아 있는 시체를 매장하여
그 땅을 정결하게 할 것이라 일곱
달 후에 그들이 살펴 보되
15 지나가는 사람들이 그 땅으로 지나
가다가 사람의 뼈를 보면 그 곁에
푯말을 세워 매장하는 사람에게 가
서 하몬곡 골짜기에 매장하게 할
것이요
16 성읍의 이름도 하모나라 하리라
그들이 이같이 그 땅을 정결하게

기록일 : . . .

하리라
17 주 야훼께서 이같이 말씀하셨느니
라 너 인자야 너는 각종 새와 들의
각종 짐승에게 이르기를 너희는 모
여 오라 내가 너희를 위한 잔치 곧
이스라엘 산 위에 예비한 큰 잔치
로 너희는 사방에서 모여 살을 먹
으며 피를 마실지어다
18 너희가 용사의 살을 먹으며 세상
왕들의 피를 마시기를 바산의 살진
짐승 곧 숫양이나 어린 양이나 염소
나 수송아지를 먹듯 할지라
19 내가 너희를 위하여 예비한 잔치의
기름을 너희가 배불리 먹으며 그 피
를 취하도록 마시되
20 내 상에서 말과 기병과 용사와 모
든 군사를 배부르게 먹일지니라 하
라 주 야훼의 말씀이니라
21 내가 내 영광을 여러 민족 가운데
에 나타내어 모든 민족이 내가 행
한 심판과 내가 그 위에 나타낸 권
능을 보게 하리니
22 그 날 이후에 이스라엘 족속은 내
가 야훼 자기들의 하나님인 줄을
알겠고
23 여러 민족은 이스라엘 족속이 그
죄악으로 말미암아 사로잡혀 갔던
줄을 알지라 그들이 내게 범죄하였
으므로 내 얼굴을 그들에게 가리고
그들을 그 원수의 손에 넘겨 다 칼
에 엎드러지게 하였으되
24 내가 그들의 더러움과 그들의 범죄
한 대로 행하여 그들에게 내 얼굴
을 가리었었느니라
25 그러므로 주 야훼께서 이같이 말
씀하셨느니라 내가 이제 내 거룩한
이름을 위하여 열심을 내어 야곱의
사로잡힌 자를 돌아오게 하며 이스
라엘 온 족속에게 사랑을 베풀지라
26 그들이 그 땅에 평안히 거주하고
두렵게 할 자가 없게 될 때에 부끄
러움을 품고 내게 범한 죄를 뉘우
치리니
27 내가 그들을 만민 중에서 돌아오게
하고 적국 중에서 모아 내어 많은
민족이 보는 데에서 그들로 말미암
아 나의 거룩함을 나타낼 때라
28 전에는 내가 그들이 사로잡혀 여러
나라에 이르게 하였거니와 후에는
내가 그들을 모아 고국 땅으로 돌
아오게 하고 그 한 사람도 이방에
남기지 아니하리니 그들이 내가 야
훼 자기들의 하나님인 줄을 알리라
29 내가 다시는 내 얼굴을 그들에게
가리지 아니하리니 이는 내가 내 영
을 이스라엘 족속에게 쏟았음이라
주 야훼의 말씀이니라

40 우리가 사로잡힌 지 스물다섯째
해, 성이 함락된 후 열넷째 해 첫째
달 열째 날에 곧 그 날에 야훼의 권

기록일 : . . .

능이 내게 임하여 나를 데리고 이
스라엘 땅으로 가시되
2 하나님의 이상 중에 나를 데리고
이스라엘 땅에 이르러 나를 매우
높은 산 위에 내려놓으시는데 거기
에서 남으로 향하여 성읍 형상 같
은 것이 있더라
3 나를 데리시고 거기에 이르시니 모
양이 놋 같이 빛난 사람 하나가 손
에 삼줄과 측량하는 장대를 가지고
문에 서 있더니
4 그 사람이 내게 이르되 인자야 내
가 네게 보이는 그것을 눈으로 보
고 귀로 들으며 네 마음으로 생각
할지어다 내가 이것을 네게 보이려
고 이리로 데리고 왔나니 너는 본
것을 다 이스라엘 족속에게 전할지
어다 하더라
5 내가 본즉 집 바깥 사방으로 담이
있더라 그 사람의 손에 측량하는
장대를 잡았는데 그 길이가 팔꿈치
에서 손가락에 이르고 한 손바닥
너비가 더한 자로 여섯 척이라 그
담을 측량하니 두께가 한 장대요
높이도 한 장대며
6 그가 동쪽을 향한 문에 이르러 층
계에 올라 그 문의 통로를 측량하
니 길이가 한 장대요 그 문 안쪽 통
로의 길이도 한 장대며
7 그 문간에 문지기 방들이 있는데
각기 길이가 한 장대요 너비가 한
장대요 각방 사이 벽이 다섯 척이며
안쪽 문 통로의 길이가 한 장대요
그 앞에 현관이 있고 그 앞에 안 문
이 있으며
8 그가 또 안 문의 현관을 측량하니
한 장대며
9 안 문의 현관을 또 측량하니 여덟
척이요 그 문 벽은 두 척이라 그 문
의 현관이 안으로 향하였으며
10 그 동문간의 문지기 방은 왼쪽에
셋이 있고 오른쪽에 셋이 있으니
그 셋이 각각 같은 크기요 그 좌우
편 벽도 다 같은 크기며
11 또 그 문 통로를 측량하니 너비가
열 척이요 길이가 열세 척이며
12 방 앞에 간막이 벽이 있는데 이쪽
간막이 벽도 한 척이요 저쪽 간막이
벽도 한 척이며 그 방은 이쪽도 여
섯 척이요 저쪽도 여섯 척이며
13 그가 그 문간을 측량하니 이 방 지
붕 가에서 저 방 지붕 가까지 너비
가 스물다섯 척인데 방문은 서로
반대되었으며
14 그가 또 현관을 측량하니 너비가
스무 척이요 현관 사방에 뜰이 있
으며
15 바깥 문 통로에서부터 안 문 현관
앞까지 쉰 척이며
16 문지기 방에는 각각 닫힌 창이 있

고 문 안 좌우편에 있는 벽 사이에
도 창이 있고 그 현관도 그러하고
그 창은 안 좌우편으로 벌여 있으
며 각 문 벽 위에는 종려나무를 새
겼더라
17 그가 나를 데리고 바깥뜰에 들어가
니 뜰 삼면에 박석 깔린 땅이 있고
그 박석 깔린 땅 위에 여러 방이 있
는데 모두 서른이며
18 그 박석 깔린 땅의 위치는 각 문간
의 좌우편인데 그 너비가 문간 길이
와 같으니 이는 아래 박석 땅이며
19 그가 아래 문간 앞에서부터 안뜰 바
깥 문간 앞까지 측량하니 그 너비가
백 척이며 동쪽과 북쪽이 같더라
20 그가 바깥뜰 북쪽을 향한 문간의
길이와 너비를 측량하니
21 길이는 쉰 척이요 너비는 스물다섯
척이며 문지기 방이 이쪽에도 셋이
요 저쪽에도 셋이요 그 벽과 그 현
관도 먼저 측량한 문간과 같으며
22 그 창과 현관의 길이와 너비와 종려
나무가 다 동쪽을 향한 문간과 같
으며 그 문간으로 올라가는 일곱 층
계가 있고 그 안에 현관이 있으며
23 안뜰에도 북쪽 문간과 동쪽 문간과
마주 대한 문간들이 있는데 그가
이 문간에서 맞은쪽 문간까지 측량
하니 백 척이더라
24 그가 또 나를 이끌고 남으로 간즉
남쪽을 향한 문간이 있는데 그 벽
과 현관을 측량하니 먼저 측량한
것과 같고
25 그 문간과 현관 좌우에 있는 창도
먼저 말한 창과 같더라 그 문간의
길이는 쉰 척이요 너비는 스물다섯
척이며
26 또 그리로 올라가는 일곱 층계가
있고 그 안에 현관이 있으며 또 이
쪽 저쪽 문 벽 위에 종려나무를 새
겼으며
27 안뜰에도 남쪽을 향한 문간이 있는
데 그가 남쪽을 향한 그 문간에서
맞은쪽 문간까지 측량하니 백 척이
더라
28 그가 나를 데리고 그 남문을 통하
여 안뜰에 들어가서 그 남문의 너
비를 측량하니 크기는
29 길이가 쉰 척이요 너비가 스물다섯
척이며 그 문지기 방과 벽과 현관도
먼저 측량한 것과 같고 그 문간과
그 현관 좌우에도 창이 있으며
30 그 사방 현관의 길이는 스물다섯
척이요 너비는 다섯 척이며
31 현관이 바깥뜰로 향하였고 그 문
벽 위에도 종려나무를 새겼으며 그
문간으로 올라가는 여덟 층계가 있
더라
32 그가 나를 데리고 안뜰 동쪽으로
가서 그 문간을 측량하니 크기는

33 길이가 쉰 척이요 너비가 스물다섯
척이며 그 문지기 방과 벽과 현관이
먼저 측량한 것과 같고 그 문간과
그 현관 좌우에도 창이 있으며
34 그 현관이 바깥뜰로 향하였고 그
이쪽, 저쪽 문 벽 위에도 종려나무
를 새겼으며 그 문간으로 올라가는
여덟 층계가 있더라
35 그가 또 나를 데리고 북문에 이르
러 측량하니 크기는
36 길이가 쉰 척이요 너비가 스물다섯
척이며 그 문지기 방과 벽과 현관이
다 그러하여 그 좌우에도 창이 있
으며
37 그 현관이 바깥뜰로 향하였고 그
이쪽, 저쪽 문 벽 위에도 종려나무
를 새겼으며 그 문간으로 올라가는
여덟 층계가 있더라
38 그 문 벽 곁에 문이 있는 방이 있는
데 그것은 번제물을 씻는 방이며
39 그 문의 현관 이쪽에 상 둘이 있고
저쪽에 상 둘이 있으니 그 위에서
번제와 속죄제와 속건제의 희생제
물을 잡게 한 것이며
40 그 북문 바깥 곧 입구로 올라가는
곳 이쪽에 상 둘이 있고 문의 현관
저쪽에 상 둘이 있으니
41 문 곁 이쪽에 상이 넷이 있고 저쪽에
상이 넷이 있어 상이 모두 여덟 개라
그 위에서 희생제물을 잡았더라
42 또 다듬은 돌로 만들어 번제에 쓰
는 상 넷이 있는데 그 길이는 한 척
반이요 너비는 한 척 반이요 높이는
한 척이라 번제의 희생제물을 잡을
때에 쓰는 기구가 그 위에 놓였으며
43 현관 안에는 길이가 손바닥 넓이만
한 갈고리가 사방에 박혔으며 상들
에는 희생제물의 고기가 있더라
44 안문 밖에 있는 안뜰에는 노래하는
자의 방 둘이 있는데 북문 곁에 있
는 방은 남쪽으로 향하였고 남문 곁
에 있는 방은 북쪽으로 향하였더라
45 그가 내게 이르되 남쪽을 향한 이
방은 성전을 지키는 제사장들이 쓸
것이요
46 북쪽을 향한 방은 제단을 지키는
제사장들이 쓸 것이라 이들은 레위
의 후손 중 사독의 자손으로서 여
호와께 가까이 나아가 수종드는 자니
라 하고
47 그가 또 그 뜰을 측량하니 길이는
백 척이요 너비는 백 척이라 네모
반듯하며 제단은 성전 앞에 있더라
48 그가 나를 데리고 성전 문 현관에
이르러 그 문의 좌우 벽을 측량하
니 너비는 이쪽도 다섯 척이요 저쪽
도 다섯 척이며 두께는 문 이쪽도
세 척이요 문 저쪽도 세 척이며
49 그 현관의 너비는 스무 척이요 길
이는 열한 척이며 문간으로 올라가

기록일 : . . .

는 층계가 있고 문 벽 곁에는 기둥
이 있는데 하나는 이쪽에 있고 다
른 하나는 저쪽에 있더라

41

그가 나를 데리고 성전에 이르러
그 문 벽을 측량하니 이쪽 두께도
여섯 척이요 저쪽 두께도 여섯 척이
라 두께가 그와 같으며
2 그 문 통로의 너비는 열 척이요 문
통로 이쪽 벽의 너비는 다섯 척이요
저쪽 벽의 너비는 다섯 척이며 그가
성소를 측량하니 그 길이는 마흔
척이요 그 너비는 스무 척이며
3 그가 안으로 들어가서 내전 문 통
로의 벽을 측량하니 두께는 두 척
이요 문 통로가 여섯 척이요 문 통
로의 벽의 너비는 각기 일곱 척이며
4 그가 내전을 측량하니 길이는 스무
척이요 너비는 스무 척이라 그가 내
게 이르되 이는 지성소니라 하고
5 성전의 벽을 측량하니 두께가 여섯
척이며 성전 삼면에 골방이 있는데
너비는 각기 네 척이며
6 골방은 삼 층인데 골방 위에 골방
이 있어 모두 서른이라 그 삼면 골
방이 성전 벽 밖으로 그 벽에 붙어
있는데 성전 벽 속을 뚫지는 아니하
였으며
7 이 두루 있는 골방은 그 층이 높아
질수록 넓으므로 성전에 둘린 이 골
방이 높아질수록 성전에 가까워졌
으나 성전의 넓이는 아래 위가 같
으며 골방은 아래층에서 중층으로
위층에 올라가게 되었더라
8 내가 보니 성전 삼면의 지대 곧 모
든 골방 밑 지대의 높이는 한 장대
곧 큰 자로 여섯 척인데
9 성전에 붙어 있는 그 골방 바깥 벽
두께는 다섯 척이요 그 외에 빈 터
가 남았으며
10 성전 골방 삼면에 너비가 스무 척
되는 뜰이 둘려 있으며
11 그 골방 문은 다 빈 터로 향하였는
데 한 문은 북쪽으로 향하였고 한
문은 남쪽으로 향하였으며 그 둘려
있는 빈 터의 너비는 다섯 척이더라
12 서쪽 뜰 뒤에 건물이 있는데 너비는
일흔 척이요 길이는 아흔 척이며 그
사방 벽의 두께는 다섯 척이더라
13 그가 성전을 측량하니 길이는 백 척
이요 또 서쪽 뜰과 그 건물과 그 벽
을 합하여 길이는 백 척이요
14 성전 앞면의 너비는 백 척이요 그
앞 동쪽을 향한 뜰의 너비도 그러
하며
15 그가 뒤뜰 너머 있는 건물을 측량하
니 그 좌우편 회랑까지 백 척이더라
내전과 외전과 그 뜰의 현관과
16 문 통로 벽과 닫힌 창과 삼면에 둘
려 있는 회랑은 문 통로 안쪽에서
부터 땅에서 창까지 널판자로 가렸

기록일 : . . .

고 (창은 이미 닫혔더라)
17 문 통로 위와 내전과 외전의 사방
벽도 다 그러하니 곧 측량한 크기
대로며
18 널판자에는 그룹들과 종려나무를
새겼는데 두 그룹 사이에 종려나무
한 그루가 있으며 각 그룹에 두 얼
굴이 있으니
19 하나는 사람의 얼굴이라 이쪽 종려
나무를 향하였고 하나는 어린 사자
의 얼굴이라 저쪽 종려나무를 향하
였으며 온 성전 사방이 다 그러하여
20 땅에서부터 문 통로 위에까지 그룹
들과 종려나무들을 새겼으니 성전
벽이 다 그러하더라
21 외전 문설주는 네모졌고 내전 전면
에 있는 양식은 이러하니
22 곧 나무 제단의 높이는 세 척이요
길이는 두 척이며 그 모퉁이와 옆과
면을 다 나무로 만들었더라 그가
내게 이르되 이는 야훼의 앞의 상
이라 하더라
23 내전과 외전에 각기 문이 있는데
24 문마다 각기 두 문짝 곧 접는 두 문
짝이 있어 이 문에 두 짝이요 저 문
에 두 짝이며
25 이 성전 문에 그룹과 종려나무를
새겼는데 벽에 있는 것과 같고 현
관 앞에는 나무 디딤판이 있으며
26 현관 좌우편에는 닫힌 창도 있고
종려나무도 새겨져 있고 성전의 골
방과 디딤판도 그러하더라

42

그가 나를 데리고 밖으로 나가 북
쪽 뜰로 가서 두 방에 이르니 그 두
방의 하나는 골방 앞 뜰을 향하였
고 다른 하나는 북쪽 건물을 향하
였는데
2 그 방들의 자리의 길이는 백 척이
요 너비는 쉰 척이며 그 문은 북쪽
을 향하였고
3 그 방 삼층에 회랑들이 있는데 한
방의 회랑은 스무 척 되는 안뜰과
마주 대하였고 다른 한 방의 회랑
은 바깥뜰 박석 깔린 곳과 마주 대
하였으며
4 그 두 방 사이에 통한 길이 있어 너
비는 열 척이요 길이는 백 척이며
그 문들은 북쪽을 향하였으며
5 그 위층의 방은 가장 좁으니 이는
회랑들로 말미암아 아래층과 가운
데 층보다 위층이 더 줄어짐이라
6 그 방은 삼층인데도 뜰의 기둥 같
은 기둥이 없으므로 그 위층이 아
래층과 가운데 층보다 더욱 좁아짐
이더라
7 그 한 방의 바깥 담 곧 뜰의 담과
마주 대한 담의 길이는 쉰 척이니
8 바깥뜰로 향한 방의 길이는 쉰 척이
며 성전 앞을 향한 방은 백 척이며
9 이 방들 아래에 동쪽에서 들어가는

통행구가 있으니 곧 바깥뜰에서 들
어가는 통행구더라
10 남쪽 골방 뜰 맞은쪽과 남쪽 건물
맞은쪽에도 방 둘이 있는데
11 그 두 방 사이에 길이 있고 그 방들
의 모양은 북쪽 방 같고 그 길이와
너비도 같으며 그 출입구와 문도
그와 같으며
12 이 남쪽 방에 출입하는 문이 있는
데 담 동쪽 길 어귀에 있더라
13 그가 내게 이르되 좌우 골방 뜰 앞
곧 북쪽과 남쪽에 있는 방들은 거
룩한 방이라 야훼를 가까이 하는
제사장들이 지성물을 거기에서 먹
을 것이며 지성물 곧 소제와 속죄
제와 속건제의 제물을 거기 둘 것
이니 이는 거룩한 곳이라
14 제사장의 의복은 거룩하므로 제사
장이 성소에 들어갔다가 나올 때에
바로 바깥뜰로 가지 못하고 수종드
는 그 의복을 그 방에 두고 다른 옷
을 입고 백성의 뜰로 나갈 것이니
라 하더라
15 그가 안에 있는 성전 측량하기를
마친 후에 나를 데리고 동쪽을 향
한 문의 길로 나가서 사방 담을 측
량하는데
16 그가 측량하는 장대 곧 그 장대로
동쪽을 측량하니 오백 척이요
17 그 장대로 북쪽을 측량하니 오백
척이요
18 그 장대로 남쪽을 측량하니 오백
척이요
19 서쪽으로 돌이켜 그 장대로 측량하
니 오백 척이라
20 그가 이같이 그 사방을 측량하니
그 사방 담 안 마당의 길이가 오백
척이며 너비가 오백 척이라 그 담은
거룩한 것과 속된 것을 구별하는
것이더라

43 그 후에 그가 나를 데리고 문에
이르니 곧 동쪽을 향한 문이라
2 이스라엘 하나님의 영광이 동쪽에
서부터 오는데 하나님의 음성이 많
은 물 소리 같고 땅은 그 영광으로
말미암아 빛나니
3 그 모양이 내가 본 환상 곧 전에 성
읍을 멸하러 올 때에 보던 환상 같
고 그발 강 가에서 보던 환상과도
같기로 내가 곧 얼굴을 땅에 대고
엎드렸더니
4 야훼의 영광이 동문을 통하여 성전
으로 들어가고
5 영이 나를 들어 데리고 안뜰에 들
어가시기로 내가 보니 야훼의 영광
이 성전에 가득하더라
6 성전에서 내게 하는 말을 내가 듣
고 있을 때에 어떤 사람이 내 곁에
서 있더라
7 그가 내게 이르시되 인자야 이는 내

기록일 : . . .

보좌의 처소, 내 발을 두는 처소,
내가 이스라엘 족속 가운데에 영원
히 있을 곳이라 이스라엘 족속 곧
그들과 그들의 왕들이 음행하며 그
죽은 왕들의 시체로 다시는 내 거룩
한 이름을 더럽히지 아니하리라
8 그들이 그 문지방을 내 문지방 곁
에 두며 그 문설주를 내 문설주 곁
에 두어서 그들과 나 사이에 겨우
한 담이 막히게 하였고 또 그 행하
는 가증한 일로 내 거룩한 이름을
더럽혔으므로 내가 노하여 멸망시
켰거니와
9 이제는 그들이 그 음란과 그 왕들
의 시체를 내게서 멀리 제거하여 버
려야 할 것이라 그리하면 내가 그
들 가운데에 영원히 살리라
10 인자야 너는 이 성전을 이스라엘 족
속에게 보여서 그들이 자기의 죄악
을 부끄러워하고 그 형상을 측량하
게 하라
11 만일 그들이 자기들이 행한 모든
일을 부끄러워하거든 너는 이 성전
의 제도와 구조와 그 출입하는 곳
과 그 모든 형상을 보이며 또 그 모
든 규례와 그 모든 법도와 그 모든
율례를 알게 하고 그 목전에 그것
을 써서 그들로 그 모든 법도와 그
모든 규례를 지켜 행하게 하라
12 성전의 법은 이러하니라 산 꼭대기
지점의 주위는 지극히 거룩하리라
성전의 법은 이러하니라
13 제단의 크기는 이러하니라 한 자는
팔꿈치에서부터 손가락에 이르고
한 손바닥 넓이가 더한 것이라 제
단 밑받침의 높이는 한 척이요 그
사방 가장자리의 너비는 한 척이며
그 가로 둘린 턱의 너비는 한 뼘이
니 이는 제단 밑받침이요
14 이 땅에 닿은 밑받침 면에서 아래
층의 높이는 두 척이요 그 가장자
리의 너비는 한 척이며 이 아래층
면에서 이 층의 높이는 네 척이요
그 가장자리의 너비는 한 척이며
15 그 번제단 위층의 높이는 네 척이
며 그 번제하는 바닥에서 솟은 뿔
이 넷이며
16 그 번제하는 바닥의 길이는 열두
척이요 너비도 열두 척이니 네모 반
듯하고
17 그 아래층의 길이는 열네 척이요 너
비는 열네 척이니 네모 반듯하고
그 밑받침에 둘린 턱의 너비는 반
척이며 그 가장자리의 너비는 한 척
이니라 그 층계는 동쪽을 향하게
할지니라
18 그가 내게 이르시되 인자야 주 야
훼께서 이같이 말씀하셨느니라 이
제단을 만드는 날에 그 위에 번제
를 드리며 피를 뿌리는 규례는 이러

하니라
19 주 야훼의 말씀이니라 나를 가까이
하여 내게 수종드는 사독의 자손
레위 사람 제사장에게 너는 어린
수송아지 한 마리를 주어 속죄제물
을 삼되
20 네가 그 피를 가져다가 제단의 네
뿔과 아래층 네 모퉁이와 사방 가
장자리에 발라 속죄하여 제단을 정
결하게 하고
21 그 속죄제물의 수송아지를 가져다
가 성전의 정한 처소 곧 성소 밖에
서 불사를지며
22 다음 날에는 흠 없는 숫염소 한 마
리를 속죄제물로 삼아 드려서 그
제단을 정결하게 하기를 수송아지
로 정결하게 함과 같이 하고
23 정결하게 하기를 마친 후에는 흠 없
는 수송아지 한 마리와 떼 가운데에
서 흠 없는 숫양 한 마리를 드리되
24 나 야훼 앞에 받들어다가 제사장은
그 위에 소금을 쳐서 나 야훼께 번
제로 드릴 것이며
25 칠 일 동안은 매일 염소 한 마리를
갖추어 속죄제물을 삼고 또 어린
수송아지 한 마리와 떼 가운데에서
숫양 한 마리를 흠 없는 것으로 갖
출 것이며
26 이같이 칠 일 동안 제단을 위하여
속죄제를 드려 정결하게 하며 드릴
것이요
27 이 모든 날이 찬 후 제팔일과 그 다
음에는 제사장이 제단 위에서 너희
번제와 감사제를 드릴 것이라 그리
하면 내가 너희를 즐겁게 받으리라
주 야훼의 말씀이니라

44 그가 나를 데리고 성소의 동쪽을
향한 바깥 문에 돌아오시니 그 문
이 닫혔더라
2 야훼께서 내게 이르시되 이 문은
닫고 다시 열지 못할지니 아무도
그리로 들어오지 못할 것은 이스라
엘 하나님 나 야훼가 그리로 들어
왔음이라 그러므로 닫아 둘지니라
3 왕은 왕인 까닭에 안 길로 이 문 현
관으로 들어와서 거기에 앉아서 나
야훼 앞에서 음식을 먹고 그 길로
나갈 것이니라
4 그가 또 나를 데리고 북문을 통하
여 성전 앞에 이르시기로 내가 보니
야훼의 영광이 야훼의 성전에 가득
한지라 내가 얼굴을 땅에 대고 엎
드리니
5 야훼께서 내게 이르시되 인자야 너
는 전심으로 주목하여 내가 네게
말하는 바 야훼의 성전의 모든 규
례와 모든 율례를 귀로 듣고 또 성
전의 입구와 성소의 출구를 전심으
로 주목하고
6 너는 반역하는 자 곧 이스라엘 족

기록일 : . . .

속에게 이르기를 주 야훼께서 이같
이 말씀하시기를 이스라엘 족속아
너희의 모든 가증한 일이 족하니라
7 너희가 마음과 몸에 할례 받지 아
니한 이방인을 데려오고 내 떡과
기름과 피를 드릴 때에 그들로 내
성소 안에 있게 하여 내 성전을 더
럽히므로 너희의 모든 가증한 일
외에 그들이 내 언약을 위반하게
하는 것이 되었으며
8 너희가 내 성물의 직분을 지키지 아
니하고 내 성소에 사람을 두어 너
희 직분을 대신 지키게 하였느니라
9 주 야훼께서 이같이 말씀하셨느니
라 이스라엘 족속 중에 있는 이방
인 중에 마음과 몸에 할례를 받지
아니한 이방인은 내 성소에 들어오
지 못하리라
10 이스라엘 족속이 그릇 행하여 나를
떠날 때에 레위 사람도 그릇 행하
여 그 우상을 따라 나를 멀리 떠났
으니 그 죄악을 담당하리라
11 그러나 그들이 내 성소에서 수종들
어 성전 문을 맡을 것이며 성전에서
수종들어 백성의 번제의 희생물과
다른 희생물을 잡아 백성 앞에 서
서 수종들게 되리라
12 그들이 전에 백성을 위하여 그 우
상 앞에서 수종들어 이스라엘 족속
이 죄악에 걸려 넘어지게 하였으므
로 내가 내 손을 들어 쳐서 그들이
그 죄악을 담당하였느니라 주 야훼
의 말씀이니라
13 그들이 내게 가까이 나아와 제사장
의 직분을 행하지 못하며 또 내 성
물 곧 지성물에 가까이 오지 못하
리니 그들이 자기의 수치와 그 행
한 바 가증한 일을 담당하리라
14 그러나 내가 그들을 세워 성전을
지키게 하고 성전에 모든 수종드는
일과 그 가운데에서 행하는 모든
일을 맡기리라
15 이스라엘 족속이 그릇 행하여 나
를 떠날 때에 사독의 자손 레위 사
람 제사장들은 내 성소의 직분을
지켰은즉 그들은 내게 가까이 나아
와 수종을 들되 내 앞에 서서 기름
과 피를 내게 드릴지니라 주 야훼
의 말씀이니라
16 그들이 내 성소에 들어오며 또 내
상에 가까이 나아와 내게 수종들어
내가 맡긴 직분을 지키되
17 그들이 안뜰 문에 들어올 때에나
안뜰 문과 성전 안에서 수종들 때
에는 양털 옷을 입지 말고 가는 베
옷을 입을 것이니
18 가는 베 관을 머리에 쓰며 가는 베
바지를 입고 땀이 나게 하는 것으
로 허리를 동이지 말 것이며
19 그들이 바깥뜰 백성에게로 나갈 때

기록일 : . . .

에는 수종드는 옷을 벗어 거룩한
방에 두고 다른 옷을 입을지니 이
는 그 옷으로 백성을 거룩하게 할
까 함이라
20 그들은 또 머리털을 밀지도 말며 머
리털을 길게 자라게도 말고 그 머
리털을 깎기만 할 것이며
21 아무 제사장이든지 안뜰에 들어갈
때에는 포도주를 마시지 말 것이며
22 과부나 이혼한 여인에게 장가 들지
말고 오직 이스라엘 족속의 처녀나
혹시 제사장의 과부에게 장가 들
것이며
23 내 백성에게 거룩한 것과 속된 것
의 구별을 가르치며 부정한 것과 정
한 것을 분별하게 할 것이며
24 송사하는 일을 재판하되 내 규례대
로 재판할 것이며 내 모든 정한 절
기에는 내 법도와 율례를 지킬 것이
며 또 내 안식일을 거룩하게 하며
25 시체를 가까이 하여 스스로 더럽히
지 못할 것이로되 부모나 자녀나
형제나 시집 가지 아니한 자매를
위하여는 더럽힐 수 있으며
26 이런 자는 스스로 정결하게 한 후
에 칠 일을 더 지낼 것이요
27 성소에서 수종들기 위해 안뜰과 성
소에 들어갈 때에는 속죄제를 드릴
지니라 주 야훼의 말씀이니라
28 그들에게는 기업이 있으리니 내가
곧 그 기업이라 너희는 이스라엘
가운데에서 그들에게 산업을 주지
말라 내가 그 산업이 됨이라
29 그들은 소제와 속죄제와 속건제의
제물을 먹을지니 이스라엘 중에서
구별하여 드리는 물건을 다 그들에
게 돌리며
30 또 각종 처음 익은 열매와 너희 모
든 예물 중에 각종 거제 제물을 다
제사장에게 돌리고 너희가 또 첫 밀
가루를 제사장에게 주어 그들에게
네 집에 복이 내리도록 하게 하라
31 새나 가축이 저절로 죽은 것이나
찢겨서 죽은 것은 다 제사장이 먹
지 말 것이니라

45 너희는 제비 뽑아 땅을 나누어 기
업으로 삼을 때에 한 구역을 거룩
한 땅으로 삼아 야훼께 예물로 드
릴지니 그 길이는 이만 오천 척이요
너비는 만 척이라 그 구역 안 전부
가 거룩하리라
2 그 중에서 성소에 속할 땅은 길이
가 오백 척이요 너비가 오백 척이니
네모가 반듯하며 그 외에 사방 쉰
척으로 전원이 되게 하되
3 이 측량한 가운데에서 길이는 이만
오천 척을 너비는 만 척을 측량하
고 그 안에 성소를 둘지니 지극히
거룩한 곳이요
4 그 곳은 성소에서 수종드는 제사장

들 곧 하나님께 가까이 나아가서
수종드는 자들에게 주는 거룩한 땅
이니 그들이 집을 지을 땅이며 성소
를 위한 거룩한 곳이라
5 또 길이는 이만 오천 척을 너비는
만 척을 측량하여 성전에서 수종드
는 레위 사람에게 돌려 그들의 거
주지를 삼아 마을 스물을 세우게
하고
6 구별한 거룩한 구역 옆에 너비는 오
천 척을 길이는 이만 오천 척을 측
량하여 성읍의 기지로 삼아 이스라
엘 온 족속에게 돌리고
7 드린 거룩한 구역과 성읍의 기지 된
땅의 좌우편 곧 드린 거룩한 구역
의 옆과 성읍의 기지 옆의 땅을 왕
에게 돌리되 서쪽으로 향하여 서쪽
국경까지와 동쪽으로 향하여 동쪽
국경까지니 그 길이가 구역 하나와
서로 같을지니라
8 이 땅을 왕에게 돌려 이스라엘 가
운데에 기업으로 삼게 하면 나의
왕들이 다시는 내 백성을 압제하지
아니하리라 그 나머지 땅은 이스라
엘 족속에게 그 지파대로 줄지니라
9 주 야훼께서 이같이 말씀하셨느니
라 이스라엘의 통치자들아 너희에
게 만족하니라 너희는 포악과 겁탈
을 제거하여 버리고 정의와 공의를
행하여 내 백성에게 속여 빼앗는

것을 그칠지니라 주 야훼의 말씀이
니라
10 너희는 공정한 저울과 공정한 에바
와 공정한 밧을 쓸지니
11 에바와 밧은 그 용량을 동일하게
하되 호멜의 용량을 따라 밧은 십
분의 일 호멜을 담게 하고 에바도
십분의 일 호멜을 담게 할 것이며
12 세겔은 이십 게라니 이십 세겔과 이
십오 세겔과 십오 세겔로 너희 마
네가 되게 하라
13 너희가 마땅히 드릴 예물은 이러하
니 밀 한 호멜에서는 육분의 일 에
바를 드리고 보리 한 호멜에서도
육분의 일 에바를 드리며
14 기름은 정한 규례대로 한 고르에서
십분의 일 밧을 드릴지니 기름의 밧
으로 말하면 한 고르는 십 밧 곧 한
호멜이며 (십 밧은 한 호멜이라)
15 또 이스라엘의 윤택한 초장의 가
축 떼 이백 마리에서는 어린 양 한
마리를 드릴 것이라 백성을 속죄하
기 위하여 이것들을 소제와 번제와
감사 제물로 삼을지니라 주 야훼의
말씀이니라
16 이 땅 모든 백성은 이 예물을 이스
라엘의 군주에게 드리고
17 군주의 본분은 번제와 소제와 전제
를 명절과 초하루와 안식일과 이스
라엘 족속의 모든 정한 명절에 갖

기록일 : . . .

추는 것이니 이스라엘 족속을 속죄
하기 위하여 이 속죄제와 소제와
번제와 감사 제물을 갖출지니라
18 야훼께서 이같이 말씀하셨느니라
첫째 달 초하룻날에 흠 없는 수송
아지 한 마리를 가져다가 성소를
정결하게 하되
19 제사장이 그 속죄제 희생제물의 피
를 가져다가 성전 문설주와 제단
아래층 네 모퉁이와 안뜰 문설주에
바를 것이요
20 그 달 칠일에도 모든 과실범과 모
르고 범죄한 자를 위하여 역시 그
렇게 하여 성전을 속죄할지니라
21 첫째 달 열나흗날에는 유월절을 칠
일 동안 명절로 지키며 누룩 없는
떡을 먹을 것이라
22 그 날에 왕은 자기와 이 땅 모든 백
성을 위하여 송아지 한 마리를 갖
추어 속죄제를 드릴 것이요
23 또 명절 칠 일 동안에는 그가 나 야
훼를 위하여 번제를 준비하되 곧
이레 동안에 매일 흠 없는 수송아
지 일곱 마리와 숫양 일곱 마리이며
또 매일 숫염소 한 마리를 갖추어
속죄제를 드릴 것이며
24 또 소제를 갖추되 수송아지 한 마
리에는 밀가루 한 에바요 숫양 한
마리에도 한 에바며 밀가루 한 에
바에는 기름 한 힌 씩이며
25 일곱째 달 열다섯째 날에 칠 일 동
안 명절을 지켜 속죄제와 번제며 그
밀가루와 기름을 드릴지니라

46 주 야훼께서 이같이 말씀하셨느
니라 안뜰 동쪽을 향한 문은 일하
는 엿새 동안에는 닫되 안식일에는
열며 초하루에도 열고
2 군주는 바깥 문 현관을 통하여 들
어와서 문 벽 곁에 서고 제사장은
그를 위하여 번제와 감사제를 드릴
것이요 군주는 문 통로에서 예배한
후에 밖으로 나가고 그 문은 저녁
까지 닫지 말 것이며
3 이 땅 백성도 안식일과 초하루에
이 문 입구에서 나 야훼 앞에 예배
할 것이며
4 안식일에 군주가 야훼께 드릴 번제
는 흠 없는 어린 양 여섯 마리와 흠
없는 숫양 한 마리라
5 그 소제는 숫양 하나에는 밀가루
한 에바요 모든 어린 양에는 그 힘
대로 할 것이며 밀가루 한 에바에
는 기름 한 힌 씩이니라
6 초하루에는 흠 없는 수송아지 한
마리와 어린 양 여섯 마리와 숫양
한 마리를 드리되 모두 흠 없는 것
으로 할 것이며
7 또 소제를 준비하되 수송아지에는
밀가루 한 에바요 숫양에도 밀가루
한 에바며 모든 어린 양에는 그 힘

기록일 : . . .

대로 할 것이요 밀가루 한 에바에
는 기름 한 힌씩이며
8 군주가 올 때에는 이 문 현관을 통
하여 들어오고 나갈 때에도 그리할
지니라
9 그러나 모든 정한 절기에 이 땅 백
성이 나 야훼 앞에 나아올 때에는
북문으로 들어와서 경배하는 자는
남문으로 나가고 남문으로 들어오
는 자는 북문으로 나갈지라 들어온
문으로 도로 나가지 말고 그 몸이
앞으로 향한 대로 나갈지며
10 군주가 무리 가운데에 있어서 그들
이 들어올 때에 들어오고 그들이
나갈 때에 나갈지니라
11 명절과 성회 때에 그 소제는 수송아
지 한 마리에 밀가루 한 에바요 숫
양 한 마리에도 한 에바요 모든 어
린 양에는 그 힘대로 할 것이며 밀
가루 한 에바에는 기름 한 힌씩이며
12 만일 군주가 자원하여 번제를 준비
하거나 혹은 자원하여 감사제를 준
비하여 나 야훼께 드릴 때에는 그
를 위하여 동쪽을 향한 문을 열고
그가 번제와 감사제를 안식일에 드
림 같이 드리고 밖으로 나갈지며
나간 후에 문을 닫을지니라
13 아침마다 일년 되고 흠 없는 어린
양 한 마리를 번제를 갖추어 나 야
훼께 드리고
14 또 아침마다 그것과 함께 드릴 소
제를 갖추되 곧 밀가루 육분의 일
에바와 기름 삼분의 일 힌을 섞을
것이니 이는 영원한 규례로 삼아
항상 나 야훼께 드릴 소제라
15 이같이 아침마다 그 어린 양과 밀가
루와 기름을 준비하여 항상 드리는
번제물로 삼을지니라
16 주 야훼께서 이같이 말씀하셨느니
라 군주가 만일 한 아들에게 선물
을 준즉 그의 기업이 되어 그 자손
에게 속하나니 이는 그 기업을 이어
받음이어니와
17 군주가 만일 그 기업을 한 종에게
선물로 준즉 그 종에게 속하여 희
년까지 이르고 그 후에는 군주에
게로 돌아갈 것이니 군주의 기업은
그 아들이 이어 받을 것임이라
18 군주는 백성의 기업을 빼앗아 그
산업에서 쫓아내지 못할지니 군주
가 자기 아들에게 기업으로 줄 것
은 자기 산업으로만 할 것임이라
백성이 각각 그 산업을 떠나 흩어
지지 않게 할 것이니라
19 그 후에 그가 나를 데리고 문 곁 통
행구를 통하여 북쪽을 향한 제사장
의 거룩한 방에 들어가시니 그 방
뒤 서쪽에 한 처소가 있더라
20 그가 내게 이르시되 이는 제사장이
속건제와 속죄제 희생제물을 삶으

기록일 : . . .

며 소제 제물을 구울 처소니 그들
이 이 성물을 가지고 바깥뜰에 나
가면 백성을 거룩하게 할까 함이니
라 하시고
21 나를 데리고 바깥뜰로 나가서 나를
뜰 네 구석을 지나가게 하시는데 본
즉 그 뜰 매 구석에 또 뜰이 있는데
22 뜰의 네 구석 안에는 집이 있으니
길이는 마흔 척이요 너비는 서른 척
이라 구석의 네 뜰이 같은 크기며
23 그 작은 네 뜰 사방으로 돌아가며
부엌이 있고 그 사방 부엌에 삶는
기구가 설비되었는데
24 그가 내게 이르시되 이는 삶는 부
엌이니 성전에서 수종드는 자가 백
성의 제물을 여기서 삶을 것이니라
하시더라

47 그가 나를 데리고 성전 문에 이르
시니 성전의 앞면이 동쪽을 향하였
는데 그 문지방 밑에서 물이 나와
동쪽으로 흐르다가 성전 오른쪽 제
단 남쪽으로 흘러 내리더라
2 그가 또 나를 데리고 북문으로 나
가서 바깥 길로 꺾여 동쪽을 향한
바깥 문에 이르시기로 본즉 물이
그 오른쪽에서 스며 나오더라
3 그 사람이 손에 줄을 잡고 동쪽으
로 나아가며 천 척을 측량한 후에
내게 그 물을 건너게 하시니 물이
발목에 오르더니
4 다시 천 척을 측량하고 내게 물을
건너게 하시니 물이 무릎에 오르고
다시 천 척을 측량하고 내게 물을
건너게 하시니 물이 허리에 오르고
5 다시 천 척을 측량하시니 물이 내가
건너지 못할 강이 된지라 그 물이
가득하여 헤엄칠 만한 물이요 사람
이 능히 건너지 못할 강이더라
6 그가 내게 이르시되 인자야 네가
이것을 보았느냐 하시고 나를 인도
하여 강 가로 돌아가게 하시기로
7 내가 돌아가니 강 좌우편에 나무가
심히 많더라
8 그가 내게 이르시되 이 물이 동쪽
으로 향하여 흘러 아라바로 내려가
서 바다에 이르리니 이 흘러 내리는
물로 그 바다의 물이 되살아나리라
9 이 강물이 이르는 곳마다 번성하는
모든 생물이 살고 또 고기가 심히
많으리니 이 물이 흘러 들어가므로
바닷물이 되살아나겠고 이 강이 이
르는 각처에 모든 것이 살 것이며
10 또 이 강 가에 어부가 설 것이니 엔
게디에서부터 에네글라임까지 그물
치는 곳이 될 것이라 그 고기가 각
기 종류를 따라 큰 바다의 고기 같
이 심히 많으려니와
11 그 진펄과 개펄은 되살아나지 못하
고 소금 땅이 될 것이며
12 강 좌우 가에는 각종 먹을 과실나

기록일 : . . .

무가 자라서 그 잎이 시들지 아니하
며 열매가 끊이지 아니하고 달마다
새 열매를 맺으리니 그 물이 성소
를 통하여 나옴이라 그 열매는 먹
을 만하고 그 잎사귀는 약 재료가
되리라
13 주 야훼께서 이같이 말씀하셨느니라
너희는 이 경계선대로 이스라엘 열
두 지파에게 이 땅을 나누어 기업이
되게 하되 요셉에게는 두 몫이니라
14 내가 옛적에 내 손을 들어 맹세하
여 이 땅을 너희 조상들에게 주겠
다고 하였나니 너희는 공평하게 나
누어 기업을 삼으라 이 땅이 너희
의 기업이 되리라
15 이 땅 경계선은 이러하니라 북쪽은
대해에서 헤들론 길을 거쳐 스닷
어귀까지니
16 곧 하맛과 브로다며 다메섹 경계
선과 하맛 경계선 사이에 있는 시
브라임과 하우란 경계선 곁에 있는
하셀핫디곤이라
17 그 경계선이 바닷가에서부터 다메
섹 경계선에 있는 하살에논까지요
그 경계선이 또 북쪽 끝에 있는 하
맛 경계선에 이르렀나니 이는 그 북
쪽이요
18 동쪽은 하우란과 다메섹과 및 길르
앗과 이스라엘 땅 사이에 있는 요
단 강이니 북쪽 경계선에서부터 동
쪽 바다까지 측량하라 이는 그 동
쪽이요
19 남쪽은 다말에서부터 므리봇 가데
스 물에 이르고 애굽 시내를 따라
대해에 이르나니 이는 그 남쪽이요
20 서쪽은 대해라 남쪽 경계선에서부
터 맞은쪽 하맛 어귀까지 이르나니
이는 그 서쪽이니라
21 그런즉 너희가 이스라엘 모든 지파
대로 이 땅을 나누어 차지하라
22 너희는 이 땅을 나누되 제비 뽑아
너희와 너희 가운데에 머물러 사는
타국인 곧 너희 가운데에서 자녀를
낳은 자의 기업이 되게 할지니 너희
는 그 타국인을 본토에서 난 이스
라엘 족속 같이 여기고 그들도 이
스라엘 지파 중에서 너희와 함께
기업을 얻게 하되
23 타국인이 머물러 사는 그 지파에서
그 기업을 줄지니라 주 야훼의 말
씀이니라

48

모든 지파의 이름은 이와 같으니
라 북쪽 끝에서부터 헤들론 길을
거쳐 하맛 어귀를 지나서 다메섹 경
계선에 있는 하살에논까지 곧 북쪽
으로 하맛 경계선에 미치는 땅 동
쪽에서 서쪽까지는 단의 몫이요
2 단 경계선 다음으로 동쪽에서 서쪽
까지는 아셀의 몫이요
3 아셀 경계선 다음으로 동쪽에서 서

쪽까지는 납달리의 몫이요
4 납달리 경계선 다음으로 동쪽에서
서쪽까지는 므낫세의 몫이요
5 므낫세 경계선 다음으로 동쪽에서
서쪽까지는 에브라임의 몫이요
6 에브라임 경계선 다음으로 동쪽에
서 서쪽까지는 르우벤의 몫이요
7 르우벤 경계선 다음으로 동쪽에서
서쪽까지는 유다의 몫이요
8 유다 경계선 다음으로 동쪽에서 서
쪽까지는 너희가 예물로 드릴 땅이
라 너비는 이만 오천 척이요 길이는
다른 몫의 동쪽에서 서쪽까지와 같
고 성소는 그 중앙에 있을지니
9 곧 너희가 야훼께 드려 예물로 삼
을 땅의 길이는 이만 오천 척이요
너비는 만 척이라
10 이 드리는 거룩한 땅은 제사장에게
돌릴지니 북쪽으로 길이가 이만 오
천 척이요 서쪽으로 너비는 만 척이
요 동쪽으로 너비가 만 척이요 남
쪽으로 길이가 이만 오천 척이라 그
중앙에 야훼의 성소가 있게 하고
11 이 땅을 사독의 자손 중에서 거룩
하게 구별한 제사장에게 돌릴지어
다 그들은 직분을 지키고 이스라엘
족속이 그릇될 때에 레위 사람이
그릇된 것처럼 그릇되지 아니하였
느니라
12 땅의 예물 중에서 그들이 예물을
받을지니 레위인의 접경지에 관한
가장 거룩한 예물이니라
13 제사장의 경계선을 따라 레위 사람
의 몫을 주되 길이는 이만 오천 척
이요 너비는 만 척으로 할지니 이
구역의 길이가 이만 오천 척이요 너
비가 각기 만 척이라
14 그들이 그 땅을 팔지도 못하며 바
꾸지도 못하며 그 땅의 처음 익은
열매를 남에게 주지도 못하리니 이
는 야훼께 거룩히 구별한 것임이라
15 이 이만 오천 척 다음으로 너비 오
천 척은 속된 땅으로 구분하여 성읍
을 세우며 거주하는 곳과 전원을 삼
되 성읍이 그 중앙에 있게 할지니
16 그 크기는 북쪽도 사천오백 척이요
남쪽도 사천오백 척이요 동쪽도 사
천오백 척이요 서쪽도 사천오백 척
이며
17 그 성읍의 들은 북쪽으로 이백오십
척이요 남쪽으로 이백오십 척이요
동쪽으로 이백오십 척이요 서쪽으
로 이백오십 척이며
18 예물을 삼아 거룩히 구별할 땅과
연접하여 남아 있는 땅의 길이는
동쪽으로 만 척이요 서쪽으로 만
척이라 곧 예물을 삼아 거룩하게
구별할 땅과 연접하였으며 그 땅의
소산을 성읍에서 일하는 자의 양식
을 삼을지라

기록일 : . . .

19 이스라엘 모든 지파 가운데에 그
성읍에서 일하는 자는 그 땅을 경
작할지니라
20 그런즉 예물로 드리는 땅의 합계는
길이도 이만 오천 척이요 너비도 이
만 오천 척이라 너희가 거룩히 구별
하여 드릴 땅은 성읍의 기지와 합
하여 네모 반듯할 것이니라
21 거룩하게 구별할 땅과 성읍의 기지
좌우편에 남은 땅은 군주에게 돌릴
지니 곧 거룩하게 구별할 땅의 동
쪽을 향한 그 경계선 앞 이만 오천
척과 서쪽을 향한 그 경계선 앞 이
만 오천 척이라 다른 몫들과 연접
한 땅이니 이것을 군주에게 돌릴
것이며 거룩하게 구별할 땅과 성전
의 성소가 그 중앙에 있으리라
22 그런즉 군주에게 돌려 그에게 속할
땅은 레위 사람의 기업 좌우편과
성읍의 기지 좌우편이며 유다 지경
과 베냐민 지경 사이에 있을지니라
23 그 나머지 모든 지파는 동쪽에서
서쪽까지는 베냐민의 몫이요
24 베냐민 경계선 다음으로 동쪽에서
서쪽까지는 시므온의 몫이요
25 시므온 경계선 다음으로 동쪽에서
서쪽까지는 잇사갈의 몫이요
26 잇사갈 경계선 다음으로 동쪽에서
서쪽까지는 스불론의 몫이요
27 스불론 경계선 다음으로 동쪽에서
서쪽까지는 갓의 몫이며
28 갓 경계선 다음으로 남쪽 경계선은
다말에서부터 므리바가데스 샘에
이르고 애굽 시내를 따라 대해에
이르나니
29 이것은 너희가 제비 뽑아 이스라엘
지파에게 나누어 주어 기업이 되게
할 땅이요 또 이것들은 그들의 몫
이니라 주 야훼의 말씀이니라
30 그 성읍의 출입구는 이러하니라 북
쪽의 너비가 사천오백 척이라
31 그 성읍의 문들은 이스라엘 지파들
의 이름을 따를 것인데 북쪽으로
문이 셋이라 하나는 르우벤 문이요
하나는 유다 문이요 하나는 레위
문이며
32 동쪽의 너비는 사천오백 척이니 또
한 문이 셋이라 하나는 요셉 문이
요 하나는 베냐민 문이요 하나는
단 문이며
33 남쪽의 너비는 사천오백 척이니 또
한 문이 셋이라 하나는 시므온 문
이요 하나는 잇사갈 문이요 하나는
스불론 문이며
34 서쪽도 사천오백 척이니 또한 문이
셋이라 하나는 갓 문이요 하나는
아셀 문이요 하나는 납달리 문이며
35 그 사방의 합계는 만 팔천 척이라
그 날 후로는 그 성읍의 이름을 야
훼삼마라 하리라

기록일 : . . .

DANIEL

다니엘

저　　자　다니엘

주　　제　인류 역사를 통해 나타나는 하나님의 절대 주권

기록목적　세계 역사에 나타날 제국의 흥망성쇠를 분명히 계시하여 인류 역사를 주관하시는 분이 바로 야훼 하나님이심을 밝힘으로써 포로 생활로 인해 고난당하는 이스라엘 백성들에게 위로와 소망을 제시한다.

기록배경　본서의 역사적인 무대는 70년 포로 기간 동안의 바벨론으로, 느부갓네살이 예루살렘을 침공한 첫해주전 605년로부터 고레스 3년주전 536년까지의 사건들을 기록하고 있다. 바벨론 제국은 주전 539년까지 존립했으며, 다니엘 말년에 바벨론 제국이 몰락하고 고레스에 의해 바사 제국이 세워졌다. 다니엘은 구약의 마지막 선지자들 중 하나로 학개, 스가랴, 말라기에 앞서 활동하였다.

특　　징
- 구약의 계시록이라 할 만큼 마지막 때에 대한 중요한 예언을 기록하고 있으며 풍부한 예언적 환상들을 담고 있다. 다니엘서에 나타난 예언은 두 차원으로 나타난다. 하나는 가까운 미래에, 다른 하나는 말세에 이루어질 일에 대한 예언으로 이 둘이 혼합되어 나타나고 있다.
- 하나님 나라의 사상이 분명하며 육체의 부활을 믿는 부활 사상[12:2,3]이 나타난다.

나의 기도

다니엘

1 유다 왕 여호야김이 다스린 지 삼
년이 되는 해에 바벨론 왕 느부갓
네살이 예루살렘에 이르러 성을 에
워쌌더니
2 주께서 유다 왕 여호야김과 하나님
의 전 그릇 얼마를 그의 손에 넘기
시매 그가 그것을 가지고 시날 땅
자기 신들의 신전에 가져다가 그 신
들의 보물 창고에 두었더라
3 왕이 환관장 아스부나스에게 말하
여 이스라엘 자손 중에서 왕족과
귀족 몇 사람
4 곧 흠이 없고 용모가 아름다우며
모든 지혜를 통찰하며 지식에 통달
하며 학문에 익숙하여 왕궁에 설
만한 소년을 데려오게 하였고 그들
에게 갈대아 사람의 학문과 언어를
가르치게 하였고
5 또 왕이 지정하여 그들에게 왕의
음식과 그가 마시는 포도주에서 날
마다 쓸 것을 주어 삼 년을 기르게
하였으니 그 후에 그들은 왕 앞에
서게 될 것이더라
6 그들 가운데는 유다 자손 곧 다니
엘과 하나냐와 미사엘과 아사랴가
있었더니
7 환관장이 그들의 이름을 고쳐 다니
엘은 벨드사살이라 하고 하나냐는
사드락이라 하고 미사엘은 메삭이
라 하고 아사랴는 아벳느고라 하였
더라
8 다니엘은 뜻을 정하여 왕의 음식
과 그가 마시는 포도주로 자기를
더럽히지 아니하리라 하고 자기를
더럽히지 아니하도록 환관장에게
구하니
9 하나님이 다니엘로 하여금 환관장
에게 은혜와 긍휼을 얻게 하신지라
10 환관장이 다니엘에게 이르되 내가
내 주 왕을 두려워하노라 그가 너
희 먹을 것과 너희 마실 것을 지정
하셨거늘 너희의 얼굴이 초췌하여
같은 또래의 소년들만 못한 것을
그가 보게 할 것이 무엇이냐 그렇
게 되면 너희 때문에 내 머리가 왕
앞에서 위태롭게 되리라 하니라
11 환관장이 다니엘과 하나냐와 미사
엘과 아사랴를 감독하게 한 자에게
다니엘이 말하되
12 청하오니 당신의 종들을 열흘 동안
시험하여 채식을 주어 먹게 하고 물
을 주어 마시게 한 후에
13 당신 앞에서 우리의 얼굴과 왕의
음식을 먹는 소년들의 얼굴을 비교
하여 보아서 당신이 보는 대로 종
들에게 행하소서 하매

기록일 : . . .

14 그가 그들의 말을 따라 열흘 동안
시험하더니
15 열흘 후에 그들의 얼굴이 더욱 아
름답고 살이 더욱 윤택하여 왕의
음식을 먹는 다른 소년들보다 더
좋아 보인지라
16 그리하여 감독하는 자가 그들에게
지정된 음식과 마실 포도주를 제하
고 채식을 주니라
17 하나님이 이 네 소년에게 학문을
주시고 모든 서적을 깨닫게 하시고
지혜를 주셨으니 다니엘은 또 모든
환상과 꿈을 깨달아 알더라
18 왕이 말한 대로 그들을 불러들일
기한이 찼으므로 환관장이 그들을
느부갓네살 앞으로 데리고 가니
19 왕이 그들과 말하여 보매 무리 중
에 다니엘과 하나냐와 미사엘과 아
사랴와 같은 자가 없으므로 그들을
왕 앞에 서게 하고
20 왕이 그들에게 모든 일을 묻는 중
에 그 지혜와 총명이 온 나라 박수
와 술객보다 십 배나 나은 줄을 아
니라
21 다니엘은 고레스 왕 원년까지 있으
니라

2 느부갓네살이 다스린 지 이 년이
되는 해에 느부갓네살이 꿈을 꾸고
그로 말미암아 마음이 번민하여 잠
을 이루지 못한지라
2 왕이 그의 꿈을 자기에게 알려 주
도록 박수와 술객과 점쟁이와 갈
대아 술사를 부르라 말하매 그들이
들어가서 왕의 앞에 선지라
3 왕이 그들에게 이르되 내가 꿈을
꾸고 그 꿈을 알고자 하여 마음이
번민하도다 하니
4 갈대아 술사들이 아람 말로 왕에게
말하되 왕이여 만수무강 하옵소서
왕께서 그 꿈을 종들에게 이르시면
우리가 해석하여 드리겠나이다 하
는지라
5 왕이 갈대아인들에게 대답하여 이
르되 내가 명령을 내렸나니 너희
가 만일 꿈과 그 해석을 내게 알게
하지 아니하면 너희 몸을 쪼갤 것
이며 너희의 집을 거름더미로 만들
것이요
6 너희가 만일 꿈과 그 해석을 보이
면 너희가 선물과 상과 큰 영광을
내게서 얻으리라 그런즉 꿈과 그
해석을 내게 보이라 하니
7 그들이 다시 대답하여 이르되 원하
건대 왕은 꿈을 종들에게 이르소서
그리하시면 우리가 해석하여 드리
겠나이다 하니
8 왕이 대답하여 이르되 내가 분명히
아노라 너희가 나의 명령이 내렸음
을 보았으므로 시간을 지연하려 함
이로다

기록일 : . . .

9 너희가 만일 이 꿈을 내게 알게 하
지 아니하면 너희를 처치할 법이 오
직 하나이니 이는 너희가 거짓말과
망령된 말을 내 앞에서 꾸며 말하
여 때가 변하기를 기다리려 함이라
이제 그 꿈을 내게 알게 하라 그리
하면 너희가 그 해석도 보일 줄을
내가 알리라 하더라
10 갈대아인들이 왕 앞에 대답하여 이
르되 세상에는 왕의 그 일을 보일
자가 한 사람도 없으므로 어떤 크
고 권력 있는 왕이라도 이런 것으로
박수에게나 술객에게나 갈대아인들
에게 물은 자가 없었나이다
11 왕께서 물으신 것은 어려운 일이라
육체와 함께 살지 아니하는 신들
외에는 왕 앞에 그것을 보일 자가
없나이다 한지라
12 왕이 이로 말미암아 진노하고 통분
하여 바벨론의 모든 지혜자들을 다
죽이라 명령하니라
13 왕의 명령이 내리매 지혜자들은 죽
게 되었고 다니엘과 그의 친구들도
죽이려고 찾았더라
14 그 때에 왕의 근위대장 아리옥이
바벨론 지혜자들을 죽이러 나가매
다니엘이 명철하고 슬기로운 말로
15 왕의 근위대장 아리옥에게 물어 이
르되 왕의 명령이 어찌 그리 급하
냐 하니 아리옥이 그 일을 다니엘
에게 알리매
16 다니엘이 들어가서 왕께 구하기를
시간을 주시면 왕에게 그 해석을
알려 드리리이다 하니라
17 이에 다니엘이 자기 집으로 돌아가
서 그 친구 하나냐와 미사엘과 아
사랴에게 그 일을 알리고
18 하늘에 계신 하나님이 이 은밀한 일
에 대하여 불쌍히 여기사 다니엘과
친구들이 바벨론의 다른 지혜자들
과 함께 죽임을 당하지 않게 하시
기를 그들로 하여금 구하게 하니라
19 이에 이 은밀한 것이 밤에 환상으
로 다니엘에게 나타나 보이매 다니
엘이 하늘에 계신 하나님을 찬송하
니라
20 다니엘이 말하여 이르되 영원부터
영원까지 하나님의 이름을 찬송할
것은 지혜와 능력이 그에게 있음이
로다
21 그는 때와 계절을 바꾸시며 왕들을
폐하시고 왕들을 세우시며 지혜자
에게 지혜를 주시고 총명한 자에게
지식을 주시는도다
22 그는 깊고 은밀한 일을 나타내시고
어두운 데에 있는 것을 아시며 또
빛이 그와 함께 있도다
23 나의 조상들의 하나님이여 주께
서 이제 내게 지혜와 능력을 주시
고 우리가 주께 구한 것을 내게 알

게 하셨사오니 내가 주께 감사하고
주를 찬양하나이다 곧 주께서 왕의
그 일을 내게 보이셨나이다 하니라
24 이에 다니엘은 왕이 바벨론 지혜자
들을 죽이라 명령한 아리옥에게로
가서 그에게 이같이 이르되 바벨론
지혜자들을 죽이지 말고 나를 왕의
앞으로 인도하라 그리하면 내가 그
해석을 왕께 알려 드리리라 하니
25 이에 아리옥이 다니엘을 데리고 급
히 왕 앞에 들어가서 아뢰되 내가
사로잡혀 온 유다 자손 중에서 한
사람을 찾아내었나이다 그가 그 해
석을 왕께 알려 드리리이다 하니라
26 왕이 대답하여 벨드사살이라 이름
한 다니엘에게 이르되 내가 꾼 꿈
과 그 해석을 네가 능히 내게 알게
하겠느냐 하니
27 다니엘이 왕 앞에 대답하여 이르되
왕이 물으신 바 은밀한 것은 지혜
자나 술객이나 박수나 점쟁이가 능
히 왕께 보일 수 없으되
28 오직 은밀한 것을 나타내실 이는
하늘에 계신 하나님이시라 그가 느
부갓네살 왕에게 후일에 될 일을
알게 하셨나이다 왕의 꿈 곧 왕이
침상에서 머리 속으로 받은 환상은
이러하니이다
29 왕이여 왕이 침상에서 장래 일을 생
각하실 때에 은밀한 것을 나타내시
는 이가 장래 일을 왕에게 알게 하
셨사오며
30 내게 이 은밀한 것을 나타내심은 내
지혜가 모든 사람보다 낫기 때문이
아니라 오직 그 해석을 왕에게 알려
서 왕이 마음으로 생각하던 것을 왕
에게 알려 주려 하심이니이다
31 왕이여 왕이 한 큰 신상을 보셨나이
다 그 신상이 왕의 앞에 섰는데 크
고 광채가 매우 찬란하며 그 모양
이 심히 두려우니
32 그 우상의 머리는 순금이요 가슴과
두 팔은 은이요 배와 넓적다리는
놋이요
33 그 종아리는 쇠요 그 발은 얼마는
쇠요 얼마는 진흙이었나이다
34 또 왕이 보신즉 손대지 아니한 돌
이 나와서 신상의 쇠와 진흙의 발
을 쳐서 부서뜨리매
35 그 때에 쇠와 진흙과 놋과 은과 금
이 다 부서져 여름 타작 마당의 겨
같이 되어 바람에 불려 간 곳이 없
었고 우상을 친 돌은 태산을 이루
어 온 세계에 가득하였나이다
36 그 꿈이 이러한즉 내가 이제 그 해
석을 왕 앞에 아뢰리이다
37 왕이여 왕은 여러 왕들 중의 왕이시
라 하늘의 하나님이 나라와 권세와
능력과 영광을 왕에게 주셨고
38 사람들과 들짐승과 공중의 새들,

기록일 : . . .

어느 곳에 있는 것을 막론하고 그
것들을 왕의 손에 넘기사 다 다스
리게 하셨으니 왕은 곧 그 금 머리
니이다
39 왕을 뒤이어 왕보다 못한 다른 나
라가 일어날 것이요 셋째로 또 놋
같은 나라가 일어나서 온 세계를
다스릴 것이며
40 넷째 나라는 강하기가 쇠 같으리니
쇠는 모든 물건을 부서뜨리고 이기
는 것이라 쇠가 모든 것을 부수는
것 같이 그 나라가 뭇 나라를 부서
뜨리고 찧을 것이며
41 왕께서 그 발과 발가락이 얼마는
토기장이의 진흙이요 얼마는 쇠인
것을 보셨은즉 그 나라가 나누일
것이며 왕께서 쇠와 진흙이 섞인 것
을 보셨은즉 그 나라가 쇠 같은 든
든함이 있을 것이나
42 그 발가락이 얼마는 쇠요 얼마는
진흙인즉 그 나라가 얼마는 든든하
고 얼마는 부서질 만할 것이며
43 왕께서 쇠와 진흙이 섞인 것을 보셨
은즉 그들이 다른 민족과 서로 섞
일 것이나 그들이 피차에 합하지 아
니함이 쇠와 진흙이 합하지 않음과
같으리이다
44 이 여러 왕들의 시대에 하늘의 하
나님이 한 나라를 세우시리니 이것
은 영원히 망하지도 아니할 것이요
그 국권이 다른 백성에게로 돌아가
지도 아니할 것이요 도리어 이 모든
나라를 쳐서 멸망시키고 영원히 설
것이라
45 손대지 아니한 돌이 산에서 나와서
쇠와 놋과 진흙과 은과 금을 부서
뜨린 것을 왕께서 보신 것은 크신
하나님이 장래 일을 왕께 알게 하
신 것이라 이 꿈은 참되고 이 해석
은 확실하니이다 하니
46 이에 느부갓네살 왕이 엎드려 다니
엘에게 절하고 명하여 예물과 향품
을 그에게 주게 하니라
47 왕이 대답하여 다니엘에게 이르되
너희 하나님은 참으로 모든 신들의
신이시요 모든 왕의 주재시로다 네
가 능히 이 은밀한 것을 나타내었
으니 네 하나님은 또 은밀한 것을
나타내시는 이시로다
48 왕이 이에 다니엘을 높여 귀한 선
물을 많이 주며 그를 세워 바벨론
온 지방을 다스리게 하며 또 바벨
론 모든 지혜자의 어른을 삼았으며
49 왕이 또 다니엘의 요구대로 사드락
과 메삭과 아벳느고를 세워 바벨론
지방의 일을 다스리게 하였고 다니
엘은 왕궁에 있었더라

3 느부갓네살 왕이 금으로 신상을
만들었으니 높이는 육십 규빗이요
너비는 여섯 규빗이라 그것을 바벨

기록일 : . . .

론 지방의 두라 평지에 세웠더라
2 느부갓네살 왕이 사람을 보내어 총
독과 수령과 행정관과 모사와 재
무관과 재판관과 법률사와 각 지방
모든 관원을 느부갓네살 왕이 세운
신상의 낙성식에 참석하게 하매
3 이에 총독과 수령과 행정관과 모사
와 재무관과 재판관과 법률사와 각
지방 모든 관원이 느부갓네살 왕이
세운 신상의 낙성식에 참석하여 느
부갓네살 왕이 세운 신상 앞에 서
니라
4 선포하는 자가 크게 외쳐 이르되
백성들과 나라들과 각 언어로 말하
는 자들아 왕이 너희 무리에게 명
하시나니
5 너희는 나팔과 피리와 수금과 삼현
금과 양금과 생황과 및 모든 악기
소리를 들을 때에 엎드리어 느부갓
네살 왕이 세운 금 신상에게 절하라
6 누구든지 엎드려 절하지 아니하는
자는 즉시 맹렬히 타는 풀무불에
던져 넣으리라 하였더라
7 모든 백성과 나라들과 각 언어를
말하는 자들이 나팔과 피리와 수금
과 삼현금과 양금과 및 모든 악기
소리를 듣자 곧 느부갓네살 왕이
세운 금 신상에게 엎드려 절하니라
8 그 때에 어떤 갈대아 사람들이 나
아와 유다 사람들을 참소하니라
9 그들이 느부갓네살 왕에게 이르되
왕이여 만수무강 하옵소서
10 왕이여 왕이 명령을 내리사 모든 사
람이 나팔과 피리와 수금과 삼현금
과 양금과 생황과 및 모든 악기 소
리를 듣거든 엎드려 금 신상에게 절
할 것이라
11 누구든지 엎드려 절하지 아니하는
자는 맹렬히 타는 풀무불 가운데에
던져 넣음을 당하리라 하지 아니하
셨나이까
12 이제 몇 유다 사람 사드락과 메삭
과 아벳느고는 왕이 세워 바벨론
지방을 다스리게 하신 자이거늘 왕
이여 이 사람들이 왕을 높이지 아
니하며 왕의 신들을 섬기지 아니하
며 왕이 세우신 금 신상에게 절하지
아니하나이다
13 느부갓네살 왕이 노하고 분하여 사
드락과 메삭과 아벳느고를 끌어오
라 말하매 드디어 그 사람들을 왕
의 앞으로 끌어온지라
14 느부갓네살이 그들에게 물어 이르
되 사드락, 메삭, 아벳느고야 너희
가 내 신을 섬기지 아니하며 내가
세운 금 신상에게 절하지 아니한다
하니 사실이냐
15 이제라도 너희가 준비하였다가 나
팔과 피리와 수금과 삼현금과 양금
과 생황과 및 모든 악기 소리를 들

기록일 :   .   .   .

을 때 내가 만든 신상 앞에 엎드려
절하면 좋거니와 너희가 만일 절하
지 아니하면 즉시 너희를 맹렬히 타
는 풀무불 가운데에 던져 넣을 것
이니 능히 너희를 내 손에서 건져낼
신이 누구이겠느냐 하니
16 사드락과 메삭과 아벳느고가 왕에
게 대답하여 이르되 느부갓네살이
여 우리가 이 일에 대하여 왕에게
대답할 필요가 없나이다
17 왕이여 우리가 섬기는 하나님이 계
시다면 우리를 맹렬히 타는 풀무불
가운데에서 능히 건져내시겠고 왕
의 손에서도 건져내시리이다
18 그렇게 하지 아니하실지라도 왕이
여 우리가 왕의 신들을 섬기지도 아
니하고 왕이 세우신 금 신상에게
절하지도 아니할 줄을 아옵소서
19 느부갓네살이 분이 가득하여 사드
락과 메삭과 아벳느고를 향하여 얼
굴빛을 바꾸고 명령하여 이르되 그
풀무불을 뜨겁게 하기를 평소보다
칠 배나 뜨겁게 하라 하고
20 군대 중 용사 몇 사람에게 명령하
여 사드락과 메삭과 아벳느고를 결
박하여 극렬히 타는 풀무불 가운데
에 던지라 하니라
21 그러자 그 사람들을 겉옷과 속옷
과 모자와 다른 옷을 입은 채 결박
하여 맹렬히 타는 풀무불 가운데에
던졌더라
22 왕의 명령이 엄하고 풀무불이 심히
뜨거우므로 불꽃이 사드락과 메삭
과 아벳느고를 붙든 사람을 태워
죽였고
23 이 세 사람 사드락과 메삭과 아벳
느고는 결박된 채 맹렬히 타는 풀
무불 가운데에 떨어졌더라
24 그 때에 느부갓네살 왕이 놀라 급
히 일어나서 모사들에게 물어 이르
되 우리가 결박하여 불 가운데에
던진 자는 세 사람이 아니었느냐
하니 그들이 왕에게 대답하여 이르
되 왕이여 옳소이다 하더라
25 왕이 또 말하여 이르되 내가 보니
결박되지 아니한 네 사람이 불 가
운데로 다니는데 상하지도 아니하
였고 그 넷째의 모양은 신들의 아
들과 같도다 하고
26 느부갓네살이 맹렬히 타는 풀무불
아귀 가까이 가서 불러 이르되 지
극히 높으신 하나님의 종 사드락,
메삭, 아벳느고야 나와서 이리로
오라 하매 사드락과 메삭과 아벳느
고가 불 가운데에서 나온지라
27 총독과 지사와 행정관과 왕의 모사
들이 모여 이 사람들을 본즉 불이
능히 그들의 몸을 해하지 못하였고
머리털도 그을리지 아니하였고 겉
옷 빛도 변하지 아니하였고 불 탄

기록일 : . . .

냄새도 없었더라
28 느부갓네살이 말하여 이르되 사드
락과 메삭과 아벳느고의 하나님을
찬송할지로다 그가 그의 천사를 보
내사 자기를 의뢰하고 그들의 몸을
바쳐 왕의 명령을 거역하고 그 하
나님 밖에는 다른 신을 섬기지 아니
하며 그에게 절하지 아니한 종들을
구원하셨도다
29 그러므로 내가 이제 조서를 내리
노니 각 백성과 각 나라와 각 언어
를 말하는 자가 모두 사드락과 메
삭과 아벳느고의 하나님께 경솔히
말하거든 그 몸을 쪼개고 그 집을
거름터로 삼을지니 이는 이같이 사
람을 구원할 다른 신이 없음이니라
하더라
30 왕이 드디어 사드락과 메삭과 아벳
느고를 바벨론 지방에서 더욱 높이
니라

4 느부갓네살 왕은 천하에 거주하
는 모든 백성들과 나라들과 각 언
어를 말하는 자들에게 조서를 내리
노라 원하노니 너희에게 큰 평강이
있을지어다
2 지극히 높으신 하나님이 내게 행하
신 이적과 놀라운 일을 내가 알게
하기를 즐겨 하노라
3 참으로 크도다 그의 이적이여, 참으
로 능하도다 그의 놀라운 일이여,
그의 나라는 영원한 나라요 그의
통치는 대대에 이르리로다
4 나 느부갓네살이 내 집에 편히 있
으며 내 궁에서 평강할 때에
5 한 꿈을 꾸고 그로 말미암아 두려
워하였으니 곧 내 침상에서 생각하
는 것과 머리 속으로 받은 환상으
로 말미암아 번민하였었노라
6 이러므로 내가 명령을 내려 바벨론
의 모든 지혜자들을 내 앞으로 불
러다가 그 꿈의 해석을 내게 알게
하라 하였더라
7 그 때에 박수와 술객과 갈대아 술
사와 점쟁이가 들어왔으므로 내가
그 꿈을 그들에게 말하였으나 그들
이 그 해석을 내게 알려 주지 못하
였느니라
8 그 후에 다니엘이 내 앞에 들어왔
으니 그는 내 신의 이름을 따라 벨
드사살이라 이름한 자요 그의 안에
는 거룩한 신들의 영이 있는 자라
내가 그에게 꿈을 말하여 이르되
9 박수장 벨드사살아 네 안에는 거룩
한 신들의 영이 있은즉 어떤 은밀
한 것이라도 네게는 어려울 것이 없
는 줄을 내가 아노니 내 꿈에 본 환
상의 해석을 내게 말하라
10 내가 침상에서 나의 머리 속으로
받은 환상이 이러하니라 내가 본즉
땅의 중앙에 한 나무가 있는 것을

기록일 : . . .

보았는데 높이가 높더니
11 그 나무가 자라서 견고하여지고 그
높이는 하늘에 닿았으니 그 모양이
땅 끝에서도 보이겠고
12 그 잎사귀는 아름답고 그 열매는
많아서 만민의 먹을 것이 될 만하
고 들짐승이 그 그늘에 있으며 공
중에 나는 새는 그 가지에 깃들이
고 육체를 가진 모든 것이 거기에서
먹을 것을 얻더라
13 내가 침상에서 머리 속으로 받은 환
상 가운데에 또 본즉 한 순찰자, 한
거룩한 자가 하늘에서 내려왔는데
14 그가 소리 질러 이처럼 이르기를 그
나무를 베고 그 가지를 자르고 그
잎사귀를 떨고 그 열매를 헤치고
짐승들을 그 아래에서 떠나게 하고
새들을 그 가지에서 쫓아내라
15 그러나 그 뿌리의 그루터기를 땅에
남겨 두고 쇠와 놋줄로 동이고 그
것을 들 풀 가운데에 두어라 그것
이 하늘 이슬에 젖고 땅의 풀 가운
데에서 짐승과 더불어 제 몫을 얻
으리라
16 또 그 마음은 변하여 사람의 마음
같지 아니하고 짐승의 마음을 받아
일곱 때를 지내리라
17 이는 순찰자들의 명령대로요 거룩
한 자들의 말대로이니 지극히 높으
신 이가 사람의 나라를 다스리시며
자기의 뜻대로 그것을 누구에게든
지 주시며 또 지극히 천한 자를 그
위에 세우시는 줄을 사람들이 알게
하려 함이라 하였느니라
18 나 느부갓네살 왕이 이 꿈을 꾸었
나니 너 벨드사살아 그 해석을 밝
히 말하라 내 나라 모든 지혜자가
능히 내게 그 해석을 알게 하지 못
하였으나 오직 너는 능히 하리니 이
는 거룩한 신들의 영이 네 안에 있
음이라
19 벨드사살이라 이름한 다니엘이 한
동안 놀라며 마음으로 번민하는지
라 왕이 그에게 말하여 이르기를
벨드사살아 너는 이 꿈과 그 해석
으로 말미암아 번민할 것이 아니니
라 벨드사살이 대답하여 이르되 내
주여 그 꿈은 왕을 미워하는 자에
게 응하며 그 해석은 왕의 대적에
게 응하기를 원하나이다
20 왕께서 보신 그 나무가 자라서 견
고하여지고 그 높이는 하늘에 닿았
으니 땅 끝에서도 보이겠고
21 그 잎사귀는 아름답고 그 열매는
많아서 만민의 먹을 것이 될 만하
고 들짐승은 그 아래에 살며 공중
에 나는 새는 그 가지에 깃들었나
이다
22 왕이여 이 나무는 곧 왕이시라 이는
왕이 자라서 견고하여지고 창대하

기록일 : . . .

사 하늘에 닿으시며 권세는 땅 끝
까지 미치심이니이다
23 왕이 보신즉 한 순찰자, 한 거룩한
자가 하늘에서 내려와서 이르기를
그 나무를 베어 없애라 그러나 그
뿌리의 그루터기는 땅에 남겨 두고
쇠와 놋줄로 동이고 그것을 들 풀
가운데에 두라 그것이 하늘 이슬에
젖고 또 들짐승들과 더불어 제 몫
을 얻으며 일곱 때를 지내리라 하
였나이다
24 왕이여 그 해석은 이러하니이다 곧
지극히 높으신 이가 명령하신 것이
내 주 왕에게 미칠 것이라
25 왕이 사람에게서 쫓겨나서 들짐승
과 함께 살며 소처럼 풀을 먹으며
하늘 이슬에 젖을 것이요 이와 같
이 일곱 때를 지낼 것이라 그 때에
지극히 높으신 이가 사람의 나라를
다스리시며 자기의 뜻대로 그것을
누구에게든지 주시는 줄을 아시리
이다
26 또 그들이 그 나무뿌리의 그루터
기를 남겨 두라 하였은즉 하나님이
다스리시는 줄을 왕이 깨달은 후에
야 왕의 나라가 견고하리이다
27 그런즉 왕이여 내가 아뢰는 것을 받
으시고 공의를 행함으로 죄를 사하
고 가난한 자를 긍휼히 여김으로 죄
악을 사하소서 그리하시면 왕의 평
안함이 혹시 장구하리이다 하니라
28 이 모든 일이 다 나 느부갓네살 왕
에게 임하였느니라
29 열두 달이 지난 후에 내가 바벨론
왕궁 지붕에서 거닐새
30 나 왕이 말하여 이르되 이 큰 바벨
론은 내가 능력과 권세로 건설하여
나의 도성으로 삼고 이것으로 내
위엄의 영광을 나타낸 것이 아니냐
하였더니
31 이 말이 아직도 나 왕의 입에 있을
때에 하늘에서 소리가 내려 이르되
느부갓네살 왕아 네게 말하노니 나
라의 왕위가 네게서 떠났느니라
32 네가 사람에게서 쫓겨나서 들짐승
과 함께 살면서 소처럼 풀을 먹을
것이요 이와 같이 일곱 때를 지내
서 지극히 높으신 이가 사람의 나
라를 다스리시며 자기의 뜻대로 그
것을 누구에게든지 주시는 줄을 알
기까지 이르리라 하더라
33 바로 그 때에 이 일이 나 느부갓네
살에게 응하므로 내가 사람에게 쫓
겨나서 소처럼 풀을 먹으며 몸이 하
늘 이슬에 젖고 머리털이 독수리 털
과 같이 자랐고 손톱은 새 발톱과
같이 되었더라
34 그 기한이 차매 나 느부갓네살이
하늘을 우러러 보았더니 내 총명이
다시 내게로 돌아온지라 이에 내가

기록일 : . . .

지극히 높으신 이에게 감사하며 영
생하시는 이를 찬양하고 경배하였
나니 그 권세는 영원한 권세요 그
나라는 대대에 이르리로다
35 땅의 모든 사람들을 없는 것 같이
여기시며 하늘의 군대에게든지 땅
의 사람에게든지 그는 자기 뜻대로
행하시나니 그의 손을 금하든지 혹
시 이르기를 네가 무엇을 하느냐고
할 자가 아무도 없도다
36 그 때에 내 총명이 내게로 돌아왔
고 또 내 나라의 영광에 대하여도
내 위엄과 광명이 내게로 돌아왔
고 또 나의 모사들과 관원들이 내
게 찾아오니 내가 내 나라에서 다
시 세움을 받고 또 지극한 위세가
내게 더하였느니라
37 그러므로 지금 나 느부갓네살은 하
늘의 왕을 찬양하며 칭송하며 경배
하노니 그의 일이 다 진실하고 그
의 행하심이 의로우시므로 교만하
게 행하는 자를 그가 능히 낮추심
이라

5 벨사살 왕이 그의 귀족 천 명을
위하여 큰 잔치를 베풀고 그 천 명
앞에서 술을 마시니라
2 벨사살이 술을 마실 때에 명하여
그의 부친 느부갓네살이 예루살렘
성전에서 탈취하여 온 금, 은 그릇
을 가져오라고 명하였으니 이는 왕
과 귀족들과 왕후들과 후궁들이 다
그것으로 마시려 함이었더라
3 이에 예루살렘 하나님의 전 성소 중
에서 탈취하여 온 금 그릇을 가져오
매 왕이 그 귀족들과 왕후들과 후
궁들과 더불어 그것으로 마시더라
4 그들이 술을 마시고는 그 금, 은,
구리, 쇠, 나무, 돌로 만든 신들을
찬양하니라
5 그 때에 사람의 손가락들이 나타나
서 왕궁 촛대 맞은편 석회벽에 글
자를 쓰는데 왕이 그 글자 쓰는 손
가락을 본지라
6 이에 왕의 즐기던 얼굴 빛이 변하고
그 생각이 번민하여 넓적다리 마디
가 녹는 듯하고 그의 무릎이 서로
부딪친지라
7 왕이 크게 소리 질러 술객과 갈대
아 술사와 점쟁이를 불러오게 하고
바벨론의 지혜자들에게 말하되 누
구를 막론하고 이 글자를 읽고 그
해석을 내게 보이면 자주색 옷을
입히고 금사슬을 그의 목에 걸어
주리니 그를 나라의 셋째 통치자로
삼으리라 하니라
8 그 때에 왕의 지혜자가 다 들어왔
으나 능히 그 글자를 읽지 못하며
그 해석을 왕께 알려 주지 못하는
지라
9 그러므로 벨사살 왕이 크게 번민하

여 그의 얼굴빛이 변하였고 귀족들
도 다 놀라니라
10 왕비가 왕과 그 귀족들의 말로 말
미암아 잔치하는 궁에 들어왔더니
이에 말하여 이르되 왕이여 만수무
강 하옵소서 왕의 생각을 번민하게
하지 말며 얼굴빛을 변할 것도 아니
니이다
11 왕의 나라에 거룩한 신들의 영이
있는 사람이 있으니 곧 왕의 부친
때에 있던 자로서 명철과 총명과
지혜가 신들의 지혜와 같은 자니이
다 왕의 부친 느부갓네살 왕이 그
를 세워 박수와 술객과 갈대아 술
사와 점쟁이의 어른을 삼으셨으니
12 왕이 벨드사살이라 이름하는 이 다
니엘은 마음이 민첩하고 지식과 총
명이 있어 능히 꿈을 해석하며 은밀
한 말을 밝히며 의문을 풀 수 있었
나이다 이제 다니엘을 부르소서 그
리하시면 그가 그 해석을 알려 드리
리이다 하니라
13 이에 다니엘이 부름을 받아 왕의
앞에 나오매 왕이 다니엘에게 말하
되 네가 나의 부왕이 유다에서 사
로잡아 온 유다 자손 중의 그 다니
엘이냐
14 내가 네게 대하여 들은즉 네 안에
는 신들의 영이 있으므로 네가 명철
과 총명과 비상한 지혜가 있다 하
도다
15 지금 여러 지혜자와 술객을 내 앞
에 불러다가 그들에게 이 글을 읽
고 그 해석을 내게 알게 하라 하였
으나 그들이 다 그 해석을 내게 보
이지 못하였느니라
16 내가 네게 대하여 들은즉 너는 해
석을 잘하고 의문을 푼다 하도다
그런즉 이제 네가 이 글을 읽고 그
해석을 내게 알려 주면 네게 자주
색 옷을 입히고 금 사슬을 네 목에
걸어 주어 너를 나라의 셋째 통치
자로 삼으리라 하니
17 다니엘이 왕에게 대답하여 이르되
왕의 예물은 왕이 친히 가지시며 왕
의 상급은 다른 사람에게 주옵소서
그럴지라도 내가 왕을 위하여 이
글을 읽으며 그 해석을 아뢰리이다
18 왕이여 지극히 높으신 하나님이 왕
의 부친 느부갓네살에게 나라와 큰
권세와 영광과 위엄을 주셨고
19 그에게 큰 권세를 주셨으므로 백성
들과 나라들과 언어가 다른 모든
사람들이 그의 앞에서 떨며 두려워
하였으며 그는 임의로 죽이며 임의
로 살리며 임의로 높이며 임의로 낮
추었더니
20 그가 마음이 높아지며 뜻이 완악하
여 교만을 행하므로 그의 왕위가 폐
한 바 되며 그의 영광을 빼앗기고

기록일 : . . .

21 사람 중에서 쫓겨나서 그의 마음이
들짐승의 마음과 같았고 또 들나귀
와 함께 살며 또 소처럼 풀을 먹으
며 그의 몸이 하늘 이슬에 젖었으며
지극히 높으신 하나님이 사람 나라
를 다스리시며 자기의 뜻대로 누구
든지 그 자리에 세우시는 줄을 알
기에 이르렀나이다
22 벨사살이여 왕은 그의 아들이 되어
서 이것을 다 알고도 아직도 마음
을 낮추지 아니하고
23 도리어 자신을 하늘의 주재보다 높
이며 그의 성전 그릇을 왕 앞으로
가져다가 왕과 귀족들과 왕후들과
후궁들이 다 그것으로 술을 마시고
왕이 또 보지도 듣지도 알지도 못
하는 금, 은, 구리, 쇠와 나무, 돌
로 만든 신상들을 찬양하고 도리어
왕의 호흡을 주장하시고 왕의 모든
길을 작정하시는 하나님께는 영광
을 돌리지 아니한지라
24 이러므로 그의 앞에서 이 손가락이
나와서 이 글을 기록하였나이다
25 기록된 글자는 이것이니 곧 메네
메네 데겔 우바르신이라
26 그 글을 해석하건대 메네는 하나님
이 이미 왕의 나라의 시대를 세어서
그것을 끝나게 하셨다 함이요
27 데겔은 왕을 저울에 달아 보니 부
족함이 보였다 함이요
28 베레스는 왕의 나라가 나뉘어서 메
대와 바사 사람에게 준 바 되었다
함이니이다 하니
29 이에 벨사살이 명하여 그들이 다니
엘에게 자주색 옷을 입히게 하며
금 사슬을 그의 목에 걸어 주고 그
를 위하여 조서를 내려 나라의 셋
째 통치자로 삼으니라
30 그 날 밤에 갈대아 왕 벨사살이 죽
임을 당하였고
31 메대 사람 다리오가 나라를 얻었는
데 그 때에 다리오는 육십이 세였
더라

6

다리오가 자기의 뜻대로 고관 백
이십 명을 세워 전국을 통치하게
하고
2 또 그들 위에 총리 셋을 두었으니
다니엘이 그 중의 하나이라 이는
고관들로 총리에게 자기의 직무를
보고하게 하여 왕에게 손해가 없게
하려 함이었더라
3 다니엘은 마음이 민첩하여 총리들
과 고관들 위에 뛰어나므로 왕이
그를 세워 전국을 다스리게 하고자
한지라
4 이에 총리들과 고관들이 국사에 대
하여 다니엘을 고발할 근거를 찾고
자 하였으나 아무 근거, 아무 허물
도 찾지 못하였으니 이는 그가 충
성되어 아무 그릇됨도 없고 아무

기록일 : . . .

허물도 없음이었더라
5 그들이 이르되 이 다니엘은 그 하
나님의 율법에서 근거를 찾지 못하
면 그를 고발할 수 없으리라 하고
6 이에 총리들과 고관들이 모여 왕에
게 나아가서 그에게 말하되 다리오
왕이여 만수무강 하옵소서
7 나라의 모든 총리와 지사와 총독과
법관과 관원이 의논하고 왕에게 한
법률을 세우며 한 금령을 정하실 것
을 구하나이다 왕이여 그것은 곧
이제부터 삼십일 동안에 누구든지
왕 외의 어떤 신에게나 사람에게
무엇을 구하면 사자 굴에 던져 넣기
로 한 것이니이다
8 그런즉 왕이여 원하건대 금령을 세
우시고 그 조서에 왕의 도장을 찍
어 메대와 바사의 고치지 아니하는
규례를 따라 그것을 다시 고치지
못하게 하옵소서 하매
9 이에 다리오 왕이 조서에 왕의 도
장을 찍어 금령을 내니라
10 다니엘이 이 조서에 왕의 도장이
찍힌 것을 알고도 자기 집에 돌아
가서는 윗방에 올라가 예루살렘으
로 향한 창문을 열고 전에 하던 대
로 하루 세 번씩 무릎을 꿇고 기도
하며 그의 하나님께 감사하였더라
11 그 무리들이 모여서 다니엘이 자기
하나님 앞에 기도하며 간구하는 것
을 발견하고
12 이에 그들이 나아가서 왕의 금령에
관하여 왕께 아뢰되 왕이여 왕이
이미 금령에 왕의 도장을 찍어서
이제부터 삼십 일 동안에는 누구든
지 왕 외의 어떤 신에게나 사람에
게 구하면 사자 굴에 던져 넣기로
하지 아니하였나이까 하니 왕이 대
답하여 이르되 이 일이 확실하니 메
대와 바사의 고치지 못하는 규례니
라 하는지라
13 그들이 왕 앞에서 말하여 이르되
왕이여 사로잡혀 온 유다 자손 중
에 다니엘이 왕과 왕의 도장이 찍
힌 금령을 존중하지 아니하고 하루
세 번씩 기도하나이다 하니
14 왕이 이 말을 듣고 그로 말미암아
심히 근심하여 다니엘을 구원하려
고 마음을 쓰며 그를 건져내려고
힘을 다하다가 해가 질 때에 이르
렀더라
15 그 무리들이 또 모여 왕에게로 나
아와서 왕께 말하되 왕이여 메대와
바사의 규례를 아시거니와 왕께서
세우신 금령과 법도는 고치지 못할
것이니이다 하니
16 이에 왕이 명령하매 다니엘을 끌어
다가 사자 굴에 던져 넣는지라 왕
이 다니엘에게 이르되 네가 항상
섬기는 너의 하나님이 너를 구원하

기록일 : . . .

시리라 하니라
17 이에 돌을 굴려다가 굴 어귀를 막
으매 왕이 그의 도장과 귀족들의
도장으로 봉하였으니 이는 다니엘
에 대한 조치를 고치지 못하게 하
려 함이었더라
18 왕이 궁에 돌아가서는 밤이 새도록
금식하고 그 앞에 오락을 그치고
잠자기를 마다하니라
19 이튿날에 왕이 새벽에 일어나 급히
사자 굴로 가서
20 다니엘이 든 굴에 가까이 이르러
서 슬피 소리 질러 다니엘에게 묻되
살아 계시는 하나님의 종 다니엘아
네가 항상 섬기는 네 하나님이 사
자들에게서 능히 너를 구원하셨느
냐 하니라
21 다니엘이 왕에게 아뢰되 왕이여 원
하건대 왕은 만수무강 하옵소서
22 나의 하나님이 이미 그의 천사를
보내어 사자들의 입을 봉하셨으므
로 사자들이 나를 상해하지 못하였
사오니 이는 나의 무죄함이 그 앞
에 명백함이오며 또 왕이여 나는
왕에게도 해를 끼치지 아니하였나
이다 하니라
23 왕이 심히 기뻐서 명하여 다니엘을
굴에서 올리라 하매 그들이 다니엘
을 굴에서 올린즉 그의 몸이 조금
도 상하지 아니하였으니 이는 그가
자기의 하나님을 믿음이었더라
24 왕이 말하여 다니엘을 참소한 사람
들을 끌어오게 하고 그들을 그들의
처자들과 함께 사자 굴에 던져 넣
게 하였더니 그들이 굴 바닥에 닿
기도 전에 사자들이 곧 그들을 움
켜서 그 뼈까지도 부서뜨렸더라
25 이에 다리오 왕이 온 땅에 있는 모
든 백성과 나라들과 언어가 다른
모든 사람들에게 조서를 내려 이
르되 원하건대 너희에게 큰 평강이
있을지어다
26 내가 이제 조서를 내리노라 내 나
라 관할 아래에 있는 사람들은 다
다니엘의 하나님 앞에서 떨며 두려
워할지니 그는 살아 계시는 하나
님이시요 영원히 변하지 않으실 이
시며 그의 나라는 멸망하지 아니할
것이요 그의 권세는 무궁할 것이며
27 그는 구원도 하시며 건져내기도 하
시며 하늘에서든지 땅에서든지 이
적과 기사를 행하시는 이로서 다니
엘을 구원하여 사자의 입에서 벗어
나게 하셨음이라 하였더라
28 이 다니엘이 다리오 왕의 시대와
바사 사람 고레스 왕의 시대에 형
통하였더라

7 바벨론 벨사살 왕 원년에 다니엘
이 그의 침상에서 꿈을 꾸며 머리
속으로 환상을 받고 그 꿈을 기록

기록일 : . . .

하며 그 일의 대략을 진술하니라
2 다니엘이 진술하여 이르되 내가 밤
에 환상을 보았는데 하늘의 네 바
람이 큰 바다로 몰려 불더니
3 큰 짐승 넷이 바다에서 나왔는데
그 모양이 각각 다르더라
4 첫째는 사자와 같은데 독수리의 날
개가 있더니 내가 보는 중에 그 날
개가 뽑혔고 또 땅에서 들려서 사
람처럼 두 발로 서게 함을 받았으
며 또 사람의 마음을 받았더라
5 또 보니 다른 짐승 곧 둘째는 곰
과 같은데 그것이 몸 한쪽을 들었
고 그 입의 잇사이에는 세 갈빗대
가 물렸는데 그것에게 말하는 자들
이 있어 이르기를 일어나서 많은 고
기를 먹으라 하였더라
6 그 후에 내가 또 본즉 다른 짐승 곧
표범과 같은 것이 있는데 그 등에
는 새의 날개 넷이 있고 그 짐승에
게 또 머리 넷이 있으며 권세를 받
았더라
7 내가 밤 환상 가운데에 그 다음에
본 넷째 짐승은 무섭고 놀라우며
또 매우 강하며 또 쇠로 된 큰 이가
있어서 먹고 부서뜨리고 그 나머지
를 발로 밟았으며 이 짐승은 전의
모든 짐승과 다르고 또 열 뿔이 있
더라
8 내가 그 뿔을 유심히 보는 중에 다
른 작은 뿔이 그 사이에서 나더니
첫 번째 뿔 중의 셋이 그 앞에서 뿌
리까지 뽑혔으며 이 작은 뿔에는
사람의 눈 같은 눈들이 있고 또 입
이 있어 큰 말을 하였더라
9 내가 보니 왕좌가 놓이고 옛적부터
항상 계신 이가 좌정하셨는데 그의
옷은 희기가 눈 같고 그의 머리털
은 깨끗한 양의 털 같고 그의 보좌
는 불꽃이요 그의 바퀴는 타오르는
불이며
10 불이 강처럼 흘러 그의 앞에서 나
오며 그를 섬기는 자는 천천이요 그
앞에서 모셔 선 자는 만만이며 심판
을 베푸는데 책들이 펴 놓였더라
11 그 때에 내가 작은 뿔이 말하는 큰
목소리로 말미암아 주목하여 보는
사이에 짐승이 죽임을 당하고 그의
시체가 상한 바 되어 타오르는 불
에 던져졌으며
12 그 남은 짐승들은 그의 권세를 빼
앗겼으나 그 생명은 보존되어 정한
시기가 이르기를 기다리게 되었더라
13 내가 또 밤 환상 중에 보니 인자 같
은 이가 하늘 구름을 타고 와서 옛
적부터 항상 계신 이에게 나아가
그 앞으로 인도되매
14 그에게 권세와 영광과 나라를 주고
모든 백성과 나라들과 다른 언어를
말하는 모든 자들이 그를 섬기게

기록일 : . . .

하였으니 그의 권세는 소멸되지 아
니하는 영원한 권세요 그의 나라는
멸망하지 아니할 것이니라
15 나 다니엘이 중심에 근심하며 내 머
리 속의 환상이 나를 번민하게 한
지라
16 내가 그 곁에 모셔 선 자들 중 하나
에게 나아가서 이 모든 일의 진상
을 물으매 그가 내게 말하여 그 일
의 해석을 알려 주며 이르되
17 그 네 큰 짐승은 세상에 일어날 네
왕이라
18 지극히 높으신 이의 성도들이 나라
를 얻으리니 그 누림이 영원하고 영
원하고 영원하리라
19 이에 내가 넷째 짐승에 관하여 확
실히 알고자 하였으니 곧 그것은
모든 짐승과 달라서 심히 무섭더라
그 이는 쇠요 그 발톱은 놋이니 먹
고 부서뜨리고 나머지는 발로 밟았
으며
20 또 그것의 머리에는 열 뿔이 있고 그
외에 또 다른 뿔이 나오매 세 뿔이
그 앞에서 빠졌으며 그 뿔에는 눈도
있고 큰 말을 하는 입도 있고 그 모
양이 그의 동류보다 커 보이더라
21 내가 본즉 이 뿔이 성도들과 더불
어 싸워 그들에게 이겼더니
22 옛적부터 항상 계신 이가 와서 지
극히 높으신 이의 성도들을 위하여
원한을 풀어 주셨고 때가 이르매
성도들이 나라를 얻었더라
23 모신 자가 이처럼 이르되 넷째 짐
승은 곧 땅의 넷째 나라인데 이는
다른 나라들과는 달라서 온 천하를
삼키고 밟아 부서뜨릴 것이며
24 그 열 뿔은 그 나라에서 일어날 열
왕이요 그 후에 또 하나가 일어나
리니 그는 먼저 있던 자들과 다르고
또 세 왕을 복종시킬 것이며
25 그가 장차 지극히 높으신 이를 말
로 대적하며 또 지극히 높으신 이의
성도를 괴롭게 할 것이며 그가 또
때와 법을 고치고자 할 것이며 성
도들은 그의 손에 붙인 바 되어 한
때와 두 때와 반 때를 지내리라
26 그러나 심판이 시작되면 그는 권세
를 빼앗기고 완전히 멸망할 것이요
27 나라와 권세와 온 천하 나라들의
위세가 지극히 높으신 이의 거룩한
백성에게 붙인 바 되리니 그의 나
라는 영원한 나라이라 모든 권세
있는 자들이 다 그를 섬기며 복종
하리라
28 그 말이 이에 그친지라 나 다니엘
은 중심에 번민하였으며 내 얼굴빛
이 변하였으나 내가 이 일을 마음
에 간직하였느니라
8 나 다니엘에게 처음에 나타난 환
상 후 벨사살 왕 제삼년에 다시 한

기록일 : . . .

환상이 나타나니라
2 내가 환상을 보았는데 내가 그것을
볼 때에 내 몸은 엘람 지방 수산 성
에 있었고 내가 환상을 보기는 을
래 강변에서이니라
3 내가 눈을 들어 본즉 강 가에 두 뿔
가진 숫양이 섰는데 그 두 뿔이 다
길었으며 그 중 한 뿔은 다른 뿔보
다 길었고 그 긴 것은 나중에 난 것
이더라
4 내가 본즉 그 숫양이 서쪽과 북쪽
과 남쪽을 향하여 받으나 그것을
당할 짐승이 하나도 없고 그 손에
서 구할 자가 없으므로 그것이 원
하는 대로 행하고 강하여졌더라
5 내가 생각할 때에 한 숫염소가 서
쪽에서부터 와서 온 지면에 두루
다니되 땅에 닿지 아니하며 그 염
소의 두 눈 사이에는 현저한 뿔이
있더라
6 그것이 두 뿔 가진 숫양 곧 내가 본
바 강 가에 섰던 양에게로 나아가
되 분노한 힘으로 그것에게로 달려
가더니
7 내가 본즉 그것이 숫양에게로 가까
이 나아가서는 더욱 성내어 그 숫
양을 쳐서 그 두 뿔을 꺾으나 숫양
에게는 그것을 대적할 힘이 없으므
로 그것이 숫양을 땅에 엎드러뜨리
고 짓밟았으나 숫양을 그 손에서
벗어나게 할 자가 없었더라
8 숫염소가 스스로 심히 강대하여 가
더니 강성할 때에 그 큰 뿔이 꺾이
고 그 대신에 현저한 뿔 넷이 하늘
사방을 향하여 났더라
9 그 중 한 뿔에서 또 작은 뿔 하나가
나서 남쪽과 동쪽과 또 영화로운
땅을 향하여 심히 커지더니
10 그것이 하늘 군대에 미칠 만큼 커져
서 그 군대와 별들 중의 몇을 땅에
떨어뜨리고 그것들을 짓밟고
11 또 스스로 높아져서 군대의 주재를
대적하며 그에게 매일 드리는 제사
를 없애 버렸고 그의 성소를 헐었
으며
12 그의 악으로 말미암아 백성이 매일
드리는 제사가 넘긴 바 되었고 그
것이 또 진리를 땅에 던지며 자의로
행하여 형통하였더라
13 내가 들은즉 한 거룩한 이가 말하
더니 다른 거룩한 이가 그 말하는
이에게 묻되 환상에 나타난 바 매
일 드리는 제사와 망하게 하는 죄
악에 대한 일과 성소와 백성이 내
준 바 되며 짓밟힐 일이 어느 때까
지 이를꼬 하매
14 그가 내게 이르되 이천삼백 주야까
지니 그 때에 성소가 정결하게 되
리라 하였느니라
15 나 다니엘이 이 환상을 보고 그 뜻

기록일 : . . .

을 알고자 할 때에 사람 모양 같은
것이 내 앞에 섰고
16 내가 들은즉 울래 강 두 언덕 사이
에서 사람의 목소리가 있어 외쳐 이
르되 가브리엘아 이 환상을 이 사
람에게 깨닫게 하라 하더니
17 그가 내가 선 곳으로 나왔는데 그
가 나올 때에 내가 두려워서 얼굴
을 땅에 대고 엎드리매 그가 내게
이르되 인자야 깨달아 알라 이 환
상은 정한 때 끝에 관한 것이니라
18 그가 내게 말할 때에 내가 얼굴을
땅에 대고 엎드리어 깊이 잠들매 그
가 나를 어루만져서 일으켜 세우며
19 이르되 진노하시는 때가 마친 후에
될 일을 내가 네게 알게 하리니 이
환상은 정한 때 끝에 관한 것임이라
20 네가 본 바 두 뿔 가진 숫양은 곧
메대와 바사 왕들이요
21 털이 많은 숫염소는 곧 헬라 왕이
요 그의 두 눈 사이에 있는 큰 뿔은
곧 그 첫째 왕이요
22 이 뿔이 꺾이고 그 대신에 네 뿔이
났은즉 그 나라 가운데에서 네 나라
가 일어나되 그의 권세만 못하리라
23 이 네 나라 마지막 때에 반역자들
이 가득할 즈음에 한 왕이 일어나
리니 그 얼굴은 뻔뻔하며 속임수에
능하며
24 그 권세가 강할 것이나 자기의 힘
으로 말미암은 것이 아니며 그가
장차 놀랍게 파괴 행위를 하고 자
의로 행하여 형통하며 강한 자들과
거룩한 백성을 멸하리라
25 그가 꾀를 베풀어 제 손으로 속임수
를 행하고 마음에 스스로 큰 체하며
또 평화로운 때에 많은 무리를 멸하
며 또 스스로 서서 만왕의 왕을 대
적할 것이나 그가 사람의 손으로 말
미암지 아니하고 깨지리라
26 이미 말한 바 주야에 대한 환상은
확실하니 너는 그 환상을 간직하라
이는 여러 날 후의 일임이라 하더라
27 이에 나 다니엘이 지쳐서 여러 날
앓다가 일어나서 왕의 일을 보았느
니라 내가 그 환상으로 말미암아
놀랐고 그 뜻을 깨닫는 사람도 없
었느니라

9 메대 족속 아하수에로의 아들 다
리오가 갈대아 나라 왕으로 세움을
받던 첫 해
2 곧 그 통치 원년에 나 다니엘이 책
을 통해 야훼께서 말씀으로 선지자
예레미야에게 알려 주신 그 연수를
깨달았나니 곧 예루살렘의 황폐함
이 칠십 년만에 그치리라 하신 것이
니라
3 내가 금식하며 베옷을 입고 재를
덮어쓰고 주 하나님께 기도하며 간
구하기를 결심하고

4 내 하나님 야훼께 기도하며 자복하
여 이르기를 크시고 두려워할 주 하
나님, 주를 사랑하고 주의 계명을
지키는 자를 위하여 언약을 지키시
고 그에게 인자를 베푸시는 이시여
5 우리는 이미 범죄하여 패역하며 행
악하며 반역하여 주의 법도와 규례
를 떠났사오며
6 우리가 또 주의 종 선지자들이 주
의 이름으로 우리의 왕들과 우리의
고관과 조상들과 온 국민에게 말씀
한 것을 듣지 아니하였나이다
7 주여 공의는 주께로 돌아가고 수
치는 우리 얼굴로 돌아옴이 오늘과
같아서 유다 사람들과 예루살렘 거
민들과 이스라엘이 가까운 곳에 있
는 자들이나 먼 곳에 있는 자들이
다 주께서 쫓아내신 각국에서 수치
를 당하였사오니 이는 그들이 주께
죄를 범하였음이니이다
8 주여 수치가 우리에게 돌아오고 우
리의 왕들과 우리의 고관과 조상들
에게 돌아온 것은 우리가 주께 범
죄하였음이니이다 마는
9 주 우리 하나님께는 긍휼과 용서
하심이 있사오니 이는 우리가 주께
패역하였음이오며
10 우리 하나님 야훼의 목소리를 듣지
아니하며 야훼께서 그의 종 선지자
들에게 부탁하여 우리 앞에 세우신
율법을 행하지 아니하였음이니이다
11 온 이스라엘이 주의 율법을 범하고
치우쳐 가서 주의 목소리를 듣지
아니하였으므로 이 저주가 우리에
게 내렸으되 곧 하나님의 종 모세
의 율법에 기록된 맹세대로 되었사
오니 이는 우리가 주께 범죄하였음
이니이다
12 주께서 큰 재앙을 우리에게 내리사
우리와 및 우리를 재판하던 재판관
을 쳐서 하신 말씀을 이루셨사오니
온 천하에 예루살렘에서 일어난 일
같은 것이 없나이다
13 모세의 율법에 기록된 대로 이 모
든 재앙이 이미 우리에게 내렸사오
나 우리는 우리의 죄악을 떠나고
주의 진리를 깨달아 우리 하나님
야훼의 얼굴을 기쁘게 하지 아니하
였나이다
14 그러므로 야훼께서 이 재앙을 간직
하여 두셨다가 우리에게 내리게 하
셨사오니 우리의 하나님 야훼께서
행하시는 모든 일이 공의로우시나
우리가 그 목소리를 듣지 아니하였
음이니이다
15 강한 손으로 주의 백성을 애굽 땅
에서 인도하여 내시고 오늘과 같이
명성을 얻으신 우리 주 하나님이여
우리는 범죄하였고 악을 행하였나
이다

기록일 : . . .

16 주여 구하옵나니 주는 주의 공의를
따라 주의 분노를 주의 성 예루살
렘, 주의 거룩한 산에서 떠나게 하
옵소서 이는 우리의 죄와 우리 조
상들의 죄악으로 말미암아 예루살
렘과 주의 백성이 사면에 있는 자
들에게 수치를 당함이니이다
17 그러하온즉 우리 하나님이여 지금
주의 종의 기도와 간구를 들으시고
주를 위하여 주의 얼굴 빛을 주의
황폐한 성소에 비추시옵소서
18 나의 하나님이여 귀를 기울여 들으
시며 눈을 떠서 우리의 황폐한 상
황과 주의 이름으로 일컫는 성을
보옵소서 우리가 주 앞에 간구하
옵는 것은 우리의 공의를 의지하여
하는 것이 아니요 주의 큰 긍휼을
의지하여 함이니이다
19 주여 들으소서 주여 용서하소서 주
여 귀를 기울이시고 행하소서 지체
하지 마옵소서 나의 하나님이여 주
자신을 위하여 하시옵소서 이는 주
의 성과 주의 백성이 주의 이름으
로 일컫는 바 됨이니이다
20 내가 이같이 말하여 기도하며 내
죄와 내 백성 이스라엘의 죄를 자
복하고 내 하나님의 거룩한 산을
위하여 내 하나님 야훼 앞에 간구
할 때
21 곧 내가 기도할 때에 이전에 환상
중에 본 그 사람 가브리엘이 빨리
날아서 저녁 제사를 드릴 때 즈음
에 내게 이르더니
22 내게 가르치며 내게 말하여 이르되
다니엘아 내가 이제 네게 지혜와
총명을 주려고 왔느니라
23 곧 네가 기도를 시작할 즈음에 명
령이 내렸으므로 이제 네게 알리러
왔느니라 너는 크게 은총을 입은
자라 그런즉 너는 이 일을 생각하
고 그 환상을 깨달을지니라
24 네 백성과 네 거룩한 성을 위하여
일흔 이레를 기한으로 정하였나니
허물이 그치며 죄가 끝나며 죄악이
용서되며 영원한 의가 드러나며 환
상과 예언이 응하며 또 지극히 거룩
한 이가 기름 부음을 받으리라
25 그러므로 너는 깨달아 알지니라 예
루살렘을 중건하라는 영이 날 때부
터 기름 부음을 받은 자 곧 왕이 일
어나기까지 일곱 이레와 예순두 이
레가 지날 것이요 그 곤란한 동안
에 성이 중건되어 광장과 거리가 세
워질 것이며
26 예순두 이레 후에 기름 부음을 받
은 자가 끊어져 없어질 것이며 장차
한 왕의 백성이 와서 그 성읍과 성
소를 무너뜨리려니와 그의 마지막
은 홍수에 휩쓸림 같을 것이며 또
끝까지 전쟁이 있으리니 황폐할 것

기록일 : . . .

이 작정되었느니라
27 그가 장차 많은 사람들과 더불어
한 이레 동안의 언약을 굳게 맺고
그가 그 이레의 절반에 제사와 예
물을 금지할 것이며 또 포악하여
가증한 것이 날개를 의지하여 설 것
이며 또 이미 정한 종말까지 진노가
황폐하게 하는 자에게 쏟아지리라
하였느니라 하니라

10 바사 왕 고레스 제삼년에 한 일이
벨드사살이라 이름한 다니엘에게
나타났는데 그 일이 참되니 곧 큰
전쟁에 관한 것이라 다니엘이 그 일
을 분명히 알았고 그 환상을 깨달
으니라
2 그 때에 나 다니엘이 세 이레 동안
을 슬퍼하며
3 세 이레가 차기까지 좋은 떡을 먹
지 아니하며 고기와 포도주를 입에
대지 아니하며 또 기름을 바르지
아니하니라
4 첫째 달 이십사일에 내가 힛데겔이
라 하는 큰 강 가에 있었는데
5 그 때에 내가 눈을 들어 바라본즉
한 사람이 세마포 옷을 입었고 허
리에는 우바스 순금 띠를 띠었더라
6 또 그의 몸은 황옥 같고 그의 얼
굴은 번갯빛 같고 그의 눈은 횃불
같고 그의 팔과 발은 빛난 놋과 같
고 그의 말소리는 무리의 소리와
같더라
7 이 환상을 나 다니엘이 홀로 보았
고 나와 함께 한 사람들은 이 환상
은 보지 못하였어도 그들이 크게
떨며 도망하여 숨었느니라
8 그러므로 나만 홀로 있어서 이 큰
환상을 볼 때에 내 몸에 힘이 빠졌
고 나의 아름다운 빛이 변하여 썩은
듯하였고 나의 힘이 다 없어졌으나
9 내가 그의 음성을 들었는데 그의
음성을 들을 때에 내가 얼굴을 땅
에 대고 깊이 잠들었느니라
10 한 손이 있어 나를 어루만지기로 내
가 떨었더니 그가 내 무릎과 손바
닥이 땅에 닿게 일으키고
11 내게 이르되 큰 은총을 받은 사람
다니엘아 내가 네게 이르는 말을 깨
닫고 일어서라 내가 네게 보내심을
받았느니라 하더라 그가 내게 이 말
을 한 후에 내가 떨며 일어서니
12 그가 내게 이르되 다니엘아 두려워
하지 말라 네가 깨달으려 하여 네
하나님 앞에 스스로 겸비하게 하기
로 결심하던 첫날부터 네 말이 응답
받았으므로 내가 네 말로 말미암아
왔느니라
13 그런데 바사 왕국의 군주가 이십일
일 동안 나를 막았으므로 내가 거기
바사 왕국의 왕들과 함께 머물러 있
더니 가장 높은 군주 중 하나인 미

기록일 : . . .

가엘이 와서 나를 도와 주므로
14 이제 내가 마지막 날에 네 백성이
당할 일을 네게 깨닫게 하러 왔노
라 이는 이 환상이 오랜 후의 일임
이라 하더라
15 그가 이런 말로 내게 이를 때에 내
가 곧 얼굴을 땅에 향하고 말문이
막혔더니
16 인자와 같은 이가 있어 내 입술을
만진지라 내가 곧 입을 열어 내 앞
에 서 있는 자에게 말하여 이르되
내 주여 이 환상으로 말미암아 근
심이 내게 더하므로 내가 힘이 없어
졌나이다
17 내 몸에 힘이 없어졌고 호흡이 남지
아니하였사오니 내 주의 이 종이 어
찌 능히 내 주와 더불어 말씀할 수
있으리이까 하니
18 또 사람의 모양 같은 것 하나가 나
를 만지며 나를 강건하게 하여
19 이르되 큰 은총을 받은 사람이여
두려워하지 말라 평안하라 강건하
라 강건하라 그가 이같이 내게 말
하매 내가 곧 힘이 나서 이르되 내
주께서 나를 강건하게 하셨사오니
말씀하옵소서
20 그가 이르되 내가 어찌하여 네게
왔는지 네가 아느냐 이제 내가 돌
아가서 바사 군주와 싸우려니와 내
가 나간 후에는 헬라의 군주가 이
를 것이라
21 오직 내가 먼저 진리의 글에 기록된
것으로 네게 보이리라 나를 도와서
그들을 대항할 자는 너희의 군주
미가엘뿐이니라

11

내가 또 메대 사람 다리오 원년에
일어나 그를 도와서 그를 강하게
한 일이 있었느니라
2 이제 내가 참된 것을 네게 보이리
라 보라 바사에서 또 세 왕들이 일
어날 것이요 그 후의 넷째는 그들
보다 심히 부요할 것이며 그가 그
부요함으로 강하여진 후에는 모든
사람을 충동하여 헬라 왕국을 칠
것이며
3 장차 한 능력 있는 왕이 일어나서
큰 권세로 다스리며 자기 마음대로
행하리라
4 그러나 그가 강성할 때에 그의 나
라가 갈라져 천하 사방에 나누일
것이나 그의 자손에게로 돌아가지
도 아니할 것이요 또 자기가 주장
하던 권세대로도 되지 아니하리니
이는 그 나라가 뽑혀서 그 외의 다
른 사람들에게로 돌아갈 것임이라
5 남방의 왕들은 강할 것이나 그 군
주들 중 하나는 그보다 강하여 권
세를 떨치리니 그의 권세가 심히
클 것이요
6 몇 해 후에 그들이 서로 단합하리

니 곧 남방 왕의 딸이 북방 왕에게
가서 화친하리라 그러나 그 공주의
힘이 쇠하고 그 왕은 서지도 못하
며 권세가 없어질 뿐 아니라 그 공
주와 그를 데리고 온 자와 그를 낳
은 자와 그 때에 도와 주던 자가
다 버림을 당하리라
7 그러나 그 공주의 본 족속에게서
난 자 중의 한 사람이 왕위를 이어
권세를 받아 북방 왕의 군대를 치
러 와서 그의 성에 들어가서 그들
을 쳐서 이기고
8 그 신들과 부어 만든 우상들과 은
과 금의 아름다운 그릇들은 다 노
략하여 애굽으로 가져갈 것이요 몇
해 동안은 그가 북방 왕을 치지 아
니하리라
9 북방 왕이 남방 왕의 왕국으로 쳐
들어갈 것이나 자기 본국으로 물러
가리라
10 그러나 그의 아들들이 전쟁을 준비
하고 심히 많은 군대를 모아서 물
이 넘침 같이 나아올 것이며 그가
또 와서 남방 왕의 견고한 성까지
칠 것이요
11 남방 왕은 크게 노하여 나와서 북
방 왕과 싸울 것이라 북방 왕이 큰
무리를 일으킬 것이나 그 무리는 그
의 손에 넘겨 준 바 되리라
12 그가 큰 무리를 사로잡은 후에 그
의 마음이 스스로 높아져서 수만
명을 엎드러뜨릴 것이나 그 세력은
더하지 못할 것이요
13 북방 왕은 돌아가서 다시 군대를
전보다 더 많이 준비하였다가 몇
때 곧 몇 해 후에 대군과 많은 물건
을 거느리고 오리라
14 그 때에 여러 사람이 일어나서 남
방 왕을 칠 것이요 네 백성 중에서
도 포악한 자가 스스로 높아져서
환상을 이루려 할 것이나 그들이
도리어 걸려 넘어지리라
15 이에 북방 왕은 와서 토성을 쌓고
견고한 성읍을 점령할 것이요 남방
군대는 그를 당할 수 없으며 또 그
가 택한 군대라도 그를 당할 힘이
없을 것이므로
16 오직 와서 치는 자가 자기 마음대
로 행하리니 그를 당할 사람이 없
겠고 그는 영화로운 땅에 설 것이
요 그의 손에는 멸망이 있으리라
17 그가 결심하고 전국의 힘을 다하여
이르렀다가 그와 화친할 것이요 또
여자의 딸을 그에게 주어 그의 나
라를 망하게 하려 할 것이나 이루
지 못하리니 그에게 무익하리라
18 그 후에 그가 그의 얼굴을 바닷가
로 돌려 많이 점령할 것이나 한 장
군이 나타나 그의 정복을 그치게
하고 그 수치를 그에게로 돌릴 것

기록일 : . . .

이므로
19 그가 드디어 그 얼굴을 돌려 자기
땅 산성들로 향할 것이나 거쳐 넘어
지고 다시는 보이지 아니하리라
20 그 왕위를 이을 자가 압제자를 그
나라의 아름다운 곳으로 두루 다니
게 할 것이나 그는 분노함이나 싸
움이 없이 몇 날이 못 되어 망할 것
이요
21 또 그의 왕위를 이을 자는 한 비천
한 사람이라 나라의 영광을 그에게
주지 아니할 것이나 그가 평안한
때를 타서 속임수로 그 나라를 얻
을 것이며
22 넘치는 물 같은 군대가 그에게 넘
침으로 말미암아 패할 것이요 동맹
한 왕도 그렇게 될 것이며
23 그와 약조한 후에 그는 거짓을 행
하여 올라올 것이요 소수의 백성을
가지고 세력을 얻을 것이며
24 그가 평안한 때에 그 지방의 가장
기름진 곳에 들어와서 그의 조상들
과 조상들의 조상이 행하지 못하던
것을 행할 것이요 그는 노략하고
탈취한 재물을 무리에게 흩어 주며
계략을 세워 얼마 동안 산성들을
칠 것인데 때가 이르기까지 그리하
리라
25 그가 그의 힘을 떨치며 용기를 다
하여 큰 군대를 거느리고 남방 왕
을 칠 것이요 남방 왕도 심히 크고
강한 군대를 거느리고 맞아 싸울
것이나 능히 당하지 못하리니 이는
그들이 계략을 세워 그를 침이니라
26 그의 음식을 먹는 자들이 그를 멸
하리니 그의 군대가 흩어질 것이요
많은 사람이 엎드러져 죽으리라
27 이 두 왕이 마음에 서로 해하고자
하여 한 밥상에 앉았을 때에 거짓
말을 할 것이라 일이 형통하지 못하
리니 이는 아직 때가 이르지 아니하
였으므로 그 일이 이루어지지 아니
할 것임이니라
28 북방 왕은 많은 재물을 가지고 본
국으로 돌아가리니 그는 마음으로
거룩한 언약을 거스르며 자기 마음
대로 행하고 본토로 돌아갈 것이며
29 작정된 기한에 그가 다시 나와서
남방에 이를 것이나 이번이 그 전번
만 못하리니
30 이는 깃딤의 배들이 이르러 그를
칠 것임이라 그가 낙심하고 돌아가
면서 맺은 거룩한 언약에 분노하였
고 자기 땅에 돌아가서는 맺은 거
룩한 언약을 배반하는 자들을 살필
것이며
31 군대는 그의 편에 서서 성소 곧 견
고한 곳을 더럽히며 매일 드리는 제
사를 폐하며 멸망하게 하는 가증한
것을 세울 것이며

기록일 :   .   .   .

32 그가 또 언약을 배반하고 악행하
는 자를 속임수로 타락시킬 것이나
오직 자기의 하나님을 아는 백성은
강하여 용맹을 떨치리라
33 백성 중에 지혜로운 자들이 많은
사람을 가르칠 것이나 그들이 칼날
과 불꽃과 사로잡힘과 약탈을 당하
여 여러 날 동안 몰락하리라
34 그들이 몰락할 때에 도움을 조금
얻을 것이나 많은 사람들이 속임수
로 그들과 결합할 것이며
35 또 그들 중 지혜로운 자 몇 사람이
몰락하여 무리 중에서 연단을 받
아 정결하게 되며 희게 되어 마지
막 때까지 이르게 하리니 이는 아
직 정한 기한이 남았음이라
36 그 왕은 자기 마음대로 행하며 스
스로 높여 모든 신보다 크다 하며
비상한 말로 신들의 신을 대적하며
형통하기를 분노하심이 그칠 때까
지 하리니 이는 그 작정된 일을 반
드시 이룰 것임이라
37 그가 모든 것보다 스스로 크다 하
고 그의 조상들의 신들과 여자들이
흠모하는 것을 돌아보지 아니하며
어떤 신도 돌아보지 아니하고
38 그 대신에 강한 신을 공경할 것이
요 또 그의 조상들이 알지 못하던
신에게 금 은 보석과 보물을 드려
공경할 것이며
39 그는 이방신을 힘입어 크게 견고한
산성들을 점령할 것이요 무릇 그를
안다 하는 자에게는 영광을 더하여
여러 백성을 다스리게도 하며 그에
게서 뇌물을 받고 땅을 나눠 주기
도 하리라
40 마지막 때에 남방 왕이 그와 힘을
겨룰 것이나 북방 왕이 병거와 마
병과 많은 배로 회오리바람처럼 그
에게로 마주 와서 그 여러 나라에
침공하여 물이 넘침 같이 지나갈
것이요
41 그가 또 영화로운 땅에 들어갈 것
이요 많은 나라를 패망하게 할 것
이나 오직 에돔과 모압과 암몬 자
손의 지도자들은 그의 손에서 벗어
나리라
42 그가 여러 나라들에 그의 손을 펴리
니 애굽 땅도 면하지 못할 것이니
43 그가 권세로 애굽의 금 은과 모든
보물을 차지할 것이요 리비아 사람
과 구스 사람이 그의 시종이 되리라
44 그러나 동북에서부터 소문이 이르
러 그를 번민하게 하므로 그가 분
노하여 나가서 많은 무리를 다 죽
이며 멸망시키고자 할 것이요
45 그가 장막 궁전을 바다와 영화롭고
거룩한 산 사이에 세울 것이나 그
의 종말이 이르리니 도와 줄 자가
없으리라

기록일 : . . .

12 그 때에 네 민족을 호위하는 큰
군주 미가엘이 일어날 것이요 또 환
난이 있으리니 이는 개국 이래로 그
때까지 없던 환난일 것이며 그 때
에 네 백성 중 책에 기록된 모든 자
가 구원을 받을 것이라
2 땅의 티끌 가운데에서 자는 자 중
에서 많은 사람이 깨어나 영생을
받는 자도 있겠고 수치를 당하여서
영원히 부끄러움을 당할 자도 있을
것이며
3 지혜 있는 자는 궁창의 빛과 같이
빛날 것이요 많은 사람을 옳은 데
로 돌아오게 한 자는 별과 같이 영
원토록 빛나리라
4 다니엘아 마지막 때까지 이 말을
간수하고 이 글을 봉함하라 많은
사람이 빨리 왕래하며 지식이 더하
리라
5 나 다니엘이 본즉 다른 두 사람이
있어 하나는 강 이쪽 언덕에 섰고
하나는 강 저쪽 언덕에 섰더니
6 그 중에 하나가 세마포 옷을 입은
자 곧 강물 위쪽에 있는 자에게 이
르되 이 놀라운 일의 끝이 어느 때
까지냐 하더라
7 내가 들은즉 그 세마포 옷을 입고
강물 위쪽에 있는 자가 자기의 좌
우 손을 들어 하늘을 향하여 영원
히 살아 계시는 이를 가리켜 맹세
하여 이르되 반드시 한 때 두 때 반
때를 지나서 성도의 권세가 다 깨
지기까지이니 그렇게 되면 이 모든
일이 다 끝나리라 하더라
8 내가 듣고도 깨닫지 못한지라 내가
이르되 내 주여 이 모든 일의 결국
이 어떠하겠나이까 하니
9 그가 이르되 다니엘아 갈지어다 이
말은 마지막 때까지 간수하고 봉함
할 것임이니라
10 많은 사람이 연단을 받아 스스로
정결하게 하며 희게 할 것이나 악
한 사람은 악을 행하리니 악한 자
는 아무것도 깨닫지 못하되 오직
지혜 있는 자는 깨달으리라
11 매일 드리는 제사를 폐하며 멸망하
게 할 가증한 것을 세울 때부터 천
이백구십 일을 지낼 것이요
12 기다려서 천삼백삼십오 일까지 이
르는 그 사람은 복이 있으리라
13 너는 가서 마지막을 기다리라 이는
네가 평안히 쉬다가 끝날에는 네
몫을 누릴 것임이라

HOSEA

호세아

저 자	호세아
주 제	이스라엘을 향한 하나님의 지속적인 사랑
기록목적	하나님을 떠나 우상을 섬기는 패역한 이스라엘에게 하나님의 끊임없는 사랑을 보여 줌으로써 회개를 촉구하기 위해 기록하였다.
기록배경	여로보암 2세 치하에서 북왕국 이스라엘은 하나님을 떠나 일시적인 번영과 정치적 안정을 누리고 있었다. 그러나 여로보암 2세가 죽은 후주전 753년 25년간 6명의 왕이 바뀌는 정치적 혼란기를 맞으면서왕하 15:8-17:41 참조 급속히 쇠퇴하였다. 종교적 타락도 극심해 하나님에 관한 지식이 없던 백성들은4:6; 5:4 바알을 섬기는 영적 음행을 행하였다2:12,13. 호세아는 이러한 혼란기에 패역한 이스라엘 백성들을 향해 반복적인 하나님의 사랑을 증거하였다.
특 징	• 예레미야와 에스겔처럼 호세아 자신의 개인적 체험을 메시지에 반영하고 있다1-3장. • 선지자의 결혼 관계를 통해서 이스라엘을 향하신 하나님의 사랑을 강하게 보여 주고 있다. • 이스라엘의 죄악을 백성들의 무지의 결과로 보고4:6 '야훼를 아는 지식'을 알기에 힘쓸 것을 강조하고 있다6:3-6.

나의 기도

호세아

1

웃시야와 요담과 아하스와 히스
기야가 이어 유다 왕이 된 시대 곧
요아스의 아들 여로보암이 이스라
엘 왕이 된 시대에 브에리의 아들
호세아에게 임한 야훼의 말씀이라
2 야훼께서 처음 호세아에게 말씀하
실 때 야훼께서 호세아에게 이르
시되 너는 가서 음란한 여자를 맞
이하여 음란한 자식들을 낳으라 이
나라가 야훼를 떠나 크게 음란함이
니라 하시니
3 이에 그가 가서 디블라임의 딸 고
멜을 맞이하였더니 고멜이 임신하
여 아들을 낳으매
4 야훼께서 호세아에게 이르시되 그
의 이름을 이스르엘이라 하라 조금
후에 내가 이스르엘의 피를 예후의
집에 갚으며 이스라엘 족속의 나라
를 폐할 것임이니라
5 그 날에 내가 이스르엘 골짜기에서
이스라엘의 활을 꺾으리라 하시니라
6 고멜이 또 임신하여 딸을 낳으매
야훼께서 호세아에게 이르시되 그
의 이름을 로루하마라 하라 내가
다시는 이스라엘 족속을 긍휼히 여
겨서 용서하지 않을 것임이니라
7 그러나 내가 유다 족속을 긍휼히
여겨 그들의 하나님 야훼로 구원하
겠고 활과 칼이나 전쟁이나 말과
마병으로 구원하지 아니하리라 하
시니라
8 고멜이 로루하마를 젖뗀 후에 또
임신하여 아들을 낳으매
9 야훼께서 이르시되 그의 이름을 로
암미라 하라 너희는 내 백성이 아
니요 나는 너희 하나님이 되지 아니
할 것임이니라
10 그러나 이스라엘 자손의 수가 바닷
가의 모래 같이 되어서 헤아릴 수
도 없고 셀 수도 없을 것이며 전에
그들에게 이르기를 너희는 내 백성
이 아니라 한 그 곳에서 그들에게
이르기를 너희는 살아 계신 하나님
의 아들들이라 할 것이라
11 이에 유다 자손과 이스라엘 자손이
함께 모여 한 우두머리를 세우고
그 땅에서부터 올라오리니 이스르
엘의 날이 클 것임이로다

2

너희 형제에게는 암미라 하고 너
희 자매에게는 루하마라 하라
2 너희 어머니와 논쟁하고 논쟁하라
그는 내 아내가 아니요 나는 그의
남편이 아니라 그가 그의 얼굴에서
음란을 제하게 하고 그 유방 사이
에서 음행을 제하게 하라
3 그렇지 아니하면 내가 그를 벌거벗

기록일 : . . .

겨서 그 나던 날과 같게 할 것이요
그로 광야 같이 되게 하며 마른 땅
같이 되게 하여 목말라 죽게 할 것
이며
4 내가 그의 자녀를 긍휼히 여기지
아니하리니 이는 그들이 음란한 자
식들임이니라
5 그들의 어머니는 음행하였고 그들
을 임신했던 자는 부끄러운 일을
행하였나니 이는 그가 이르기를 나
는 나를 사랑하는 자들을 따르리니
그들이 내 떡과 내 물과 내 양털과
내 삼과 내 기름과 내 술들을 내게
준다 하였음이라
6 그러므로 내가 가시로 그 길을 막
으며 담을 쌓아 그로 그 길을 찾지
못하게 하리니
7 그가 그 사랑하는 자를 따라갈지라
도 미치지 못하며 그들을 찾을지라
도 만나지 못할 것이라 그제야 그
가 이르기를 내가 본 남편에게로
돌아가리니 그 때의 내 형편이 지
금보다 나았음이라 하리라
8 곡식과 새 포도주와 기름은 내가
그에게 준 것이요 그들이 바알을
위하여 쓴 은과 금도 내가 그에게
더하여 준 것이거늘 그가 알지 못하
도다
9 그러므로 내가 내 곡식을 그것이
익을 계절에 도로 찾으며 내가 내
새 포도주를 그것이 맛 들 시기에
도로 찾으며 또 그들의 벌거벗은
몸을 가릴 내 양털과 내 삼을 빼앗
으리라
10 이제 내가 그 수치를 그 사랑하는
자의 눈 앞에 드러내리니 그를 내
손에서 건져낼 사람이 없으리라
11 내가 그의 모든 희락과 절기와 월삭
과 안식일과 모든 명절을 폐하겠고
12 그가 전에 이르기를 이것은 나를
사랑하는 자들이 내게 준 값이라
하던 그 포도나무와 무화과나무를
거칠게 하여 수풀이 되게 하며 들짐
승들에게 먹게 하리라
13 그가 귀고리와 패물로 장식하고 그
가 사랑하는 자를 따라가서 나를
잊어버리고 향을 살라 바알들을 섬
긴 시일대로 내가 그에게 벌을 주
리라 야훼의 말씀이니라
14 그러므로 보라 내가 그를 타일러
거친 들로 데리고 가서 말로 위로
하고
15 거기서 비로소 그의 포도원을 그에
게 주고 아골 골짜기로 소망의 문
을 삼아 주리니 그가 거기서 응대
하기를 어렸을 때와 애굽 땅에서
올라오던 날과 같이 하리라
16 야훼께서 이르시되 그 날에 네가
나를 내 남편이라 일컫고 다시는
내 바알이라 일컫지 아니하리라

17 내가 바알들의 이름을 그의 입에서
제거하여 다시는 그의 이름을 기억
하여 부르는 일이 없게 하리라
18 그 날에는 내가 그들을 위하여 들
짐승과 공중의 새와 땅의 곤충과
더불어 언약을 맺으며 또 이 땅에
서 활과 칼을 꺾어 전쟁을 없이하
고 그들로 평안히 눕게 하리라
19 내가 네게 장가 들어 영원히 살되
공의와 정의와 은총과 긍휼히 여김
으로 네게 장가 들며
20 진실함으로 네게 장가 들리니 네가
야훼를 알리라
21 야훼께서 이르시되 그 날에 내가
응답하리라 나는 하늘에 응답하고
하늘은 땅에 응답하고
22 땅은 곡식과 포도주와 기름에 응답
하고 또 이것들은 이스르엘에 응답
하리라
23 내가 나를 위하여 그를 이 땅에 심
고 긍휼히 여김을 받지 못하였던 자
를 긍휼히 여기며 내 백성 아니었던
자에게 향하여 이르기를 너는 내
백성이라 하리니 그들은 이르기를
주는 내 하나님이시라 하리라 하시
니라
3 야훼께서 내게 이르시되 이스라
엘 자손이 다른 신을 섬기고 건포
도 과자를 즐길지라도 야훼가 그들
을 사랑하나니 너는 또 가서 타인
의 사랑을 받아 음녀가 된 그 여자
를 사랑하라 하시기로
2 내가 은 열다섯 개와 보리 한 호멜
반으로 나를 위하여 그를 사고
3 그에게 이르기를 너는 많은 날 동
안 나와 함께 지내고 음행하지 말
며 다른 남자를 따르지 말라 나도
네게 그리하리라 하였노라
4 이스라엘 자손들이 많은 날 동안
왕도 없고 지도자도 없고 제사도
없고 주상도 없고 에봇도 없고 드
라빔도 없이 지내다가
5 그 후에 이스라엘 자손이 돌아와서
그들의 하나님 야훼와 그들의 왕
다윗을 찾고 마지막 날에는 야훼를
경외하므로 야훼와 그의 은총으로
나아가리라
4 이스라엘 자손들아 야훼의 말씀
을 들으라 야훼께서 이 땅 주민과
논쟁하시나니 이 땅에는 진실도 없
고 인애도 없고 하나님을 아는 지
식도 없고
2 오직 저주와 속임과 살인과 도둑질
과 간음뿐이요 포악하여 피가 피를
뒤이음이라
3 그러므로 이 땅이 슬퍼하며 거기 사
는 자와 들짐승과 공중에 나는 새
가 다 쇠잔할 것이요 바다의 고기
도 없어지리라
4 그러나 어떤 사람이든지 다투지도

기록일 : . . .

말며 책망하지도 말라 네 백성들이
제사장과 다투는 자처럼 되었음이
니라
5 너는 낮에 넘어지겠고 너와 함께
있는 선지자는 밤에 넘어지리라 내
가 네 어머니를 멸하리라
6 내 백성이 지식이 없으므로 망하는
도다 네가 지식을 버렸으니 나도 너
를 버려 내 제사장이 되지 못하게
할 것이요 네가 네 하나님의 율법
을 잊었으니 나도 네 자녀들을 잊어
버리리라
7 그들은 번성할수록 내게 범죄하니
내가 그들의 영화를 변하여 욕이
되게 하리라
8 그들이 내 백성의 속죄제물을 먹고
그 마음을 그들의 죄악에 두는도다
9 장차는 백성이나 제사장이나 동일
함이라 내가 그들의 행실대로 벌하
며 그들의 행위대로 갚으리라
10 그들이 먹어도 배부르지 아니하며
음행하여도 수효가 늘지 못하니 이
는 야훼를 버리고 따르지 아니하였
음이니라
11 음행과 묵은 포도주와 새 포도주가
마음을 빼앗느니라
12 내 백성이 나무에게 묻고 그 막대
기는 그들에게 고하나니 이는 그들
이 음란한 마음에 미혹되어 하나님
을 버리고 음행하였음이니라

13 그들이 산 꼭대기에서 제사를 드리
며 작은 산 위에서 분향하되 참나
무와 버드나무와 상수리나무 아래
에서 하니 이는 그 나무 그늘이 좋
음이라 이러므로 너희 딸들은 음행
하며 너희 며느리들은 간음을 행하
는도다
14 너희 딸들이 음행하며 너희 며느리
들이 간음하여도 내가 벌하지 아니
하리니 이는 남자들도 창기와 함
께 나가며 음부와 함께 희생을 드
림이니라 깨닫지 못하는 백성은 망
하리라
15 이스라엘아 너는 음행하여도 유다
는 죄를 범하지 못하게 할 것이라
너희는 길갈로 가지 말며 벧아웬으
로 올라가지 말며 야훼의 사심을
두고 맹세하지 말지어다
16 이스라엘은 완강한 암소처럼 완강
하니 이제 야훼께서 어린 양을 넓
은 들에서 먹임 같이 그들을 먹이시
겠느냐
17 에브라임이 우상과 연합하였으니
버려 두라
18 그들이 마시기를 다 하고는 이어서
음행하였으며 그들은 부끄러운 일
을 좋아하느니라
19 바람이 그 날개로 그를 쌌나니 그
들이 그 제물로 말미암아 부끄러운
일을 당하리라

기록일 : . . .

5 제사장들아 이를 들으라 이스라
엘 족속들아 깨달으라 왕족들아 귀
를 기울이라 너희에게 심판이 있나
니 너희가 미스바에 대하여 올무가
되며 다볼 위에 친 그물이 됨이라
2 패역자가 살육죄에 깊이 빠졌으매
내가 그들을 다 벌하노라
3 에브라임은 내가 알고 이스라엘은
내게 숨기지 못하나니 에브라임아
이제 네가 음행하였고 이스라엘이
더러워졌느니라
4 그들의 행위가 그들로 자기 하나님
에게 돌아가지 못하게 하나니 이는
음란한 마음이 그 속에 있어 야훼
를 알지 못하는 까닭이라
5 이스라엘의 교만이 그 얼굴에 드러
났나니 그 죄악으로 말미암아 이스
라엘과 에브라임이 넘어지고 유다
도 그들과 함께 넘어지리라
6 그들이 양 떼와 소 떼를 끌고 야훼
를 찾으러 갈지라도 만나지 못할 것
은 이미 그들에게서 떠나셨음이라
7 그들이 야훼께 정조를 지키지 아니
하고 사생아를 낳았으니 그러므로
새 달이 그들과 그 기업을 함께 삼
키리로다
8 너희가 기브아에서 뿔나팔을 불며
라마에서 나팔을 불며 벧아웬에서
외치기를 베냐민아 네 뒤를 쫓는다
할지어다
9 벌하는 날에 에브라임이 황폐할 것
이라 내가 이스라엘 지파 중에서
반드시 있을 일을 보였노라
10 유다 지도자들은 경계표를 옮기는
자 같으니 내가 나의 진노를 그들
에게 물 같이 부으리라
11 에브라임은 사람의 명령 뒤따르기
를 좋아하므로 학대를 받고 재판의
압제를 받는도다
12 그러므로 내가 에브라임에게는 좀
같으며 유다 족속에게는 썩이는 것
같도다
13 에브라임이 자기의 병을 깨달으며
유다가 자기의 상처를 깨달았고 에
브라임은 앗수르로 가서 야렙 왕에
게 사람을 보내었으나 그가 능히
너희를 고치지 못하겠고 너희 상처
를 낫게 하지 못하리라
14 내가 에브라임에게는 사자 같고 유
다 족속에게는 젊은 사자 같으니
바로 내가 움켜갈지라 내가 탈취하
여 갈지라도 건져낼 자가 없으리라
15 그들이 그 죄를 뉘우치고 내 얼굴
을 구하기까지 내가 내 곳으로 돌
아가리라 그들이 고난 받을 때에
나를 간절히 구하리라

6 오라 우리가 야훼께로 돌아가자
야훼께서 우리를 찢으셨으나 도로
낫게 하실 것이요 우리를 치셨으나
싸매어 주실 것임이라

기록일 : . . .

2 야훼께서 이틀 후에 우리를 살리시
며 셋째 날에 우리를 일으키시리니
우리가 그의 앞에서 살리라
3 그러므로 우리가 야훼를 알자 힘써
야훼를 알자 그의 나타나심은 새벽
빛 같이 어김없나니 비와 같이, 땅
을 적시는 늦은 비와 같이 우리에
게 임하시리라 하니라
4 에브라임아 내가 네게 어떻게 하랴
유다야 내가 네게 어떻게 하랴 너
희의 인애가 아침 구름이나 쉬 없
어지는 이슬 같도다
5 그러므로 내가 선지자들로 그들을
치고 내 입의 말로 그들을 죽였노
니 내 심판은 빛처럼 나오느니라
6 나는 인애를 원하고 제사를 원하지
아니하며 번제보다 하나님을 아는
것을 원하노라
7 그들은 아담처럼 언약을 어기고 거
기에서 나를 반역하였느니라
8 길르앗은 악을 행하는 자의 고을이
라 피 발자국으로 가득 찼도다
9 강도 떼가 사람을 기다림 같이 제
사장의 무리가 세겜 길에서 살인하
니 그들이 사악을 행하였느니라
10 내가 이스라엘 집에서 가증한 일을
보았나니 거기서 에브라임은 음행
하였고 이스라엘은 더럽혀졌느니라
11 또한 유다여 내가 내 백성의 사로
잡힘을 돌이킬 때에 네게도 추수할
일을 정하였느니라

7 내가 이스라엘을 치료하려 할 때
에 에브라임의 죄와 사마리아의 악
이 드러나도다 그들은 거짓을 행하
며 안으로 들어가 도둑질하고 밖으
로 떼 지어 노략질하며
2 내가 모든 악을 기억하였음을 그들
이 마음에 생각하지 아니하거니와
이제 그들의 행위가 그들을 에워싸
고 내 얼굴 앞에 있도다
3 그들이 그 악으로 왕을, 그 거짓말
로 지도자들을 기쁘게 하도다
4 그들은 다 간음하는 자라 과자 만
드는 자에 의해 달궈진 화덕과 같
도다 그가 반죽을 뭉침으로 발효되
기까지만 불 일으키기를 그칠 뿐이
니라
5 우리 왕의 날에 지도자들은 술의
뜨거움으로 병이 나며 왕은 오만한
자들과 더불어 악수하는도다
6 그들이 가까이 올 때에 그들의 마
음은 간교하여 화덕 같으니 그들의
분노는 밤새도록 자고 아침에 피우
는 불꽃 같도다
7 그들이 다 화덕 같이 뜨거워져서 그
재판장들을 삼키며 그들의 왕들을
다 엎드러지게 하며 그들 중에는
내게 부르짖는 자가 하나도 없도다
8 에브라임이 여러 민족 가운데에 혼
합되니 그는 곧 뒤집지 않은 전병

기록일 : . . .

이로다
9 이방인들이 그의 힘을 삼켰으나 알
지 못하고 백발이 무성할지라도 알
지 못하는도다
10 이스라엘의 교만은 그 얼굴에 드러
났나니 그들이 이 모든 일을 당하
여도 그들의 하나님 야훼께로 돌아
오지 아니하며 구하지 아니하도다
11 에브라임은 어리석은 비둘기 같이
지혜가 없어서 애굽을 향하여 부르
짖으며 앗수르로 가는도다
12 그들이 갈 때에 내가 나의 그물을
그 위에 쳐서 공중의 새처럼 떨어
뜨리고 전에 그 회중에 들려 준 대
로 그들을 징계하리라
13 화 있을진저 그들이 나를 떠나 그
릇 갔음이니라 패망할진저 그들이
내게 범죄하였음이니라 내가 그들
을 건져 주려 하나 그들이 나를 거
슬러 거짓을 말하고
14 성심으로 나를 부르지 아니하였으
며 오직 침상에서 슬피 부르짖으며
곡식과 새 포도주로 말미암아 모이
며 나를 거역하는도다
15 내가 그들 팔을 연습시켜 힘 있게
하였으나 그들은 내게 대하여 악을
꾀하는도다
16 그들은 돌아오나 높으신 자에게로
돌아오지 아니하니 속이는 활과 같
으며 그들의 지도자들은 그 혀의
거친 말로 말미암아 칼에 엎드러지
리니 이것이 애굽 땅에서 조롱거리
가 되리라

8 나팔을 네 입에 댈지어다 원수가
독수리처럼 야훼의 집에 덮치리니
이는 그들이 내 언약을 어기며 내
율법을 범함이로다
2 그들이 장차 내게 부르짖기를 나의
하나님이여 우리 이스라엘이 주를
아나이다 하리라
3 이스라엘이 이미 선을 버렸으니 원
수가 그를 따를 것이라
4 그들이 왕들을 세웠으나 내게서 난
것이 아니며 그들이 지도자들을 세
웠으나 내가 모르는 바이며 그들이
또 그 은, 금으로 자기를 위하여 우
상을 만들었나니 결국은 파괴되고
말리라
5 사마리아여 네 송아지는 버려졌느
니라 내 진노가 무리를 향하여 타
오르나니 그들이 어느 때에야 무죄
하겠느냐
6 이것은 이스라엘에서 나고 장인이
만든 것이라 참 신이 아니니 사마리
아의 송아지가 산산조각이 나리라
7 그들이 바람을 심고 광풍을 거둘 것
이라 심은 것이 줄기가 없으며 이삭
은 열매를 맺지 못할 것이요 혹시
맺을지라도 이방 사람이 삼키리라
8 이스라엘은 이미 삼켜졌은즉 이제

여러 나라 가운데에 있는 것이 즐겨
쓰지 아니하는 그릇 같도다
9 그들이 홀로 떨어진 들나귀처럼 앗
수르로 갔고 에브라임이 값 주고
사랑하는 자들을 얻었도다
10 그들이 여러 나라에게 값을 주었을
지라도 이제 내가 그들을 모으리니
그들은 지도자의 임금이 지워 준 짐
으로 말미암아 쇠하기 시작하리라
11 에브라임은 죄를 위하여 제단을 많
이 만들더니 그 제단이 그에게 범
죄하게 하는 것이 되었도다
12 내가 그를 위하여 내 율법을 만 가
지로 기록하였으나 그들은 이상한
것으로 여기도다
13 그들이 내게 고기를 제물로 드리
고 먹을지라도 야훼는 그것을 기뻐
하지 아니하고 이제 그들의 죄악을
기억하여 그 죄를 벌하리니 그들은
애굽으로 다시 가리라
14 이스라엘은 자기를 지으신 이를 잊
어버리고 왕궁들을 세웠으며 유다
는 견고한 성읍을 많이 쌓았으나
내가 그 성읍들에 불을 보내어 그
성들을 삼키게 하리라

9

이스라엘아 너는 이방 사람처럼
기뻐 뛰놀지 말라 네가 음행하여
네 하나님을 떠나고 각 타작 마당
에서 음행의 값을 좋아하였느니라
2 타작 마당이나 술틀이 그들을 기르
지 못할 것이며 새 포도주도 떨어
질 것이요
3 그들은 야훼의 땅에 거주하지 못하
며 에브라임은 애굽으로 다시 가고
앗수르에서 더러운 것을 먹을 것이
니라
4 그들은 야훼께 포도주를 부어 드리
지 못하며 야훼께서 기뻐하시는 바
도 되지 못할 것이라 그들의 제물
은 애곡하는 자의 떡과 같아서 그
것을 먹는 자는 더러워지나니 그들
의 떡은 자기의 먹기에만 소용될
뿐이라 야훼의 집에 드릴 것이 아님
이니라
5 너희는 명절 날과 야훼의 절기의
날에 무엇을 하겠느냐
6 보라 그들이 멸망을 피하여 갈지라
도 애굽은 그들을 모으고 놉은 그
들을 장사하리니 그들의 은은 귀한
것이나 찔레가 덮을 것이요 그들의
장막 안에는 가시덩굴이 퍼지리라
7 형벌의 날이 이르렀고 보응의 날이
온 것을 이스라엘이 알지라 선지자
가 어리석었고 신에 감동하는 자가
미쳤나니 이는 네 죄악이 많고 네
원한이 큼이니라
8 에브라임은 나의 하나님과 함께 한
파수꾼이며 선지자는 모든 길에 친
새 잡는 자의 그물과 같고 그의 하
나님의 전에는 원한이 있도다

기록일 : . . .

9 그들은 기브아의 시대와 같이 심히
부패한지라 야훼께서 그 악을 기억
하시고 그 죄를 벌하시리라
10 옛적에 내가 이스라엘을 만나기를
광야에서 포도를 만남 같이 하였으
며 너희 조상들을 보기를 무화과나
무에서 처음 맺힌 첫 열매를 봄 같
이 하였거늘 그들이 바알브올에 가
서 부끄러운 우상에게 몸을 드림으
로 저희가 사랑하는 우상 같이 가
증하여졌도다
11 에브라임의 영광이 새 같이 날아
가리니 해산하는 것이나 아이 배는
것이나 임신하는 것이 없으리라
12 혹 그들이 자식을 기를지라도 내
가 그 자식을 없이하여 한 사람도
남기지 아니할 것이라 내가 그들을
떠나는 때에는 그들에게 화가 미치
리로다
13 내가 보건대 에브라임은 아름다운
곳에 심긴 두로와 같으나 그 자식들
을 살인하는 자에게로 끌어내리로다
14 야훼여 그들에게 주소서 무엇을 주
시려 하나이까 아이 배지 못하는
태와 젖 없는 유방을 주시옵소서
15 그들의 모든 악이 길갈에 있으므로
내가 거기에서 그들을 미워하였노
라 그들의 행위가 악하므로 내 집
에서 그들을 쫓아내고 다시는 사랑
하지 아니하리라 그들의 지도자들
은 다 반역한 자니라
16 에브라임은 매를 맞아 그 뿌리가
말라 열매를 맺지 못하나니 비록
아이를 낳을지라도 내가 그 사랑하
는 태의 열매를 죽이리라
17 그들이 듣지 아니하므로 내 하나님
이 그들을 버리시리니 그들이 여러
나라 가운데에 떠도는 자가 되리라

10 이스라엘은 열매 맺는 무성한 포
도나무라 그 열매가 많을수록 제단
을 많게 하며 그 땅이 번영할수록
주상을 아름답게 하도다
2 그들이 두 마음을 품었으니 이제
벌을 받을 것이라 하나님이 그 제
단을 쳐서 깨뜨리시며 그 주상을
허시리라
3 그들이 이제 이르기를 우리가 야훼
를 두려워하지 아니하므로 우리에
게 왕이 없거니와 왕이 우리를 위하
여 무엇을 하리요 하리로다
4 그들이 헛된 말을 내며 거짓 맹세
로 언약을 세우니 그 재판이 밭이
랑에 돋는 독초 같으리로다
5 사마리아 주민이 벧아웬의 송아지
로 말미암아 두려워할 것이라 그
백성이 슬퍼하며 그것을 기뻐하던
제사장들도 슬퍼하리니 이는 그의
영광이 떠나감이며
6 그 송아지는 앗수르로 옮겨다가 여
호와께 야렙 왕에게 드리리니 에브라

임은 수치를 받을 것이요 이스라엘
은 자기들의 계책을 부끄러워할 것
이며
7 사마리아 왕은 물 위에 있는 거품
같이 멸망할 것이며
8 이스라엘의 죄 곧 아웬의 산당은
파괴되어 가시와 찔레가 그 제단
위에 날 것이니 그 때에 그들이 산
더러 우리를 가리라 할 것이요 작은
산더러 우리 위에 무너지라 하리라
9 이스라엘아 네가 기브아 시대로부
터 범죄하더니 지금까지 죄를 짓는
구나 그러니 범죄한 자손들에 대한
전쟁이 어찌 기브아에서 일어나지
않겠느냐
10 내가 원하는 때에 그들을 징계하리
니 그들이 두 가지 죄에 걸릴 때에
만민이 모여서 그들을 치리라
11 에브라임은 마치 길들인 암소 같아
서 곡식 밟기를 좋아하나 내가 그
의 아름다운 목에 멍에를 메우고
에브라임 위에 사람을 태우리니 유
다가 밭을 갈고 야곱이 흙덩이를
깨뜨리리라
12 너희가 자기를 위하여 공의를 심고
인애를 거두라 너희 묵은 땅을 기
경하라 지금이 곧 여호와를 찾을 때
니 마침내 여호와께서 오사 공의를
비처럼 너희에게 내리시리라
13 너희는 악을 밭 갈아 죄를 거두고
거짓 열매를 먹었나니 이는 네가 네
길과 네 용사의 많음을 의뢰하였음
이라
14 그러므로 너희 백성 중에 요란함이
일어나며 네 산성들이 다 무너지되
살만이 전쟁의 날에 벧아벨을 무너
뜨린 것 같이 될 것이라 그 때에 어
머니와 자식이 함께 부서졌도다
15 너희의 큰 악으로 말미암아 벧엘이
이같이 너희에게 행하리니 이스라
엘 왕이 새벽에 정녕 망하리로다

11 이스라엘이 어렸을 때에 내가 사
랑하여 내 아들을 애굽에서 불러
냈거늘
2 선지자들이 그들을 부를수록 그들
은 점점 멀리하고 바알들에게 제사
하며 아로새긴 우상 앞에서 분향하
였느니라
3 그러나 내가 에브라임에게 걸음을
가르치고 내 팔로 안았음에도 내가
그들을 고치는 줄을 그들은 알지
못하였도다
4 내가 사람의 줄 곧 사랑의 줄로 그
들을 이끌었고 그들에게 대하여 그
목에서 멍에를 벗기는 자 같이 되었
으며 그들 앞에 먹을 것을 두었노라
5 그들은 애굽 땅으로 되돌아 가지
못하겠거늘 내게 돌아 오기를 싫어
하니 앗수르 사람이 그 임금이 될
것이라

기록일 : . . .

6 칼이 그들의 성읍들을 치며 빗장을
깨뜨려 없이하리니 이는 그들의 계
책으로 말미암음이니라
7 내 백성이 끝끝내 내게서 물러가나
니 비록 그들을 불러 위에 계신 이
에게로 돌아오라 할지라도 일어나
는 자가 하나도 없도다
8 에브라임이여 내가 어찌 너를 놓겠
느냐 이스라엘이여 내가 어찌 너를
버리겠느냐 내가 어찌 너를 아드마
같이 놓겠느냐 어찌 너를 스보임
같이 두겠느냐 내 마음이 내 속에
서 돌이키어 나의 긍휼이 온전히 불
붙듯 하도다
9 내가 나의 맹렬한 진노를 나타내지
아니하며 내가 다시는 에브라임을
멸하지 아니하리니 이는 내가 하나
님이요 사람이 아님이라 네 가운데
있는 거룩한 이니 진노함으로 네게
임하지 아니하리라
10 그들은 사자처럼 소리를 내시는 야
훼를 따를 것이라 야훼께서 소리를
내시면 자손들이 서쪽에서부터 떨
며 오되
11 그들은 애굽에서부터 새 같이, 앗
수르에서부터 비둘기 같이 떨며 오
리니 내가 그들을 그들의 집에 머
물게 하리라 나 야훼의 말이니라
12 에브라임은 거짓으로, 이스라엘 족
속은 속임수로 나를 에워쌌고 유다
는 하나님 곧 신실하시고 거룩하신
자에게 대하여 정함이 없도다

12

에브라임은 바람을 먹으며 동풍
을 따라가서 종일토록 거짓과 포학
을 더하여 앗수르와 계약을 맺고
기름을 애굽에 보내도다
2 야훼께서 유다와 논쟁하시고 야곱
을 그 행실대로 벌하시며 그의 행
위대로 그에게 보응하시리라
3 야곱은 모태에서 그의 형의 발뒤꿈
치를 잡았고 또 힘으로는 하나님과
겨루되
4 천사와 겨루어 이기고 울며 그에게
간구하였으며 하나님은 벧엘에서
그를 만나셨고 거기에서 우리에게
말씀하셨나니
5 야훼는 만군의 하나님이시라 야훼
는 그를 기억하게 하는 이름이니라
6 그런즉 너의 하나님께로 돌아와서
인애와 정의를 지키며 항상 너의 하
나님을 바랄지니라
7 그는 상인이라 손에 거짓 저울을
가지고 속이기를 좋아하는도다
8 에브라임이 말하기를 나는 실로 부
자라 내가 재물을 얻었는데 내가
수고한 모든 것 중에서 죄라 할 만
한 불의를 내게서 찾아 낼 자 없으
리라 하거니와
9 네가 애굽 땅에 있을 때부터 나는
네 하나님 야훼니라 내가 너로 다

기록일 : . . .

시 장막에 거주하게 하기를 명절날
에 하던 것 같게 하리라
10 내가 여러 선지자에게 말하였고 이
상을 많이 보였으며 선지자들을 통
하여 비유를 베풀었노라
11 길르앗은 불의한 것이냐 과연 그러
하다 그들은 거짓되도다 길갈에서
는 무리가 수송아지로 제사를 드리
며 그 제단은 밭이랑에 쌓인 돌무
더기 같도다
12 야곱이 아람의 들로 도망하였으며
이스라엘이 아내를 얻기 위하여 사
람을 섬기며 아내를 얻기 위하여 양
을 쳤고
13 야훼께서는 한 선지자로 이스라엘
을 애굽에서 인도하여 내셨고 이스
라엘이 한 선지자로 보호 받았거늘
14 에브라임이 격노하게 함이 극심하
였으니 그의 주께서 그의 피로 그
의 위에 머물러 있게 하시며 그의
수치를 그에게 돌리시리라

13

에브라임이 말을 하면 사람들이
떨었도다 그가 이스라엘 중에서 자
기를 높이더니 바알로 말미암아 범
죄하므로 망하였거늘
2 이제도 그들은 더욱 범죄하여 그
은으로 자기를 위하여 우상을 부어
만들되 자기의 정교함을 따라 우상
을 만들었으며 그것은 다 은장색이
만든 것이거늘 그들은 그것에 대하
여 말하기를 제사를 드리는 자는
송아지와 입을 맞출 것이라 하도다
3 이러므로 그들은 아침 구름 같으며
쉬 사라지는 이슬 같으며 타작 마
당에서 광풍에 날리는 쭉정이 같으
며 굴뚝에서 나가는 연기 같으리라
4 그러나 애굽 땅에 있을 때부터 나
는 네 하나님 야훼라 나 밖에 네가
다른 신을 알지 말 것이라 나 외에
는 구원자가 없느니라
5 내가 광야 마른 땅에서 너를 알았
거늘
6 그들이 먹여 준 대로 배가 불렀고
배가 부르니 그들의 마음이 교만하
여 이로 말미암아 나를 잊었느니라
7 그러므로 내가 그들에게 사자 같고
길 가에서 기다리는 표범 같으니라
8 내가 새끼 잃은 곰 같이 그들을 만
나 그의 염통 꺼풀을 찢고 거기서
암사자 같이 그들을 삼키리라 들짐
승이 그들을 찢으리라
9 이스라엘아 네가 패망하였나니 이는
너를 도와 주는 나를 대적함이니라
10 전에 네가 이르기를 내게 왕과 지
도자들을 주소서 하였느니라 네 모
든 성읍에서 너를 구원할 자 곧 네
왕이 이제 어디 있으며 네 재판장들
이 어디 있느냐
11 내가 분노하므로 네게 왕을 주고
진노하므로 폐하였노라

기록일 : . . .

12 에브라임의 불의가 봉함되었고 그
죄가 저장되었나니
13 해산하는 여인의 어려움이 그에게
임하리라 그는 지혜 없는 자식이로
다 해산할 때가 되어도 그가 나오
지 못하느니라
14 내가 그들을 스올의 권세에서 속량
하며 사망에서 구속하리니 사망아
네 재앙이 어디 있느냐 스올아 네
멸망이 어디 있느냐 뉘우침이 내 눈
앞에서 숨으리라
15 그가 비록 형제 중에서 결실하나
동풍이 오리니 곧 광야에서 일어나
는 야훼의 바람이라 그의 근원이
마르며 그의 샘이 마르고 그 쌓아
둔 바 모든 보배의 그릇이 약탈되
리로다
16 사마리아가 그들의 하나님을 배반
하였으므로 형벌을 당하여 칼에 엎
드러질 것이요 그 어린 아이는 부서
뜨려지며 아이 밴 여인은 배가 갈라
지리라

14

이스라엘아 네 하나님 야훼께로
돌아오라 네가 불의함으로 말미암
아 엎드러졌느니라
2 너는 말씀을 가지고 야훼께로 돌
아와서 아뢰기를 모든 불의를 제거
하시고 선한 바를 받으소서 우리가
수송아지를 대신하여 입술의 열매
를 주께 드리리이다
3 우리가 앗수르의 구원을 의지하지
아니하며 말을 타지 아니하며 다시
는 우리의 손으로 만든 것을 향하
여 너희는 우리의 신이라 하지 아니
하오리니 이는 고아가 주로 말미암
아 긍휼을 얻음이니이다 할지니라
4 내가 그들의 반역을 고치고 기쁘게
그들을 사랑하리니 나의 진노가 그
에게서 떠났음이니라
5 내가 이스라엘에게 이슬과 같으리
니 그가 백합화 같이 피겠고 레바논
백향목 같이 뿌리가 박힐 것이라
6 그의 가지는 퍼지며 그의 아름다움
은 감람나무와 같고 그의 향기는
레바논 백향목 같으리니
7 그 그늘 아래에 거주하는 자가 돌
아올지라 그들은 곡식 같이 풍성할
것이며 포도나무 같이 꽃이 필 것이
며 그 향기는 레바논의 포도주 같
이 되리라
8 에브라임의 말이 내가 다시 우상과
무슨 상관이 있으리요 할지라 내가
그를 돌아보아 대답하기를 나는 푸
른 잣나무 같으니 네가 나로 말미
암아 열매를 얻으리라 하리라
9 누가 지혜가 있어 이런 일을 깨달
으며 누가 총명이 있어 이런 일을
알겠느냐 야훼의 도는 정직하니 의
인은 그 길로 다니거니와 그러나 죄
인은 그 길에 걸려 넘어지리라

기록일 : . . .

JOEL

요엘

저 자	요엘
주 제	야훼의 날에 임할 심판과 구원회복에 대한 약속
기록목적	요엘이 활동하던 당시 유다는 메뚜기 떼의 내습과 가뭄으로 인하여 비참한 상황에 처해 있었다[1:4,10]. 고통 중에 있던 유다 백성들에게 이런 재난이 죄와 불순종에서 왔음을 밝히고 앞으로 임할 '야훼의 날'을 대비해 회개할 것을 촉구하기 위해 기록하였다.
기록배경	요엘은 자신이나 당시의 역사적 사건에 대해 언급하지 않고 있다. 따라서 그가 어떤 사람이며 그의 사역 시기가 언제였는지는 분명치 않다. 다만 그가 유다와 예루살렘에 대해 많이 언급하고 있는 것으로 보아 유다에 살았던 것으로 생각된다[2:32; 3:1,6,8,16-20]. 또한 왕에 대한 언급 대신 제사장에 대한 언급이 많은 것으로 보아 나이 어린 왕 대신에 제사장 여호야다를 중심으로 통치가 이루어졌던 유다 왕 요아스의 시대[주전 835년-798년; 왕하 11:21; 12:2]에 사역을 했던 것으로 추정된다.
특 징	• 모든 인류에게 임할 오순절 성령 강림 사건을 명확하게 예언하였다[2:28-32]. • 악인에게는 심판의 날이요, 의인에게는 구원의 날인 '야훼의 날'을 5번에 걸쳐 명확하게 선포하였다[1:15; 2:1,11,31; 3:14].

나의 기도

요엘

1 브두엘의 아들 요엘에게 임한 야
훼의 말씀이라
2 늙은 자들아 너희는 이것을 들을지
어다 땅의 모든 주민들아 너희는
귀를 기울일지어다 너희의 날에나
너희 조상들의 날에 이런 일이 있었
느냐
3 너희는 이 일을 너희 자녀에게 말
하고 너희 자녀는 자기 자녀에게
말하고 그 자녀는 후세에 말할 것
이니라
4 팥중이가 남긴 것을 메뚜기가 먹고
메뚜기가 남긴 것을 느치가 먹고
느치가 남긴 것을 황충이 먹었도다
5 취하는 자들아 너희는 깨어 울지어
다 포도주를 마시는 자들아 너희는
울지어다 이는 단 포도주가 너희
입에서 끊어졌음이니
6 다른 한 민족이 내 땅에 올라왔음
이로다 그들은 강하고 수가 많으며
그 이빨은 사자의 이빨 같고 그 어
금니는 암사자의 어금니 같도다
7 그들이 내 포도나무를 멸하며 내
무화과나무를 긁어 말갛게 벗겨서
버리니 그 모든 가지가 하얗게 되
었도다
8 너희는 처녀가 어렸을 때에 약혼한
남자로 말미암아 굵은 베로 동이고
애곡함 같이 할지어다
9 소제와 전제가 야훼의 성전에서 끊
어졌고 야훼께 수종드는 제사장은
슬퍼하도다
10 밭이 황무하고 토지가 마르니 곡식
이 떨어지며 새 포도주가 말랐고
기름이 다하였도다
11 농부들아 너희는 부끄러워할지어다
포도원을 가꾸는 자들아 곡할지어
다 이는 밀과 보리 때문이라 밭의
소산이 다 없어졌음이로다
12 포도나무가 시들었고 무화과나무
가 말랐으며 석류나무와 대추나무
와 사과나무와 밭의 모든 나무가
다 시들었으니 이러므로 사람의 즐
거움이 말랐도다
13 제사장들아 너희는 굵은 베로 동이
고 슬피 울지어다 제단에 수종드는
자들아 너희는 울지어다 내 하나님
께 수종드는 자들아 너희는 와서 굵
은 베 옷을 입고 밤이 새도록 누울
지어다 이는 소제와 전제를 너희 하
나님의 성전에 드리지 못함이로다
14 너희는 금식일을 정하고 성회를 소
집하여 장로들과 이 땅의 모든 주
민들을 너희 하나님 야훼의 성전으
로 모으고 야훼께 부르짖을지어다
15 슬프다 그 날이여 야훼의 날이 가

기록일 : . . .

까웠나니 곧 멸망 같이 전능자에게
로부터 이르리로다
16 먹을 것이 우리 눈 앞에 끊어지지
아니하였느냐 기쁨과 즐거움이 우
리 하나님의 성전에서 끊어지지 아
니하였느냐
17 씨가 흙덩이 아래에서 썩어졌고 창
고가 비었고 곳간이 무너졌으니 이
는 곡식이 시들었음이로다
18 가축이 울부짖고 소 떼가 소란하니
이는 꼴이 없음이라 양 떼도 피곤
하도다
19 야훼여 내가 주께 부르짖으오니 불
이 목장의 풀을 살랐고 불꽃이 들
의 모든 나무를 살랐음이니이다
20 들짐승도 주를 향하여 헐떡거리오
니 시내가 다 말랐고 들의 풀이 불
에 탔음이니이다

2 시온에서 나팔을 불며 나의 거룩
한 산에서 경고의 소리를 질러 이
땅 주민들로 다 떨게 할지니 이는
야훼의 날이 이르게 됨이니라 이제
임박하였으니
2 곧 어둡고 캄캄한 날이요 짙은 구
름이 덮인 날이라 새벽 빛이 산 꼭
대기에 덮인 것과 같으니 이는 많고
강한 백성이 이르렀음이라 이와 같
은 것이 옛날에도 없었고 이후에도
대대에 없으리로다
3 불이 그들의 앞을 사르며 불꽃이
그들의 뒤를 태우니 그들의 예전의
땅은 에덴 동산 같았으나 그들의
나중의 땅은 황폐한 들 같으니 그
것을 피한 자가 없도다
4 그의 모양은 말 같고 그 달리는 것
은 기병 같으며
5 그들이 산 꼭대기에서 뛰는 소리는
병거 소리와도 같고 불꽃이 검불을
사르는 소리와도 같으며 강한 군사
가 줄을 벌이고 싸우는 것 같으니
6 그 앞에서 백성들이 질리고, 무리의
낯빛이 하얘졌도다
7 그들이 용사 같이 달리며 무사 같
이 성을 기어 오르며 각기 자기의
길로 나아가되 그 줄을 이탈하지
아니하며
8 피차에 부딪치지 아니하고 각기 자
기의 길로 나아가며 무기를 돌파하
고 나아가나 상하지 아니하며
9 성중에 뛰어 들어가며 성 위에 달
리며 집에 기어 오르며 도둑 같이
창으로 들어가니
10 그 앞에서 땅이 진동하며 하늘이
떨며 해와 달이 캄캄하며 별들이
빛을 거두도다
11 야훼께서 그의 군대 앞에서 소리를
지르시고 그의 진영은 심히 크고 그
의 명령을 행하는 자는 강하니 야
훼의 날이 크고 심히 두렵도다 당
할 자가 누구이랴

기록일 : . . .

12 야훼의 말씀에 너희는 이제라도 금
식하고 울며 애통하고 마음을 다하
여 내게로 돌아오라 하셨나니
13 너희는 옷을 찢지 말고 마음을 찢
고 너희 하나님 야훼께로 돌아올지
어다 그는 은혜로우시며 자비로우
시며 노하기를 더디하시며 인애가
크시사 뜻을 돌이켜 재앙을 내리지
아니하시나니
14 주께서 혹시 마음과 뜻을 돌이키시
고 그 뒤에 복을 내리사 너희 하나
님 야훼께 소제와 전제를 드리게
하지 아니하실는지 누가 알겠느냐
15 너희는 시온에서 나팔을 불어 거
룩한 금식일을 정하고 성회를 소
집하라
16 백성을 모아 그 모임을 거룩하게
하고 장로들을 모으며 어린이와 젖
먹는 자를 모으며 신랑을 그 방에
서 나오게 하며 신부도 그 신방에
서 나오게 하고
17 야훼를 섬기는 제사장들은 낭실과
제단 사이에서 울며 이르기를 야훼
여 주의 백성을 불쌍히 여기소서
주의 기업을 욕되게 하여 나라들로
그들을 관할하지 못하게 하옵소서
어찌하여 이방인으로 그들의 하나
님이 어디 있느냐 말하게 하겠나이
까 할지어다
18 그 때에 야훼께서 자기의 땅을 극
진히 사랑하시어 그의 백성을 불쌍
히 여기실 것이라
19 야훼께서 그들에게 응답하여 이르
시기를 내가 너희에게 곡식과 새
포도주와 기름을 주리니 너희가 이
로 말미암아 흡족하리라 내가 다시
는 너희가 나라들 가운데에서 욕을
당하지 않게 할 것이며
20 내가 북쪽 군대를 너희에게서 멀리
떠나게 하여 메마르고 적막한 땅으
로 쫓아내리니 그 앞의 부대는 동
해로, 그 뒤의 부대는 서해로 들어
갈 것이라 상한 냄새가 일어나고
악취가 오르리니 이는 큰 일을 행
하였음이니라 하시리라
21 땅이여 두려워하지 말고 기뻐하며
즐거워할지어다 야훼께서 큰 일을
행하셨음이로다
22 들짐승들아 두려워하지 말지어다
들의 풀이 싹이 나며 나무가 열매
를 맺으며 무화과나무와 포도나무
가 다 힘을 내는도다
23 시온의 자녀들아 너희는 너희 하나
님 야훼로 말미암아 기뻐하며 즐거
워할지어다 그가 너희를 위하여 비
를 내리시되 이른 비를 너희에게 적
당하게 주시리니 이른 비와 늦은 비
가 예전과 같을 것이라
24 마당에는 밀이 가득하고 독에는 새
포도주와 기름이 넘치리로다

기록일 : . . .

25 내가 전에 너희에게 보낸 큰 군대
곧 메뚜기와 느치와 황충과 팥중
이가 먹은 햇수대로 너희에게 갚아
주리니
26 너희는 먹되 풍족히 먹고 너희에게
놀라운 일을 행하신 너희 하나님
야훼의 이름을 찬송할 것이라 내
백성이 영원히 수치를 당하지 아니
하리로다
27 그런즉 내가 이스라엘 가운데에 있
어 너희 하나님 야훼가 되고 다른
이가 없는 줄을 너희가 알 것이라
내 백성이 영원히 수치를 당하지 아
니하리로다
28 그 후에 내가 내 영을 만민에게 부
어 주리니 너희 자녀들이 장래 일을
말할 것이며 너희 늙은이는 꿈을 꾸
며 너희 젊은이는 이상을 볼 것이며
29 그 때에 내가 또 내 영을 남종과 여
종에게 부어 줄 것이며
30 내가 이적을 하늘과 땅에 베풀리니
곧 피와 불과 연기 기둥이라
31 야훼의 크고 두려운 날이 이르기
전에 해가 어두워지고 달이 핏빛 같
이 변하려니와
32 누구든지 야훼의 이름을 부르는 자
는 구원을 얻으리니 이는 나 야훼
의 말대로 시온 산과 예루살렘에서
피할 자가 있을 것임이요 남은 자
중에 나 야훼의 부름을 받을 자가
있을 것임이니라

3

보라 그 날 곧 내가 유다와 예루
살렘 가운데에서 사로잡힌 자를 돌
아오게 할 그 때에
2 내가 만국을 모아 데리고 여호사밧
골짜기에 내려가서 내 백성 곧 내
기업인 이스라엘을 위하여 거기에
서 그들을 심문하리니 이는 그들이
이스라엘을 나라들 가운데에 흩어
버리고 나의 땅을 나누었음이며
3 또 제비 뽑아 내 백성을 끌어 가서
소년을 기생과 바꾸며 소녀를 술과
바꾸어 마셨음이니라
4 두로와 시돈과 블레셋 사방아 너
희가 나와 무슨 상관이 있느냐 너
희가 내게 보복하겠느냐 만일 내게
보복하면 너희가 보복하는 것을 내
가 신속히 너희 머리에 돌리리니
5 곧 너희가 내 은과 금을 빼앗고 나
의 진기한 보물을 너희 신전으로
가져갔으며
6 또 유다 자손과 예루살렘 자손들을
헬라 족속에게 팔아서 그들의 영토
에서 멀리 떠나게 하였음이니라
7 보라 내가 그들을 너희가 팔아 이
르게 한 곳에서 일으켜 나오게 하
고 너희가 행한 것을 너희 머리에
돌려서
8 너희 자녀를 유다 자손의 손에 팔
리니 그들은 다시 먼 나라 스바 사

기록일 : . . .

람에게 팔리라 야훼께서 말씀하셨
느니라
9 너희는 모든 민족에게 이렇게 널리
선포할지어다 너희는 전쟁을 준비
하고 용사를 격려하고 병사로 다 가
까이 나아와서 올라오게 할지어다
10 너희는 보습을 쳐서 칼을 만들지어
다 낫을 쳐서 창을 만들지어다 약
한 자도 이르기를 나는 강하다 할
지어다
11 사면의 민족들아 너희는 속히 와서
모일지어다 야훼여 주의 용사들로
그리로 내려오게 하옵소서
12 민족들은 일어나서 여호사밧 골짜
기로 올라올지어다 내가 거기에 앉
아서 사면의 민족들을 다 심판하리
로다
13 너희는 낫을 쓰라 곡식이 익었도다
와서 밟을지어다 포도주 틀이 가득
히 차고 포도주 독이 넘치니 그들
의 악이 큼이로다
14 사람이 많음이여, 심판의 골짜기에
사람이 많음이여, 심판의 골짜기에
야훼의 날이 가까움이로다
15 해와 달이 캄캄하며 별들이 그 빛
을 거두도다
16 야훼께서 시온에서 부르짖고 예루
살렘에서 목소리를 내시리니 하늘
과 땅이 진동하리로다 그러나 야훼
께서 그의 백성의 피난처, 이스라엘
자손의 산성이 되시리로다
17 그런즉 너희가 나는 내 성산 시온
에 사는 너희 하나님 야훼인 줄 알
것이라 예루살렘이 거룩하리니 다
시는 이방 사람이 그 가운데로 통
행하지 못하리로다
18 그 날에 산들이 단 포도주를 떨어
뜨릴 것이며 작은 산들이 젖을 흘릴
것이며 유다 모든 시내가 물을 흘
릴 것이며 야훼의 성전에서 샘이 흘
러 나와서 싯딤 골짜기에 대리라
19 그러나 애굽은 황무지가 되겠고 에
돔은 황무한 들이 되리니 이는 그들
이 유다 자손에게 포악을 행하여 무
죄한 피를 그 땅에서 흘렸음이니라
20 유다는 영원히 있겠고 예루살렘은
대대로 있으리라
21 내가 전에는 그들의 피흘림 당한
것을 갚아 주지 아니하였거니와 이
제는 갚아 주리니 이는 야훼께서
시온에 거하심이니라

기록일 : . . .

AMOS

아모스

저 자	아모스
주 제	하나님의 공의
기록 목적	부정부패와 우상 숭배에 빠져 있는 이스라엘 백성들에게 회개를 선포하면서 하나님 앞으로 돌아올 것과 정의를 행할 것을 촉구하기 위해 기록하였다.
기록 배경	여로보암 2세가 통치하던 때의 이스라엘은 정치적, 경제적으로 가장 번영한 시기였다. 하지만 사회 정의가 실현되지 못하여 일부 계층이 부를 독점하고, 가난한 자들은 억압을 당하였다[2:6; 4:1; 5:11,12; 8:4]. 이런 상황에서 남유다의 농부 출신인 아모스가 하나님의 부르심을 받고 타락한 북이스라엘을 향해 예언 활동을 하게 되었다[7:14,15].
특 징	• 호세아가 이스라엘에 대한 하나님의 사랑을 다룬 반면, 아모스는 하나님의 속성에 기초한 공의와 정의를 강조했다. • 예배에 대한 변혁을 요구했다. 종교적 의식보다는 도덕적으로 온전한 생활을 요구하였다[5:21-23]. • 직업적인 선지자가 아니나 학문적 지식과 역사의식, 그리고 영적 통찰력을 가지고 하나님의 사역을 감당하는 선지자의 모습을 잘 묘사하였다.

나의 기도

아모스

1 유다 왕 웃시야의 시대 곧 이스
라엘 왕 요아스의 아들 여로보암의
시대 지진 전 이년에 드고아 목자
중 아모스가 이스라엘에 대하여 이
상으로 받은 말씀이라
2 그가 이르되 야훼께서 시온에서부
터 부르짖으시며 예루살렘에서부터
소리를 내시리니 목자의 초장이 마
르고 갈멜 산 꼭대기가 마르리로다
3 야훼께서 이와 같이 말씀하시되 다
메섹의 서너 가지 죄로 말미암아
내가 그 벌을 돌이키지 아니하리니
이는 그들이 철 타작기로 타작하듯
길르앗을 압박하였음이라
4 내가 하사엘의 집에 불을 보내리니
벤하닷의 궁궐들을 사르리라
5 내가 다메섹의 빗장을 꺾으며 아
웬 골짜기에서 그 주민들을 끊으며
벧에덴에서 규 잡은 자를 끊으리니
아람 백성이 사로잡혀 기르에 이르
리라 야훼께서 말씀하셨느니라
6 야훼께서 이와 같이 말씀하시되 가
사의 서너 가지 죄로 말미암아 내
가 그 벌을 돌이키지 아니하리니 이
는 그들이 모든 사로잡은 자를 끌
어 에돔에 넘겼음이라
7 내가 가사 성에 불을 보내리니 그
궁궐들을 사르리라
8 내가 또 아스돗에서 그 주민들과
아스글론에서 규를 잡은 자를 끊고
또 손을 돌이켜 에그론을 치리니
블레셋의 남아 있는 자가 멸망하리
라 주 야훼께서 말씀하셨느니라
9 야훼께서 이와 같이 말씀하시되 두
로의 서너 가지 죄로 말미암아 내
가 그 벌을 돌이키지 아니하리니 이
는 그들이 그 형제의 계약을 기억
하지 아니하고 모든 사로잡은 자를
에돔에 넘겼음이라
10 내가 두로 성에 불을 보내리니 그
궁궐들을 사르리라
11 야훼께서 이와 같이 말씀하시되 에
돔의 서너 가지 죄로 말미암아 내
가 그 벌을 돌이키지 아니하리니 이
는 그가 칼로 그의 형제를 쫓아가
며 긍휼을 버리며 항상 맹렬히 화를
내며 분을 끝없이 품었음이라
12 내가 데만에 불을 보내리니 보스라
의 궁궐들을 사르리라
13 야훼께서 이와 같이 말씀하시되 암
몬 자손의 서너 가지 죄로 말미암
아 내가 그 벌을 돌이키지 아니하리
니 이는 그들이 자기 지경을 넓히고
자 하여 길르앗의 아이 밴 여인의
배를 갈랐음이니라
14 내가 랍바 성에 불을 놓아 그 궁궐

기록일 : . . .

들을 사르되 전쟁의 날에 외침과
회오리바람의 날에 폭풍으로 할 것
이며
15 그들의 왕은 그 지도자들과 함께
사로잡혀 가리라 야훼께서 말씀하
셨느니라

2

야훼께서 이와 같이 말씀하시되
모압의 서너 가지 죄로 말미암아
내가 그 벌을 돌이키지 아니하리니
이는 그가 에돔 왕의 뼈를 불살라
재를 만들었음이라
2 내가 모압에 불을 보내리니 그리욧
궁궐들을 사르리라 모압이 요란함
과 외침과 나팔 소리 중에서 죽을
것이라
3 내가 그 중에서 재판장을 멸하며
지도자들을 그와 함께 죽이리라 야
훼께서 말씀하시니라
4 야훼께서 이와 같이 말씀하시되 유
다의 서너 가지 죄로 말미암아 내
가 그 벌을 돌이키지 아니하리니 이
는 그들이 야훼의 율법을 멸시하며
그 율례를 지키지 아니하고 그의
조상들이 따라가던 거짓 것에 미혹
되었음이라
5 내가 유다에 불을 보내리니 예루살
렘의 궁궐들을 사르리라
6 야훼께서 이와 같이 말씀하시되 이
스라엘의 서너 가지 죄로 말미암아
내가 그 벌을 돌이키지 아니하리니
이는 그들이 은을 받고 의인을 팔
며 신 한 켤레를 받고 가난한 자를
팔며
7 힘 없는 자의 머리를 티끌 먼지 속
에 발로 밟고 연약한 자의 길을 굽
게 하며 아버지와 아들이 한 젊은
여인에게 다녀서 내 거룩한 이름을
더럽히며
8 모든 제단 옆에서 전당 잡은 옷 위
에 누우며 그들의 신전에서 벌금으
로 얻은 포도주를 마심이니라
9 내가 아모리 사람을 그들 앞에서
멸하였나니 그 키는 백향목 높이와
같고 강하기는 상수리나무 같으나
내가 그 위의 열매와 그 아래의 뿌
리를 진멸하였느니라
10 내가 너희를 애굽 땅에서 이끌어
내어 사십 년 동안 광야에서 인도
하고 아모리 사람의 땅을 너희가
차지하게 하였고
11 또 너희 아들 중에서 선지자를, 너
희 청년 중에서 나실인을 일으켰나
니 이스라엘 자손들아 과연 그렇지
아니하냐 이는 야훼의 말씀이니라
12 그러나 너희가 나실 사람으로 포도
주를 마시게 하며 또 선지자에게 명
령하여 예언하지 말라 하였느니라
13 보라 곡식 단을 가득히 실은 수레
가 흙을 누름 같이 내가 너희를 누
르리니

기록일 : . . .

14 빨리 달음박질하는 자도 도망할 수
없으며 강한 자도 자기 힘을 낼 수
없으며 용사도 자기 목숨을 구할
수 없으며
15 활을 가진 자도 설 수 없으며 발이
빠른 자도 피할 수 없으며 말 타는
자도 자기 목숨을 구할 수 없고
16 용사 가운데 그 마음이 굳센 자도
그 날에는 벌거벗고 도망하리라 야
훼의 말씀이니라

3

이스라엘 자손들아 야훼께서 너
희에 대하여 이르시는 이 말씀을
들으라 애굽 땅에서 인도하여 올리
신 모든 족속에 대하여 이르시기를
2 내가 땅의 모든 족속 가운데 너희
만을 알았나니 그러므로 내가 너희
모든 죄악을 너희에게 보응하리라
하셨나니
3 두 사람이 뜻이 같지 않은데 어찌
동행하겠으며
4 사자가 움킨 것이 없는데 어찌 수
풀에서 부르짖겠으며 젊은 사자가
잡은 것이 없는데 어찌 굴에서 소
리를 내겠느냐
5 덫을 땅에 놓지 않았는데 새가 어
찌 거기 치이겠으며 잡힌 것이 없는
데 덫이 어찌 땅에서 튀겠느냐
6 성읍에서 나팔이 울리는데 백성이
어찌 두려워하지 아니하겠으며 야
훼의 행하심이 없는데 재앙이 어찌
성읍에 임하겠느냐
7 주 야훼께서는 자기의 비밀을 그
종 선지자들에게 보이지 아니하시
고는 결코 행하심이 없으시리라
8 사자가 부르짖은즉 누가 두려워하지
아니하겠느냐 주 야훼께서 말씀하신
즉 누가 예언하지 아니하겠느냐
9 아스돗의 궁궐들과 애굽 땅의 궁궐
들에 선포하여 이르기를 너희는 사
마리아 산들에 모여 그 성 중에서
얼마나 큰 요란함과 학대함이 있나
보라 하라
10 자기 궁궐에서 포학과 겁탈을 쌓는
자들이 바른 일 행할 줄을 모르느
니라 야훼의 말씀이니라
11 그러므로 주 야훼께서 이와 같이
말씀하시되 이 땅 사면에 대적이
있어 네 힘을 쇠하게 하며 네 궁궐
을 약탈하리라
12 야훼께서 이와 같이 말씀하시되 목
자가 사자 입에서 양의 두 다리나
귀 조각을 건져냄과 같이 사마리아
에서 침상 모서리에나 걸상의 방석
에 앉은 이스라엘 자손도 건져냄을
입으리라
13 주 야훼 만군의 하나님의 말씀이니
라 너희는 듣고 야곱의 족속에게
증언하라
14 내가 이스라엘의 모든 죄를 보응
하는 날에 벧엘의 제단들을 벌하여

기록일 : . . .

그 제단의 뿔들을 꺾어 땅에 떨어
뜨리고
15 겨울 궁과 여름 궁을 치리니 상아
궁들이 파괴되며 큰 궁들이 무너지
리라 야훼의 말씀이니라
4 사마리아의 산에 있는 바산의 암
소들아 이 말을 들으라 너희는 힘
없는 자를 학대하며 가난한 자를
압제하며 가장에게 이르기를 술을
가져다가 우리로 마시게 하라 하는
도다
2 주 야훼께서 자기의 거룩함을 두
고 맹세하시되 때가 너희에게 이를
지라 사람이 갈고리로 너희를 끌어
가며 낚시로 너희의 남은 자들도
그리하리라
3 너희가 성 무너진 데를 통하여 각기
앞으로 바로 나가서 하르몬에 던져
지리라 야훼의 말씀이니라
4 너희는 벧엘에 가서 범죄하며 길갈
에 가서 죄를 더하며 아침마다 너
희 희생을, 삼일마다 너희 십일조를
드리며
5 누룩 넣은 것을 불살라 수은제로
드리며 낙헌제를 소리내어 선포하
려무나 이스라엘 자손들아 이것이
너희가 기뻐하는 바니라 주 야훼의
말씀이니라
6 또 내가 너희 모든 성읍에서 너희
이를 깨끗하게 하며 너희의 각 처
소에서 양식이 떨어지게 하였으나
너희가 내게로 돌아오지 아니하였
느니라 야훼의 말씀이니라
7 또 추수하기 석 달 전에 내가 너희
에게 비를 멈추게 하여 어떤 성읍
에는 내리고 어떤 성읍에는 내리지
않게 하였더니 땅 한 부분은 비를
얻고 한 부분은 비를 얻지 못하여
말랐으매
8 두 세 성읍 사람이 어떤 성읍으로
비틀거리며 물을 마시러 가서 만족
하게 마시지 못하였으나 너희가 내
게로 돌아오지 아니하였느니라 야
훼의 말씀이니라
9 내가 곡식을 마르게 하는 재앙과 깜
부기 재앙으로 너희를 쳤으며 팥중
이로 너희의 많은 동산과 포도원과
무화과나무와 감람나무를 다 먹게
하였으나 너희가 내게로 돌아오지
아니하였느니라 야훼의 말씀이니라
10 내가 너희 중에 전염병 보내기를
애굽에서 한 것처럼 하였으며 칼로
너희 청년들을 죽였으며 너희 말들
을 노략하게 하며 너희 진영의 악
취로 코를 찌르게 하였으나 너희가
내게로 돌아오지 아니하였느니라
야훼의 말씀이니라
11 내가 너희 중의 성읍 무너뜨리기를
하나님인 내가 소돔과 고모라를 무
너뜨림 같이 하였으므로 너희가 불

기록일 : . . .

붙는 가운데서 빼낸 나무 조각 같이
되었으나 너희가 내게로 돌아오지
아니하였느니라 야훼의 말씀이니라
12 그러므로 이스라엘아 내가 이와 같
이 네게 행하리라 내가 이것을 네
게 행하리니 이스라엘아 네 하나님
만나기를 준비하라
13 보라 산들을 지으며 바람을 창조하
며 자기 뜻을 사람에게 보이며 아
침을 어둡게 하며 땅의 높은 데를
밟는 이는 그의 이름이 만군의 하
나님 야훼시니라

5 이스라엘 족속아 내가 너희에게
대하여 애가로 지은 이 말을 들으라
2 처녀 이스라엘이 엎드러졌음이여 다
시 일어나지 못하리로다 자기 땅에
던지움이여 일으킬 자 없으리로다
3 주 야훼께서 이와 같이 말씀하시되
이스라엘 중에서 천 명이 행군해
나가던 성읍에는 백 명만 남고 백
명이 행군해 나가던 성읍에는 열 명
만 남으리라 하셨느니라
4 야훼께서 이스라엘 족속에게 이와
같이 말씀하시기를 너희는 나를 찾
으라 그리하면 살리라
5 벧엘을 찾지 말며 길갈로 들어가지
말며 브엘세바로도 나아가지 말라
길갈은 반드시 사로잡히겠고 벧엘
은 비참하게 될 것임이라 하셨나니
6 너희는 야훼를 찾으라 그리하면 살
리라 그렇지 않으면 그가 불 같이
요셉의 집에 임하여 멸하시리니 벧
엘에서 그 불들을 끌 자가 없으리라
7 정의를 쓴 쑥으로 바꾸며 공의를
땅에 던지는 자들아
8 묘성과 삼성을 만드시며 사망의 그
늘을 아침으로 바꾸시고 낮을 어두
운 밤으로 바꾸시며 바닷물을 불러
지면에 쏟으시는 이를 찾으라 그의
이름은 야훼시니라
9 그가 강한 자에게 갑자기 패망이
이르게 하신즉 그 패망이 산성에
미치느니라
10 무리가 성문에서 책망하는 자를 미
워하며 정직히 말하는 자를 싫어하
는도다
11 너희가 힘없는 자를 밟고 그에게서
밀의 부당한 세를 거두었은즉 너희
가 비록 다듬은 돌로 집을 건축하
였으나 거기 거주하지 못할 것이요
아름다운 포도원을 가꾸었으나 그
포도주를 마시지 못하리라
12 너희의 허물이 많고 죄악이 무거움
을 내가 아노라 너희는 의인을 학
대하며 뇌물을 받고 성문에서 가난
한 자를 억울하게 하는 자로다
13 그러므로 이런 때에 지혜자가 잠잠
하나니 이는 악한 때임이니라
14 너희는 살려면 선을 구하고 악을
구하지 말지어다 만군의 하나님 야

기록일 : . . .

훼께서 너희의 말과 같이 너희와
함께 하시리라
15 너희는 악을 미워하고 선을 사랑하
며 성문에서 정의를 세울지어다 만
군의 하나님 야훼께서 혹시 요셉의
남은 자를 불쌍히 여기시리라
16 그러므로 주 만군의 하나님 야훼께
서 이와 같이 말씀하시기를 사람이
모든 광장에서 울겠고 모든 거리에
서 슬프도다 슬프도다 하겠으며 농
부를 불러다가 애곡하게 하며 울음
꾼을 불러다가 울게 할 것이며
17 모든 포도원에서도 울리니 이는 내
가 너희 가운데로 지나갈 것임이라
야훼의 말씀이니라
18 화 있을진저 야훼의 날을 사모하는
자여 너희가 어찌하여 야훼의 날을
사모하느냐 그 날은 어둠이요 빛이
아니라
19 마치 사람이 사자를 피하다가 곰을
만나거나 혹은 집에 들어가서 손을
벽에 대었다가 뱀에게 물림 같도다
20 야훼의 날은 빛 없는 어둠이 아니며
빛남 없는 캄캄함이 아니냐
21 내가 너희 절기들을 미워하여 멸시
하며 너희 성회들을 기뻐하지 아니
하나니
22 너희가 내게 번제나 소제를 드릴지
라도 내가 받지 아니할 것이요 너
희의 살진 희생의 화목제도 내가
돌아보지 아니하리라
23 네 노랫소리를 내 앞에서 그칠지어
다 네 비파 소리도 내가 듣지 아니
하리라
24 오직 정의를 물 같이, 공의를 마르
지 않는 강 같이 흐르게 할지어다
25 이스라엘 족속아 너희가 사십 년
동안 광야에서 희생과 소제물을 내
게 드렸느냐
26 너희가 너희 왕 식굿과 기윤과 너희
우상들과 너희가 너희를 위하여 만
든 신들의 별 형상을 지고 가리라
27 내가 너희를 다메섹 밖으로 사로잡
혀 가게 하리라 그의 이름이 만군
의 하나님이라 불리우는 야훼께서
말씀하셨느니라

6 화 있을진저 시온에서 교만한 자
와 사마리아 산에서 마음이 든든
한 자 곧 백성들의 머리인 지도자
들이여 이스라엘 집이 그들을 따르
는도다
2 너희는 갈레로 건너가 보고 거기에
서 큰 하맛으로 가고 또 블레셋 사
람의 가드로 내려가라 너희가 이
나라들보다 나으냐 그 영토가 너희
영토보다 넓으냐
3 너희는 흉한 날이 멀다 하여 포악
한 자리로 가까워지게 하고
4 상아 상에 누우며 침상에서 기지개
켜며 양 떼에서 어린 양과 우리에서

송아지를 잡아서 먹고
5 비파 소리에 맞추어 노래를 지절거
리며 다윗처럼 자기를 위하여 악기
를 제조하며
6 대접으로 포도주를 마시며 귀한 기
름을 몸에 바르면서 요셉의 환난에
대하여는 근심하지 아니하는 자로다
7 그러므로 그들이 이제는 사로잡히는
자 중에 앞서 사로잡히리니 기지개
켜는 자의 떠드는 소리가 그치리라
8 만군의 하나님 야훼의 말씀이니라
주 야훼가 당신을 두고 맹세하셨
노라 내가 야곱의 영광을 싫어하며
그 궁궐들을 미워하므로 이 성읍과
거기에 가득한 것을 원수에게 넘기
리라 하셨느니라
9 한 집에 열 사람이 남는다 하여도
다 죽을 것이라
10 죽은 사람의 친척 곧 그 시체를 불
사를 자가 그 뼈를 집 밖으로 가져
갈 때에 그 집 깊숙한 곳에 있는 자
에게 묻기를 아직 더 있느냐 하면
대답하기를 없다 하리니 그가 또
말하기를 잠잠하라 우리가 야훼의
이름을 부르지 못할 것이라 하리라
11 보라 야훼께서 명령하시므로 타격
을 받아 큰 집은 갈라지고 작은 집
은 터지리라
12 말들이 어찌 바위 위에서 달리겠으
며 소가 어찌 거기서 밭 갈겠느냐
그런데 너희는 정의를 쓸개로 바꾸
며 공의의 열매를 쓴 쑥으로 바꾸며
13 허무한 것을 기뻐하며 이르기를 우
리는 우리의 힘으로 뿔들을 취하지
아니하였느냐 하는도다
14 만군의 하나님 야훼의 말씀이니라
이스라엘 족속아 내가 한 나라를
일으켜 너희를 치리니 그들이 하맛
어귀에서부터 아라바 시내까지 너
희를 학대하리라 하셨느니라

7 주 야훼께서 내게 보이신 것이 이
러하니라 왕이 풀을 벤 후 풀이 다
시 움돋기 시작할 때에 주께서 메
뚜기를 지으시매
2 메뚜기가 땅의 풀을 다 먹은지라
내가 이르되 주 야훼여 청하건대
사하소서 야곱이 미약하오니 어떻
게 서리이까 하매
3 야훼께서 이에 대하여 뜻을 돌이키
셨으므로 이것이 이루어지지 아니
하리라 야훼께서 말씀하셨느니라
4 주 야훼께서 또 내게 보이신 것이
이러하니라 주 야훼께서 명령하여 불
로 징벌하게 하시니 불이 큰 바다를
삼키고 육지까지 먹으려 하는지라
5 이에 내가 이르되 주 야훼여 청하
건대 그치소서 야곱이 미약하오니
어떻게 서리이까 하매
6 주 야훼께서 이에 대하여 뜻을 돌
이켜 주 야훼께서 이르시되 이것도

기록일 : . . .

이루지 아니하리라 하시니라
7 또 내게 보이신 것이 이러하니라 다
림줄을 가지고 쌓은 담 곁에 주께
서 손에 다림줄을 잡고 서셨더니
8 야훼께서 내게 이르시되 아모스야
네가 무엇을 보느냐 내가 대답하되
다림줄이니이다 주께서 이르시되
내가 다림줄을 내 백성 이스라엘
가운데 두고 다시는 용서하지 아니
하리니
9 이삭의 산당들이 황폐되며 이스라
엘의 성소들이 파괴될 것이라 내가
일어나 칼로 여로보암의 집을 치리
라 하시니라
10 때에 벧엘의 제사장 아마샤가 이스
라엘의 왕 여로보암에게 보내어 이
르되 이스라엘 족속 중에 아모스가
왕을 모반하나니 그 모든 말을 이
땅이 견딜 수 없나이다
11 아모스가 말하기를 여로보암은 칼
에 죽겠고 이스라엘은 반드시 사로
잡혀 그 땅에서 떠나겠다 하나이다
12 아마샤가 또 아모스에게 이르되 선
견자야 너는 유다 땅으로 도망하여
가서 거기에서나 떡을 먹으며 거기
에서나 예언하고
13 다시는 벧엘에서 예언하지 말라
이는 왕의 성소요 나라의 궁궐임이
니라
14 아모스가 아마샤에게 대답하여 이
르되 나는 선지자가 아니며 선지자
의 아들도 아니라 나는 목자요 뽕
나무를 재배하는 자로서
15 양 떼를 따를 때에 야훼께서 나를
데려다가 야훼께서 내게 이르시기
를 가서 내 백성 이스라엘에게 예
언하라 하셨나니
16 이제 너는 야훼의 말씀을 들을지니
라 네가 이르기를 이스라엘에 대하
여 예언하지 말며 이삭의 집을 향하
여 경고하지 말라 하므로
17 야훼께서 이와 같이 말씀하시기를
네 아내는 성읍 가운데서 창녀가
될 것이요 네 자녀들은 칼에 엎드
러지며 네 땅은 측량하여 나누어질
것이며 너는 더러운 땅에서 죽을 것
이요 이스라엘은 반드시 사로잡혀
그의 땅에서 떠나리라 하셨느니라

8 주 야훼께서 내게 이와 같이 보이
셨느니라 보라 여름 과일 한 광주
리이니라
2 그가 말씀하시되 아모스야 네가 무
엇을 보느냐 내가 이르되 여름 과
일 한 광주리니이다 하매 야훼께서
내게 이르시되 내 백성 이스라엘의
끝이 이르렀은즉 내가 다시는 그를
용서하지 아니하리니
3 그 날에 궁전의 노래가 애곡으로
변할 것이며 곳곳에 시체가 많아서
사람이 잠잠히 그 시체들을 내어버

리리라 주 야훼의 말씀이니라
4 가난한 자를 삼키며 땅의 힘없는
자를 망하게 하려는 자들아 이 말
을 들으라
5 너희가 이르기를 월삭이 언제 지나
서 우리가 곡식을 팔며 안식일이 언
제 지나서 우리가 밀을 내게 할꼬
에바를 작게 하고 세겔을 크게 하
여 거짓 저울로 속이며
6 은으로 힘없는 자를 사며 신 한 켤
레로 가난한 자를 사며 찌꺼기 밀
을 팔자 하는도다
7 야훼께서 야곱의 영광을 두고 맹
세하시되 내가 그들의 모든 행위를
절대로 잊지 아니하리라 하셨나니
8 이로 말미암아 땅이 떨지 않겠으며
그 가운데 모든 주민이 애통하지
않겠느냐 온 땅이 강의 넘침 같이
솟아오르며 애굽 강 같이 뛰놀다가
낮아지리라
9 주 야훼의 말씀이니라 그 날에 내
가 해를 대낮에 지게 하여 백주에
땅을 캄캄하게 하며
10 너희 절기를 애통으로, 너희 모든
노래를 애곡으로 변하게 하며 모
든 사람에게 굵은 베로 허리를 동
이게 하며 모든 머리를 대머리가 되
게 하며 독자의 죽음으로 말미암아
애통하듯 하게 하며 결국은 곤고한
날과 같게 하리라
11 주 야훼의 말씀이니라 보라 날이
이를지라 내가 기근을 땅에 보내리
니 양식이 없어 주림이 아니며 물이
없어 갈함이 아니요 야훼의 말씀을
듣지 못한 기갈이라
12 사람이 이 바다에서 저 바다까지,
북쪽에서 동쪽까지 비틀거리며 야
훼의 말씀을 구하려고 돌아다녀도
얻지 못하리니
13 그 날에 아름다운 처녀와 젊은 남
자가 다 갈하여 쓰러지리라
14 사마리아의 죄된 우상을 두고 맹세
하여 이르기를 단아 네 신들이 살아
있음을 두고 맹세하노라 하거나 브
엘세바가 위하는 것이 살아 있음을
두고 맹세하노라 하는 사람은 엎드
러지고 다시 일어나지 못하리라

9 내가 보니 주께서 제단 곁에 서
서 이르시되 기둥 머리를 쳐서 문지
방이 움직이게 하며 그것으로 부서
져서 무리의 머리에 떨어지게 하라
내가 그 남은 자를 칼로 죽이리니
그 중에서 한 사람도 도망하지 못
하며 그 중에서 한 사람도 피하지
못하리라
2 그들이 파고 스올로 들어갈지라도
내 손이 거기에서 붙잡아 낼 것이요
하늘로 올라갈지라도 내가 거기에
서 붙잡아 내릴 것이며
3 갈멜 산 꼭대기에 숨을지라도 내가

기록일 : . . .

거기에서 찾아낼 것이요 내 눈을 피
하여 바다 밑에 숨을지라도 내가
거기에서 뱀을 명령하여 물게 할 것
이요
4 그 원수 앞에 사로잡혀 갈지라도
내가 거기에서 칼을 명령하여 죽이
게 할 것이라 내가 그들에게 주목
하여 화를 내리고 복을 내리지 아
니하리라 하시니라
5 주 만군의 야훼는 땅을 만져 녹게
하사 거기 거주하는 자가 애통하게
하시며 그 온 땅이 강의 넘침 같이
솟아 오르며 애굽 강 같이 낮아지
게 하시는 이요
6 그의 궁전을 하늘에 세우시며 그
궁창의 기초를 땅에 두시며 바닷물
을 불러 지면에 쏟으시는 이니 그
이름은 야훼시니라
7 야훼의 말씀이니라 이스라엘 자손
들아 너희는 내게 구스 족속 같지
아니하냐 내가 이스라엘을 애굽 땅
에서, 블레셋 사람을 갑돌에서, 아
람 사람을 기르에서 올라오게 하지
아니하였느냐
8 보라 주 야훼의 눈이 범죄한 나라
를 주목하노니 내가 그것을 지면
에서 멸하리라 그러나 야곱의 집은
온전히 멸하지는 아니하리라 야훼
의 말씀이니라
9 보라 내가 명령하여 이스라엘 족속
을 만국 중에서 체질하기를 체로
체질함 같이 하려니와 그 한 알갱
이도 땅에 떨어지지 아니하리라
10 내 백성 중에서 말하기를 화가 우
리에게 미치지 아니하며 이르지 아
니하리라 하는 모든 죄인은 칼에
죽으리라
11 그 날에 내가 다윗의 무너진 장막
을 일으키고 그것들의 틈을 막으며
그 허물어진 것을 일으켜서 옛적과
같이 세우고
12 그들이 에돔의 남은 자와 내 이름
으로 일컫는 만국을 기업으로 얻게
하리라 이 일을 행하시는 야훼의
말씀이니라
13 야훼의 말씀이니라 보라 날이 이를
지라 그 때에 파종하는 자가 곡식
추수하는 자의 뒤를 이으며 포도
를 밟는 자가 씨 뿌리는 자의 뒤를
이으며 산들은 단 포도주를 흘리며
작은 산들은 녹으리라
14 내가 내 백성 이스라엘이 사로잡힌
것을 돌이키리니 그들이 황폐한 성
읍을 건축하여 거주하며 포도원들
을 가꾸고 그 포도주를 마시며 과
원들을 만들고 그 열매를 먹으리라
15 내가 그들을 그들의 땅에 심으리
니 그들이 내가 준 땅에서 다시 뽑
히지 아니하리라 네 하나님 야훼의
말씀이니라

기록일 : . . .

OBADIAH

오바댜

저 자 오바댜

주 제 에돔에 임할 심판과 이스라엘의 회복

기록목적 이스라엘에 대해 잔악한 행위를 한 에돔에게는 하나님의 심판이 임하는 반면 이스라엘은 하나님의 은혜로 회복되어 영화롭게 될 것이라는 확신을 주기 위해 기록되었다.

기록배경 본서는 유다와 형제국인 에돔과의 적대 관계를 묘사하면서 종국적으로는 에돔이 멸망할 것을 예언하였다. 이들의 적대 관계는 야곱과 에서로부터 기원하며창 25:27-34; 27장 후손들 간의 충돌은 출애굽 때 시작하여민 20:14-21, 다윗의 에돔 통치삼하 8:13,14와 유다 왕 여호람 때의 에돔의 반란에왕하 8:20-22 이르도록 수세기 동안 계속되었다. 본서가 기록될 당시에도 에돔은 유다를 멸망시킬 바벨론과 동맹을 맺음으로써 하나님의 심판을 받게 되는 결정적 원인을 제공하였다11-14절.

특 징
- 구약성경 중 가장 짧고 간결한 책이다.
- 에돔에 대한 하나님의 심판은 전 우주적인 심판으로 확대되어 하나님 나라의 도래에 대한 확신으로 끝을 맺는다.

나의 기도

오바댜

1 오바댜의 묵시라
주 야훼께서 에돔에 대하여 이와
같이 말씀하시니라 우리가 야훼께
로 말미암아 소식을 들었나니 곧
사자가 나라들 가운데에 보내심을
받고 이르기를 너희는 일어날지어
다 우리가 일어나서 그와 싸우자
하는 것이니라
2 보라 내가 너를 나라들 가운데에
매우 작게 하였으므로 네가 크게
멸시를 받느니라
3 너의 마음의 교만이 너를 속였도다
바위 틈에 거주하며 높은 곳에 사
는 자여 네가 마음에 이르기를 누
가 능히 나를 땅에 끌어내리겠느냐
하니
4 네가 독수리처럼 높이 오르며 별 사
이에 깃들일지라도 내가 거기에서
너를 끌어내리리라 야훼의 말씀이
니라
5 혹시 도둑이 네게 이르렀으며 강도
가 밤중에 네게 이르렀을지라도 만
족할 만큼 훔치면 그치지 아니하였
겠느냐 혹시 포도를 따는 자가 네
게 이르렀을지라도 그것을 얼마쯤
남기지 아니하였겠느냐 네가 어찌
그리 망하였는고
6 에서가 어찌 그리 수탈되었으며 그
감춘 보물이 어찌 그리 빼앗겼는고
7 너와 약조한 모든 자들이 다 너를
쫓아 변경에 이르게 하며 너와 화
목하던 자들이 너를 속여 이기며 네
먹을 것을 먹는 자들이 네 아래에
함정을 파니 네 마음에 지각이 없
음이로다
8 야훼의 말씀이니라 그 날에 내가
에돔에서 지혜 있는 자를 멸하며
에서의 산에서 지각 있는 자를 멸
하지 아니하겠느냐
9 드만아 네 용사들이 놀랄 것이라 이
로 말미암아 에서의 산에 있는 사람
은 다 죽임을 당하여 멸절되리라
10 네가 네 형제 야곱에게 행한 포학
으로 말미암아 부끄러움을 당하고
영원히 멸절되리라
11 네가 멀리 섰던 날 곧 이방인이 그
의 재물을 빼앗아 가며 외국인이
그의 성문에 들어가서 예루살렘을
얻기 위하여 제비 뽑던 날에 너도
그들 중 한 사람 같았느니라
12 네가 형제의 날 곧 그 재앙의 날에
방관할 것이 아니며 유다 자손이
패망하는 날에 기뻐할 것이 아니며
그 고난의 날에 네가 입을 크게 벌
릴 것이 아니며
13 내 백성이 환난을 당하는 날에 네

기록일 : . . .

가 그 성문에 들어가지 않을 것이
며 환난을 당하는 날에 네가 그 고
난을 방관하지 않을 것이며 환난을
당하는 날에 네가 그 재물에 손을
대지 않을 것이며
14 네거리에 서서 그 도망하는 자를
막지 않을 것이며 고난의 날에 그
남은 자를 원수에게 넘기지 않을
것이니라
15 야훼께서 만국을 벌할 날이 가까웠
나니 네가 행한 대로 너도 받을 것
인즉 네가 행한 것이 네 머리로 돌
아갈 것이라
16 너희가 내 성산에서 마신 것 같이
만국인이 항상 마시리니 곧 마시고
삼켜서 본래 없던 것 같이 되리라
17 오직 시온 산에서 피할 자가 있으리
니 그 산이 거룩할 것이요 야곱 족
속은 자기 기업을 누릴 것이며
18 야곱 족속은 불이 될 것이며 요셉
족속은 불꽃이 될 것이요 에서 족
속은 지푸라기가 될 것이라 그들이
그들 위에 붙어서 그들을 불사를
것인즉 에서 족속에 남은 자가 없
으리니 야훼께서 말씀하셨음이라
19 그들이 네겝과 에서의 산과 평지와
블레셋을 얻을 것이요 또 그들이
에브라임의 들과 사마리아의 들을
얻을 것이며 베냐민은 길르앗을 얻
을 것이며
20 사로잡혔던 이스라엘의 많은 자손
은 가나안 사람에게 속한 이 땅을
사르밧까지 얻을 것이며 예루살렘
에서 사로잡혔던 자들 곧 스바랏에
있는 자들은 네겝의 성읍들을 얻을
것이니라
21 구원 받은 자들이 시온 산에 올라
와서 에서의 산을 심판하리니 나라
가 야훼께 속하리라

기록일 : . . .

JONAH

요나

저 자 요나

주 제 이방인을 향한 하나님의 구원 계획

기록목적 하나님의 구원의 손길이 이스라엘에만 한정되어 있지 않고 모든 민족에게 미친다는 사실을 알리며, 또한 요나의 사역을 통해서 예수 그리스도의 부활의 모형마 12:40을 보여 주는 데 그 목적이 있다.

기록배경 요나는 북이스라엘 왕 여로보암 2세의 통치 기간주전 793년-753년과 거의 일치하는 기간 동안 활동했다왕하 14:25. 여로보암 2세는 하나님에 대한 범죄에도 불구하고 북왕국 창건 이래 가장 큰 번영을 이루었다. 당시 앗수르는 일시적으로 국력이 약화되어 있기는 했지만 여전히 위협적인 존재였다. 원래 배타적 선민의식이 강하여 이방인을 경멸했던 이스라엘 백성들은 이런 앗수르에 대해 큰 반감을 품고 있었다. 이러한 민족의식을 갖고 있던 선지자 요나 또한 앗수르가 징벌을 받는 것이 당연하다고 여겼으므로 앗수르를 향한 하나님의 말씀 선포를 거부했다.

특 징
- 구약성경 중에서 이방인에게 미치는 하나님의 구원 계획을 가장 명확하게 기록하고 있다.
- 물고기의 배 속에 갇힌 사건2:1-10을 통해 예수 그리스도의 부활 사건을 예표하고 있다마 12:38-40.
- 폭풍1:12, 큰 물고기의 출현1:17 등 초자연적인 하나님의 역사를 기록하고 있다.

나의 기도

요나

1 야훼의 말씀이 아밋대의 아들 요
나에게 임하니라 이르시되
2 너는 일어나 저 큰 성읍 니느웨로
가서 그것을 향하여 외치라 그 악
독이 내 앞에 상달되었음이니라 하
시니라
3 그러나 요나가 야훼의 얼굴을 피하
려고 일어나 다시스로 도망하려 하
여 욥바로 내려갔더니 마침 다시스
로 가는 배를 만난지라 야훼의 얼
굴을 피하여 그들과 함께 다시스로
가려고 배삯을 주고 배에 올랐더라
4 야훼께서 큰 바람을 바다 위에 내
리시매 바다 가운데에 큰 폭풍이
일어나 배가 거의 깨지게 된지라
5 사공들이 두려워하여 각각 자기의
신을 부르고 또 배를 가볍게 하려
고 그 가운데 물건들을 바다에 던
지니라 그러나 요나는 배 밑층에
내려가서 누워 깊이 잠이 든지라
6 선장이 그에게 가서 이르되 자는
자여 어찌함이냐 일어나서 네 하나
님께 구하라 혹시 하나님이 우리를
생각하사 망하지 아니하게 하시리
라 하니라
7 그들이 서로 이르되, 자 우리가 제
비를 뽑아 이 재앙이 누구로 말미
암아 우리에게 임하였나 알아 보자
하고 곧 제비를 뽑으니 제비가 요
나에게 뽑힌지라
8 무리가 그에게 이르되 청하건대 이
재앙이 누구 때문에 우리에게 임하
였는가 말하라 네 생업이 무엇이며
네가 어디서 왔으며 네 나라가 어디
며 어느 민족에 속하였느냐 하니
9 그가 대답하되 나는 히브리 사람이
요 바다와 육지를 지으신 하늘의 하
나님 야훼를 경외하는 자로라 하고
10 자기가 야훼의 얼굴을 피함인 줄을
그들에게 말하였으므로 무리가 알
고 심히 두려워하여 이르되 네가 어
찌하여 그렇게 행하였느냐 하니라
11 바다가 점점 흉용한지라 무리가 그
에게 이르되 우리가 너를 어떻게
하여야 바다가 우리를 위하여 잔잔
하겠느냐 하니
12 그가 대답하되 나를 들어 바다에
던지라 그리하면 바다가 너희를 위
하여 잔잔하리라 너희가 이 큰 폭
풍을 만난 것이 나 때문인 줄을 내
가 아노라 하니라
13 그러나 그 사람들이 힘써 노를 저
어 배를 육지로 돌리고자 하다가
바다가 그들을 향하여 점점 더 흉
용하므로 능히 못한지라
14 무리가 야훼께 부르짖어 이르되 야

기록일 : . . .

훼여 구하고 구하오니 이 사람의
생명 때문에 우리를 멸망시키지 마
옵소서 무죄한 피를 우리에게 돌리
지 마옵소서 주 야훼께서는 주의
뜻대로 행하심이니이다 하고
15 요나를 들어 바다에 던지매 바다가
뛰노는 것이 곧 그친지라
16 그 사람들이 야훼를 크게 두려워
하여 야훼께 제물을 드리고 서원을
하였더라
17 야훼께서 이미 큰 물고기를 예비하
사 요나를 삼키게 하셨으므로 요나
가 밤낮 삼 일을 물고기 뱃속에 있
으니라

2 요나가 물고기 뱃속에서 그의 하
나님 야훼께 기도하여
2 이르되 내가 받는 고난으로 말미암
아 야훼께 불러 아뢰었더니 주께서
내게 대답하셨고 내가 스올의 뱃속
에서 부르짖었더니 주께서 내 음성
을 들으셨나이다
3 주께서 나를 깊음 속 바다 가운데
에 던지셨으므로 큰 물이 나를 둘
렀고 주의 파도와 큰 물결이 다 내
위에 넘쳤나이다
4 내가 말하기를 내가 주의 목전에서
쫓겨났을지라도 다시 주의 성전을
바라보겠다 하였나이다
5 물이 나를 영혼까지 둘렀사오며 깊
음이 나를 에워싸고 바다 풀이 내
머리를 감쌌나이다
6 내가 산의 뿌리까지 내려갔사오며
땅이 그 빗장으로 나를 오래도록
막았사오나 나의 하나님 야훼여 주
께서 내 생명을 구덩이에서 건지셨
나이다
7 내 영혼이 내 속에서 피곤할 때에
내가 야훼를 생각하였더니 내 기도
가 주께 이르렀사오며 주의 성전에
미쳤나이다
8 거짓되고 헛된 것을 숭상하는 모든
자는 자기에게 베푸신 은혜를 버렸
사오나
9 나는 감사하는 목소리로 주께 제사
를 드리며 나의 서원을 주께 갚겠나
이다 구원은 야훼께 속하였나이다
하니라
10 야훼께서 그 물고기에게 말씀하시
매 요나를 육지에 토하니라

3 야훼의 말씀이 두 번째로 요나에
게 임하니라 이르시되
2 일어나 저 큰 성읍 니느웨로 가서
내가 네게 명한 바를 그들에게 선
포하라 하신지라
3 요나가 야훼의 말씀대로 일어나서
니느웨로 가니라 니느웨는 사흘 동
안 걸을 만큼 하나님 앞에 큰 성읍
이더라
4 요나가 그 성읍에 들어가서 하루
동안 다니며 외쳐 이르되 사십 일이

기록일 : . . .

지나면 니느웨가 무너지리라 하였
더니
5 니느웨 사람들이 하나님을 믿고 금
식을 선포하고 높고 낮은 자를 막
론하고 굵은 베 옷을 입은지라
6 그 일이 니느웨 왕에게 들리매 왕이
보좌에서 일어나 왕복을 벗고 굵은
베 옷을 입고 재 위에 앉으니라
7 왕과 그의 대신들이 조서를 내려
니느웨에 선포하여 이르되 사람이
나 짐승이나 소 떼나 양 떼나 아무
것도 입에 대지 말지니 곧 먹지도
말 것이요 물도 마시지 말 것이며
8 사람이든지 짐승이든지 다 굵은 베
옷을 입을 것이요 힘써 하나님께
부르짖을 것이며 각기 악한 길과 손
으로 행한 강포에서 떠날 것이라
9 하나님이 뜻을 돌이키시고 그 진노
를 그치사 우리가 멸망하지 않게
하시리라 그렇지 않을 줄을 누가
알겠느냐 한지라
10 하나님이 그들이 행한 것 곧 그 악
한 길에서 돌이켜 떠난 것을 보시
고 하나님이 뜻을 돌이키사 그들에
게 내리리라고 말씀하신 재앙을 내
리지 아니하시니라

4 요나가 매우 싫어하고 성내며
2 야훼께 기도하여 이르되 야훼여
내가 고국에 있을 때에 이러하겠다
고 말씀하지 아니하였나이까 그러
므로 내가 빨리 다시스로 도망하였
사오니 주께서는 은혜로우시며 자
비로우시며 노하기를 더디하시며
인애가 크시사 뜻을 돌이켜 재앙을
내리지 아니하시는 하나님이신 줄
을 내가 알았음이니이다
3 야훼여 원하건대 이제 내 생명을
거두어 가소서 사는 것보다 죽는
것이 내게 나음이니이다 하니
4 야훼께서 이르시되 네가 성내는 것
이 옳으냐 하시니라
5 요나가 성읍에서 나가서 그 성읍
동쪽에 앉아 거기서 자기를 위하여
초막을 짓고 그 성읍에 무슨 일이
일어나는가를 보려고 그 그늘 아래
에 앉았더라
6 하나님 야훼께서 박넝쿨을 예비하
사 요나를 가리게 하셨으니 이는
그의 머리를 위하여 그늘이 지게
하며 그의 괴로움을 면하게 하려
하심이었더라 요나가 박넝쿨로 말
미암아 크게 기뻐하였더니
7 하나님이 벌레를 예비하사 이튿날
새벽에 그 박넝쿨을 갉아먹게 하시
매 시드니라
8 해가 뜰 때에 하나님이 뜨거운 동
풍을 예비하셨고 해는 요나의 머리
에 쪼이매 요나가 혼미하여 스스로
죽기를 구하여 이르되 사는 것보다
죽는 것이 내게 나으니이다 하니라

기록일 : . . .

9 하나님이 요나에게 이르시되 네가
이 박넝쿨로 말미암아 성내는 것이
어찌 옳으냐 하시니 그가 대답하되
내가 성내어 죽기까지 할지라도 옳
으니이다 하니라
10 야훼께서 이르시되 네가 수고도 아
니하였고 재배도 아니하였고 하룻
밤에 났다가 하룻밤에 말라 버린
이 박넝쿨을 아꼈거든
11 하물며 이 큰 성읍 니느웨에는 좌
우를 분변하지 못하는 자가 십이만
여 명이요 가축도 많이 있나니 내
가 어찌 아끼지 아니하겠느냐 하시
니라

기록일 : . . .

MICAH

미가

저 자 미가

주 제 범죄에 대한 하나님의 심판과 이스라엘의 회복

기록목적 사마리아와 예루살렘의 죄악으로 인하여 하나님의 심판이 임할 것을 경고하여 그들의 회개를 촉구하고, 장차 메시아 왕국의 도래로 인해 다윗 언약이 성취될 것을 예언함으로써 백성들로 하여금 소망을 갖게 하기 위함이다.

기록배경 미가가 활동하던 당시 앗수르의 디글랏빌레셀 3세는 본격적으로 남진 정책을 펴서 북이스라엘과 남유다를 위협하였다. 하지만 남유다와 북이스라엘은 국력을 정비하지 않았고 우상 숭배와 정치적, 사회적, 종교적 부패와 도덕적 타락으로 인해 불안한 상태였다.

특 징
- 아모스의 공의, 호세아의 사랑과 이사야의 겸손이 복합된 내용이다.
- 이사야서와 문자적, 내용적으로 유사점이 많아 '이사야의 축소판'으로 부르기도 한다.

나의 기도

미가

1 유다의 왕들 요담과 아하스와 히
스기야 시대에 모레셋 사람 미가에
게 임한 야훼의 말씀 곧 사마리아
와 예루살렘에 관한 묵시라
2 백성들아 너희는 다 들을지어다 땅
과 거기에 있는 모든 것들아 자세
히 들을지어다 주 야훼께서 너희에
게 대하여 증언하시되 곧 주께서
성전에서 그리하실 것이니라
3 야훼께서 그의 처소에서 나오시고
강림하사 땅의 높은 곳을 밟으실
것이라
4 그 아래에서 산들이 녹고 골짜기들
이 갈라지기를 불 앞의 밀초 같고
비탈로 쏟아지는 물 같을 것이니
5 이는 다 야곱의 허물로 말미암음이
요 이스라엘 족속의 죄로 말미암음
이라 야곱의 허물이 무엇이냐 사마
리아가 아니냐 유다의 산당이 무엇
이냐 예루살렘이 아니냐
6 이러므로 내가 사마리아를 들의 무
더기 같게 하고 포도 심을 동산 같
게 하며 또 그 돌들을 골짜기에 쏟
아내리고 그 기초를 드러내며
7 그 새긴 우상들은 다 부서지고 그
음행의 값은 다 불살라지며 내가
그 목상들을 다 깨뜨리리니 그가
기생의 값으로 모았은즉 그것이 기
생의 값으로 돌아가리라
8 이러므로 내가 애통하며 애곡하고
벌거벗은 몸으로 행하며 들개 같이
애곡하고 타조 같이 애통하리니
9 이는 그 상처는 고칠 수 없고 그것
이 유다까지도 이르고 내 백성의 성
문 곧 예루살렘에도 미쳤음이니라
10 가드에 알리지 말며 도무지 울지
말지어다 내가 베들레아브라에서
티끌에 굴렀도다
11 사빌 주민아 너는 벗은 몸에 수치
를 무릅쓰고 나갈지어다 사아난 주
민은 나오지 못하고 벧에셀이 애
곡하여 너희에게 의지할 곳이 없게
하리라
12 마롯 주민이 근심 중에 복을 바라
니 이는 재앙이 야훼께로 말미암아
예루살렘 성문에 임함이니라
13 라기스 주민아 너는 준마에 병거를
메울지어다 라기스는 딸 시온의 죄
의 근본이니 이는 이스라엘의 허물
이 네게서 보였음이니라
14 이러므로 너는 가드모레셋에 작별
하는 예물을 줄지어다 악십의 집들
이 이스라엘 왕들을 속이리라
15 마레사 주민아 내가 장차 너를 소
유할 자로 네게 이르게 하리니 이
스라엘의 영광이 아둘람까지 이를

기록일 : . . .

것이라
16 너는 네 기뻐하는 자식으로 인하여
네 머리털을 깎아 대머리 같게 할
지어다 네 머리가 크게 벗어지게 하
기를 독수리 같게 할지어다 이는
그들이 사로잡혀 너를 떠났음이라

2 그들이 침상에서 죄를 꾀하며 악
을 꾸미고 날이 밝으면 그 손에 힘
이 있으므로 그것을 행하는 자는
화 있을진저
2 밭들을 탐하여 빼앗고 집들을 탐하
여 차지하니 그들이 남자와 그의 집
과 사람과 그의 산업을 강탈하도다
3 그러므로 야훼의 말씀에 내가 이
족속에게 재앙을 계획하나니 너희
의 목이 이에서 벗어나지 못할 것이
요 또한 교만하게 다니지 못할 것
이라 이는 재앙의 때임이라 하셨느
니라
4 그 때에 너희를 조롱하는 시를 지
으며 슬픈 노래를 불러 이르기를
우리가 온전히 망하게 되었도다 그
가 내 백성의 산업을 옮겨 내게서
떠나게 하시며 우리 밭을 나누어
패역자에게 주시는도다 하리니
5 그러므로 야훼의 회중에서 분깃에
줄을 댈 자가 너희 중에 하나도 없
으리라
6 그들이 말하기를 너희는 예언하지
말라 이것은 예언할 것이 아니거늘
욕하는 말을 그치지 아니한다 하
는도다
7 너희 야곱의 족속아 어찌 이르기를
야훼의 영이 성급하시다 하겠느냐
그의 행위가 이러하시다 하겠느냐
나의 말이 정직하게 행하는 자에게
유익하지 아니하냐
8 근래에 내 백성이 원수 같이 일어
나서 전쟁을 피하여 평안히 지나가
는 자들의 의복에서 겉옷을 벗기며
9 내 백성의 부녀들을 그들의 즐거운
집에서 쫓아내고 그들의 어린 자녀
에게서 나의 영광을 영원히 빼앗는
도다
10 이것은 너희가 쉴 곳이 아니니 일어
나 떠날지어다 이는 그것이 이미 더
러워졌음이니라 그런즉 반드시 멸
하리니 그 멸망이 크리라
11 사람이 만일 허망하게 행하며 거짓
말로 이르기를 내가 포도주와 독주
에 대하여 네게 예언하리라 할 것
같으면 그 사람이 이 백성의 선지자
가 되리로다
12 야곱아 내가 반드시 너희 무리를
다 모으며 내가 반드시 이스라엘의
남은 자를 모으고 그들을 한 처소
에 두기를 보스라의 양 떼 같이 하
며 초장의 양 떼 같이 하리니 사람
들이 크게 떠들 것이며
13 길을 여는 자가 그들 앞에 올라가

기록일 : . . .

고 그들은 길을 열어 성문에 이르
러서는 그리로 나갈 것이며 그들의
왕이 앞서 가며 야훼께서는 선두로
가시리라

3 내가 또 이르노니 야곱의 우두머
리들과 이스라엘 족속의 통치자들
아 들으라 정의를 아는 것이 너희
의 본분이 아니냐
2 너희가 선을 미워하고 악을 기뻐하
여 내 백성의 가죽을 벗기고 그 뼈
에서 살을 뜯어
3 그들의 살을 먹으며 그 가죽을 벗
기며 그 뼈를 꺾어 다지기를 냄비
와 솥 가운데에 담을 고기처럼 하
는도다
4 그 때에 그들이 야훼께 부르짖을지
라도 응답하지 아니하시고 그들의
행위가 악했던 만큼 그들 앞에 얼
굴을 가리시리라
5 내 백성을 유혹하는 선지자들은 이
에 물 것이 있으면 평강을 외치나
그 입에 무엇을 채워 주지 아니하
는 자에게는 전쟁을 준비하는도다
이런 선지자에 대하여 야훼께서 이
르시되
6 그러므로 너희가 밤을 만나리니 이
상을 보지 못할 것이요 어둠을 만
나리니 점 치지 못하리라 하셨나니
이 선지자 위에는 해가 져서 낮이
캄캄할 것이라
7 선견자가 부끄러워하며 술객이 수
치를 당하여 다 입술을 가릴 것은
하나님이 응답하지 아니하심이거
니와
8 오직 나는 야훼의 영으로 말미암아
능력과 정의와 용기로 충만해져서
야곱의 허물과 이스라엘의 죄를 그
들에게 보이리라
9 야곱 족속의 우두머리들과 이스라
엘 족속의 통치자들 곧 정의를 미
워하고 정직한 것을 굽게 하는 자
들아 원하노니 이 말을 들을지어다
10 시온을 피로, 예루살렘을 죄악으로
건축하는도다
11 그들의 우두머리들은 뇌물을 위하
여 재판하며 그들의 제사장은 삯을
위하여 교훈하며 그들의 선지자는
돈을 위하여 점을 치면서도 야훼를
의뢰하여 이르기를 야훼께서 우리
중에 계시지 아니하냐 재앙이 우리
에게 임하지 아니하리라 하는도다
12 이러므로 너희로 말미암아 시온은
갈아엎은 밭이 되고 예루살렘은 무
더기가 되고 성전의 산은 수풀의
높은 곳이 되리라

4 끝날에 이르러는 야훼의 전의 산
이 산들의 꼭대기에 굳게 서며 작
은 산들 위에 뛰어나고 민족들이
그리로 몰려갈 것이라
2 곧 많은 이방 사람들이 가며 이르

기를 오라 우리가 야훼의 산에 올
라가서 야곱의 하나님의 전에 이르
자 그가 그의 도를 가지고 우리에
게 가르치실 것이니라 우리가 그의
길로 행하리라 하리니 이는 율법이
시온에서부터 나올 것이요 야훼의
말씀이 예루살렘에서부터 나올 것
임이라
3 그가 많은 민족들 사이의 일을 심
판하시며 먼 곳 강한 이방 사람을
판결하시리니 무리가 그 칼을 쳐서
보습을 만들고 창을 쳐서 낫을 만
들 것이며 이 나라와 저 나라가 다
시는 칼을 들고 서로 치지 아니하며
다시는 전쟁을 연습하지 아니하고
4 각 사람이 자기 포도나무 아래와
자기 무화과나무 아래에 앉을 것이
라 그들을 두렵게 할 자가 없으리
니 이는 만군의 야훼의 입이 이같이
말씀하셨음이라
5 만민이 각각 자기의 신의 이름을
의지하여 행하되 오직 우리는 우리
하나님 야훼의 이름을 의지하여 영
원히 행하리로다
6 야훼께서 말씀하시되 그 날에는 내
가 저는 자를 모으며 쫓겨난 자와
내가 환난 받게 한 자를 모아
7 발을 저는 자는 남은 백성이 되게
하며 멀리 쫓겨났던 자들이 강한 나
라가 되게 하고 나 야훼가 시온 산
에서 이제부터 영원까지 그들을 다
스리리라 하셨나니
8 너 양 떼의 망대요 딸 시온의 산이
여 이전 권능 곧 딸 예루살렘의 나
라가 네게로 돌아오리라
9 이제 네가 어찌하여 부르짖느냐 너
희 중에 왕이 없어졌고 네 모사가
죽었으므로 네가 해산하는 여인처
럼 고통함이냐
10 딸 시온이여 해산하는 여인처럼 힘
들여 낳을지어다 이제 네가 성읍에
서 나가서 들에 거주하며 또 바벨
론까지 이르러 거기서 구원을 얻으
리니 야훼께서 거기서 너를 네 원수
들의 손에서 속량하여 내시리라
11 이제 많은 이방 사람들이 모여서 너
를 치며 이르기를 시온이 더럽게 되
며 그것을 우리 눈으로 바라보기를
원하노라 하거니와
12 그들이 야훼의 뜻을 알지 못하며
그의 계획을 깨닫지 못한 것이라
야훼께서 곡식 단을 타작 마당에
모음 같이 그들을 모으셨나니
13 딸 시온이여 일어나서 칠지어다 내
가 네 뿔을 무쇠 같게 하며 네 굽
을 놋 같게 하리니 네가 여러 백성
을 쳐서 깨뜨릴 것이라 네가 그들
의 탈취물을 구별하여 야훼께 드리
며 그들의 재물을 온 땅의 주께 돌
리리라

기록일 : . . .

5 딸 군대여 너는 떼를 모을지어다
그들이 우리를 에워쌌으니 막대기
로 이스라엘 재판자의 뺨을 치리
로다
2 베들레헴 에브라다야 너는 유다 족
속 중에 작을지라도 이스라엘을 다
스릴 자가 네게서 내게로 나올 것
이라 그의 근본은 상고에, 영원에
있느니라
3 그러므로 여인이 해산하기까지 그
들을 붙여 두시겠고 그 후에는 그
의 형제 가운데에 남은 자가 이스
라엘 자손에게로 돌아오리니
4 그가 야훼의 능력과 그의 하나님
야훼의 이름의 위엄을 의지하고 서
서 목축하니 그들이 거주할 것이라
이제 그가 창대하여 땅 끝까지 미
치리라
5 이 사람은 평강이 될 것이라 앗수
르 사람이 우리 땅에 들어와서 우
리 궁들을 밟을 때에는 우리가 일
곱 목자와 여덟 군왕을 일으켜 그
를 치리니
6 그들이 칼로 앗수르 땅을 황폐하게
하며 니므롯 땅 어귀를 황폐하게
하리라 앗수르 사람이 우리 땅에
들어와서 우리 지경을 밟을 때에는
그가 우리를 그에게서 건져내리라
7 야곱의 남은 자는 많은 백성 가운데
있으리니 그들은 야훼께로부터 내
리는 이슬 같고 풀 위에 내리는 단
비 같아서 사람을 기다리지 아니하
며 인생을 기다리지 아니할 것이며
8 야곱의 남은 자는 여러 나라 가운
데와 많은 백성 가운데에 있으리니
그들은 수풀의 짐승들 중의 사자
같고 양 떼 중의 젊은 사자 같아서
만일 그가 지나간즉 밟고 찢으리니
능히 구원할 자가 없을 것이라
9 네 손이 네 대적들 위에 들려서 네
모든 원수를 진멸하기를 바라노라
10 야훼께서 이르시되 그 날에 이르러
는 내가 네 군마를 네 가운데에서
멸절하며 네 병거를 부수며
11 네 땅의 성읍들을 멸하며 네 모든
견고한 성을 무너뜨릴 것이며
12 내가 또 복술을 네 손에서 끊으리
니 네게 다시는 점쟁이가 없게 될
것이며
13 내가 네가 새긴 우상과 주상을 너
희 가운데에서 멸절하리니 네가 네
손으로 만든 것을 다시는 섬기지
아니하리라
14 내가 또 네 아세라 목상을 너희 가
운데에서 빼버리고 네 성읍들을 멸
할 것이며
15 내가 또 진노와 분노로 순종하지 아
니한 나라에 갚으리라 하셨느니라

6 너희는 야훼의 말씀을 들을지어
다 너는 일어나서 산을 향하여 변론

기록일 : . . .

하여 작은 산들이 네 목소리를 듣
게 하라 하셨나니
2 너희 산들과 땅의 견고한 지대들아
너희는 야훼의 변론을 들으라 야훼
께서 자기 백성과 변론하시며 이스
라엘과 변론하실 것이라
3 이르시기를 내 백성아 내가 무엇을
네게 행하였으며 무슨 일로 너를 괴
롭게 하였느냐 너는 내게 증언하라
4 내가 너를 애굽 땅에서 인도해 내
어 종 노릇 하는 집에서 속량하였
고 모세와 아론과 미리암을 네 앞
에 보냈느니라
5 내 백성아 너는 모압 왕 발락이 꾀
한 것과 브올의 아들 발람이 그에
게 대답한 것을 기억하며 싯딤에서
부터 길갈까지의 일을 기억하라 그
리하면 나 야훼가 공의롭게 행한
일을 알리라 하실 것이니라
6 내가 무엇을 가지고 야훼 앞에 나
아가며 높으신 하나님께 경배할까
내가 번제물로 일 년 된 송아지를
가지고 그 앞에 나아갈까
7 야훼께서 천천의 숫양이나 만만의
강물 같은 기름을 기뻐하실까 내
허물을 위하여 내 맏아들을, 내 영
혼의 죄로 말미암아 내 몸의 열매
를 드릴까
8 사람아 주께서 선한 것이 무엇임을
네게 보이셨나니 야훼께서 네게 구
하시는 것은 오직 정의를 행하며 인
자를 사랑하며 겸손하게 네 하나님
과 함께 행하는 것이 아니냐
9 야훼께서 성읍을 향하여 외쳐 부르
시나니 지혜는 주의 이름을 경외함
이니라 너희는 매가 예비되었나니
그것을 정하신 이가 누구인지 들을
지니라
10 악인의 집에 아직도 불의한 재물이
있느냐 축소시킨 가증한 에바가 있
느냐
11 내가 만일 부정한 저울을 썼거나
주머니에 거짓 저울추를 두었으면
깨끗하겠느냐
12 그 부자들은 강포가 가득하였고 그
주민들은 거짓을 말하니 그 혀가 입
에서 거짓되도다
13 그러므로 나도 너를 쳐서 병들게
하였으며 네 죄로 말미암아 너를
황폐하게 하였나니
14 네가 먹어도 배부르지 못하고 항상
속이 빌 것이며 네가 감추어도 보
존되지 못하겠고 보존된 것은 내가
칼에 붙일 것이며
15 네가 씨를 뿌려도 추수하지 못할
것이며 감람 열매를 밟아도 기름을
네 몸에 바르지 못할 것이며 포도
를 밟아도 술을 마시지 못하리라
16 너희가 오므리의 율례와 아합 집의
모든 예법을 지키고 그들의 전통을

기록일 : . . .

따르니 내가 너희를 황폐하게 하며
그의 주민을 사람의 조소 거리로
만들리라 너희가 내 백성의 수욕을
담당하리라
7 재앙이로다 나여 나는 여름 과일
을 딴 후와 포도를 거둔 후 같아서
먹을 포도송이가 없으며 내 마음에
사모하는 처음 익은 무화과가 없
도다
2 경건한 자가 세상에서 끊어졌고 정
직한 자가 사람들 가운데 없도다
무리가 다 피를 흘리려고 매복하며
각기 그물로 형제를 잡으려 하고
3 두 손으로 악을 부지런히 행하는도
다 그 지도자와 재판관은 뇌물을
구하며 권세자는 자기 마음의 욕심
을 말하며 그들이 서로 결합하니
4 그들의 가장 선한 자라도 가시 같
고 가장 정직한 자라도 찔레 울타
리보다 더하도다 그들의 파수꾼들
의 날 곧 그들 가운데에 형벌의 날
이 임하였으니 이제는 그들이 요란
하리로다
5 너희는 이웃을 믿지 말며 친구를 의
지하지 말며 네 품에 누운 여인에
게라도 네 입의 문을 지킬지어다
6 아들이 아버지를 멸시하며 딸이 어
머니를 대적하며 며느리가 시어머
니를 대적하리니 사람의 원수가 곧
자기의 집안 사람이리로다
7 오직 나는 야훼를 우러러보며 나를
구원하시는 하나님을 바라보나니
나의 하나님이 나에게 귀를 기울이
시리로다
8 나의 대적이여 나로 말미암아 기뻐
하지 말지어다 나는 엎드러질지라
도 일어날 것이요 어두운 데에 앉
을지라도 야훼께서 나의 빛이 되실
것임이로다
9 내가 야훼께 범죄하였으니 그의 진
노를 당하려니와 마침내 주께서 나
를 위하여 논쟁하시고 심판하시며
주께서 나를 인도하사 광명에 이르
게 하시리니 내가 그의 공의를 보
리로다
10 나의 대적이 이것을 보고 부끄러워
하리니 그는 전에 내게 말하기를
네 하나님 야훼가 어디 있느냐 하
던 자라 그가 거리의 진흙 같이 밟
히리니 그것을 내가 보리로다
11 네 성벽을 건축하는 날 곧 그 날에
는 지경이 넓혀질 것이라
12 그 날에는 앗수르에서 애굽 성읍들
에까지, 애굽에서 강까지, 이 바다
에서 저 바다까지, 이 산에서 저 산
까지의 사람들이 네게로 돌아올 것
이나
13 그 땅은 그 주민의 행위의 열매로
말미암아 황폐하리로다
14 원하건대 주는 주의 지팡이로 주의

기록일 : . . .

백성 곧 갈멜 속 삼림에 홀로 거주
하는 주의 기업의 양 떼를 먹이시
되 그들을 옛날 같이 바산과 길르
앗에서 먹이시옵소서
15 이르시되 네가 애굽 땅에서 나오던
날과 같이 내가 그들에게 이적을
보이리라 하셨느니라
16 이르되 여러 나라가 보고 자기의
세력을 부끄러워하여 손으로 그 입
을 막을 것이요 귀는 막힐 것이며
17 그들이 뱀처럼 티끌을 핥으며 땅에
기는 벌레처럼 떨며 그 좁은 구멍
에서 나와서 두려워하며 우리 하나
님 야훼께로 돌아와서 주로 말미암
아 두려워하리이다
18 주와 같은 신이 어디 있으리이까 주
께서는 죄악과 그 기업에 남은 자
의 허물을 사유하시며 인애를 기뻐
하시므로 진노를 오래 품지 아니하
시나이다
19 다시 우리를 불쌍히 여기셔서 우리
의 죄악을 발로 밟으시고 우리의 모
든 죄를 깊은 바다에 던지시리이다
20 주께서 옛적에 우리 조상들에게 맹
세하신 대로 야곱에게 성실을 베푸
시며 아브라함에게 인애를 더하시
리이다

기록일 : . . .

나훔

저 자 나훔

주 제 니느웨의 멸망

기록목적 앗수르에 임할 하나님의 심판을 선포함으로 그들로 인해 고통과 억압을 당하던 유다에게 위로와 소망을 주기 위함이다.

기록배경 나훔의 활동 시기는 북이스라엘이 함락된 지 약 1세기가 지난 때로 예레미야, 하박국, 스바냐의 활동 기간과 비슷하다. 이때는 국제적으로는 애굽과 앗수르가 지배권을 행사하던 시기였으나, 앗수르의 앗술바니팔Ashur-bani-pal 왕이 죽은 후 앗수르 제국은 급속하게 쇠퇴하고 바벨론이 강력하게 부상하던 때였다. 한 세기 전에 요나가 앗수르의 수도인 니느웨의 멸망을 전했을 때 앗수르인들은 죄를 회개했으나 곧 다시 악을 행하여 하나님의 심판을 초래하게 되었다.

특 징

- 가장 시적인 예언서다. 답관체 시로 1:2-9은 서언으로서, 예배 의식문으로도 사용되었다.
- 하나님의 공의에 치중한 예언으로, 강대국의 위협에 직면해 있는 남유다에게 위로와 소망이 된다.

나의 기도

나훔

1 니느웨에 대한 경고 곧 엘고스 사
람 나훔의 묵시의 글이라
2 야훼는 질투하시며 보복하시는 하
나님이시니라 야훼는 보복하시며
진노하시되 자기를 거스르는 자에
게 야훼는 보복하시며 자기를 대적
하는 자에게 진노를 품으시며
3 야훼는 노하기를 더디하시며 권능
이 크시며 벌 받을 자를 결코 내버
려두지 아니하시느니라 야훼의 길
은 회오리바람과 광풍에 있고 구름
은 그의 발의 티끌이로다
4 그는 바다를 꾸짖어 그것을 말리시
며 모든 강을 말리시나니 바산과
갈멜이 쇠하며 레바논의 꽃이 시드
는도다
5 그로 말미암아 산들이 진동하며 작
은 산들이 녹고 그 앞에서는 땅 곧
세계와 그 가운데에 있는 모든 것
들이 솟아오르는도다
6 누가 능히 그의 분노 앞에 서며 누
가 능히 그의 진노를 감당하랴 그
의 진노가 불처럼 쏟아지니 그로
말미암아 바위들이 깨지는도다
7 야훼는 선하시며 환난 날에 산성이
시라 그는 자기에게 피하는 자들을
아시느니라
8 그가 범람하는 물로 그 곳을 진멸
하시고 자기 대적들을 흑암으로 쫓
아내시리라
9 너희는 야훼께 대하여 무엇을 꾀하
느냐 그가 온전히 멸하시리니 재난
이 다시 일어나지 아니하리라
10 가시덤불 같이 엉크러졌고 술을 마
신 것 같이 취한 그들은 마른 지푸
라기 같이 모두 탈 것이거늘
11 야훼께 악을 꾀하는 한 사람이 너
희 중에서 나와서 사악한 것을 권
하는도다
12 야훼께서 이같이 말씀하시기를 그
들이 비록 강하고 많을지라도 반드
시 멸절을 당하리니 그가 없어지리
라 내가 전에는 너를 괴롭혔으나 다
시는 너를 괴롭히지 아니할 것이라
13 이제 네게 지운 그의 멍에를 내가
깨뜨리고 네 결박을 끊으리라
14 나 야훼가 네게 대하여 명령하였나
니 네 이름이 다시는 전파되지 않을
것이라 내가 네 신들의 집에서 새긴
우상과 부은 우상을 멸절하며 네
무덤을 준비하리니 이는 네가 쓸모
없게 되었음이라
15 볼지어다 아름다운 소식을 알리고
화평을 전하는 자의 발이 산 위에
있도다 유다야 네 절기를 지키고
네 서원을 갚을지어다 악인이 진멸

기록일 : . . .

되었으니 그가 다시는 네 가운데로
통행하지 아니하리로다 하시니라

2 파괴하는 자가 너를 치러 올라왔
나니 너는 산성을 지키며 길을 파수
하며 네 허리를 견고히 묶고 네 힘
을 크게 굳게 할지어다
2 야훼께서 야곱의 영광을 회복하시
되 이스라엘의 영광 같게 하시나니
이는 약탈자들이 약탈하였고 또 그
들의 포도나무 가지를 없이 하였음
이라
3 그의 용사들의 방패는 붉고 그의
무사들의 옷도 붉으며 그 항오를
벌이는 날에 병거의 쇠가 번쩍이고
노송나무 창이 요동하는도다
4 그 병거는 미친 듯이 거리를 달리며
대로에서 이리저리 빨리 달리니 그
모양이 횃불 같고 빠르기가 번개
같도다
5 그가 그의 존귀한 자들을 생각해
내니 그들이 엎드러질 듯이 달려서
급히 성에 이르러 막을 것을 준비하
도다
6 강들의 수문이 열리고 왕궁이 소멸
되며
7 정한 대로 왕후가 벌거벗은 몸으로
끌려가니 그 모든 시녀들이 가슴을
치며 비둘기 같이 슬피 우는도다
8 니느웨는 예로부터 물이 모인 못
같더니 이제 모두 도망하니 서라 서
라 하나 돌아보는 자가 없도다
9 은을 노략하라 금을 노략하라 그
저축한 것이 무한하고 아름다운 기
구가 풍부함이니라
10 니느웨가 공허하였고 황폐하였도다
주민이 낙담하여 그 무릎이 서로
부딪히며 모든 허리가 아프게 되며
모든 낯이 빛을 잃도다
11 이제 사자의 굴이 어디냐 젊은 사
자가 먹을 곳이 어디냐 전에는 수
사자 암사자가 그 새끼 사자와 함
께 거기서 다니되 그것들을 두렵게
할 자가 없었으며
12 수사자가 그 새끼를 위하여 먹이를
충분히 찢고 그의 암사자들을 위하
여 움켜 사냥한 것으로 그 굴을 채
웠고 찢은 것으로 그 구멍을 채웠
었도다
13 만군의 야훼의 말씀에 내가 네 대
적이 되어 네 병거들을 불살라 연기
가 되게 하고 네 젊은 사자들을 칼
로 멸할 것이며 내가 또 네 노략한
것을 땅에서 끊으리니 네 파견자의
목소리가 다시는 들리지 아니하리
라 하셨느니라

3 화 있을진저 피의 성이여 그 안에
는 거짓이 가득하고 포악이 가득하
며 탈취가 떠나지 아니하는도다
2 휙휙 하는 채찍 소리, 윙윙 하는 병
거 바퀴 소리, 뛰는 말, 달리는 병거,

기록일 : . . .

3 충돌하는 기병, 번쩍이는 칼, 번개
같은 창, 죽임 당한 자의 떼, 주검
의 큰 무더기, 무수한 시체여 사람
이 그 시체에 걸려 넘어지니
4 이는 마술에 능숙한 미모의 음녀가
많은 음행을 함이라 그가 그의 음
행으로 여러 나라를 미혹하고 그의
마술로 여러 족속을 미혹하느니라
5 보라 내가 네게 말하노니 만군의
야훼의 말씀에 네 치마를 걷어 올
려 네 얼굴에 이르게 하고 네 벌거
벗은 것을 나라들에게 보이며 네
부끄러운 곳을 뭇 민족에게 보일
것이요
6 내가 또 가증하고 더러운 것들을
네 위에 던져 능욕하여 너를 구경
거리가 되게 하리니
7 그 때에 너를 보는 자가 다 네게서
도망하며 이르기를 니느웨가 황폐
하였도다 누가 그것을 위하여 애곡
하며 내가 어디서 너를 위로할 자
를 구하리요 하리라
8 네가 어찌 노아몬보다 낫겠느냐 그
는 강들 사이에 있으므로 물이 둘
렸으니 바다가 성루가 되었고 바다
가 방어벽이 되었으며
9 구스와 애굽은 그의 힘이 강하여
끝이 없었고 붓과 루빔이 그를 돕
는 자가 되었으나
10 그가 포로가 되어 사로잡혀 갔고
그의 어린 아이들은 길 모퉁이 모
퉁이에 메어침을 당하여 부서졌으
며 그의 존귀한 자들은 제비 뽑혀
나뉘었고 그의 모든 권세자들은 사
슬에 결박되었나니
11 너도 술에 취하여 숨으리라 너도
원수들 때문에 피난처를 찾으리라
12 네 모든 산성은 무화과나무의 처음
익은 열매가 흔들기만 하면 먹는
자의 입에 떨어짐과 같으리라
13 네 가운데 장정들은 여인 같고 네
땅의 성문들은 네 원수 앞에 넓게
열리고 빗장들은 불에 타도다
14 너는 물을 길어 에워싸일 것을 대
비하며 너의 산성들을 견고하게 하
며 진흙에 들어가서 흙을 밟아 벽
돌 가마를 수리하라
15 거기서 불이 너를 삼키며 칼이 너를
베기를 느치가 먹는 것 같이 하리라
네가 느치 같이 스스로 많게 할지
어다 네가 메뚜기 같이 스스로 많
게 할지어다
16 네가 네 상인을 하늘의 별보다 많
게 하였으나 느치가 날개를 펴서
날아감과 같고
17 네 방백은 메뚜기 같고 너의 장수
들은 큰 메뚜기 떼가 추운 날에는
울타리에 깃들였다가 해가 뜨면 날
아감과 같으니 그 있는 곳을 알 수
없도다

기록일 : . . .

18 앗수르 왕이여 네 목자가 자고 네
귀족은 누워 쉬며 네 백성은 산들
에 흩어지나 그들을 모을 사람이
없도다
19 네 상처는 고칠 수 없고 네 부상은
중하도다 네 소식을 듣는 자가 다
너를 보고 손뼉을 치나니 이는 그
들이 항상 네게 행패를 당하였음이
아니더냐 하시니라

기록일 : . . .

HABAKKUK

하박국

저 자 하박국

주 제 오직 믿음으로 사는 의인

기록 목적 의인은 자기의 의가 아닌 믿음으로 산다는 것과, 구원의 하나님을 인하여 기뻐해야 한다는 것을 이스라엘 백성에게 가르치기 위해서 기록하였다.

기록 배경 하박국 선지자는 유다가 강대국 바벨론으로부터 압박을 받고 경제적, 영적으로 점점 쇠퇴해 가는 암울한 때에 활동했다. 그는 유다를 향해 예언하지 않고, 유다에 남은 경건한 사람들을 향해 하나님의 길을 이해하도록 예언했다.

특 징
- 일반 예언서들이 하나님의 계시를 일방적으로 선포한 데 비해 본서는 하나님과 하박국 선지자의 대화와 예언적 계시에 초점을 맞추었다.
- 대화체1:2-2:5, 고전적인 예언자적 저주2:6-20, 예언자의 노래3장와 같은 독특한 문학 형태를 포함하고 있다.
- "의인은 그의 믿음으로 말미암아 살리라"2:4는 신앙 고백은 기독교 구원론의 근간을 이루는 것이다.

나의 기도

하박국

1 선지자 하박국이 묵시로 받은 경
고라
2 야훼여 내가 부르짖어도 주께서 듣
지 아니하시니 어느 때까지리이까
내가 강포로 말미암아 외쳐도 주께
서 구원하지 아니하시나이다
3 어찌하여 내게 죄악을 보게 하시며
패역을 눈으로 보게 하시나이까 겁
탈과 강포가 내 앞에 있고 변론과
분쟁이 일어났나이다
4 이러므로 율법이 해이하고 정의가
전혀 시행되지 못하오니 이는 악인
이 의인을 에워쌌으므로 정의가 굽
게 행하여짐이니이다
5 야훼께서 이르시되 너희는 여러 나
라를 보고 또 보고 놀라고 또 놀랄
지어다 너희의 생전에 내가 한 가
지 일을 행할 것이라 누가 너희에
게 말할지라도 너희가 믿지 아니하
리라
6 보라 내가 사납고 성급한 백성 곧
땅이 넓은 곳으로 다니며 자기의
소유가 아닌 거처들을 점령하는 갈
대아 사람을 일으켰나니
7 그들은 두렵고 무서우며 당당함과
위엄이 자기들에게서 나오며
8 그들의 군마는 표범보다 빠르고 저
녁 이리보다 사나우며 그들의 마병
은 먼 곳에서부터 빨리 달려오는
마병이라 마치 먹이를 움키려 하는
독수리의 날음과 같으니라
9 그들은 다 강포를 행하러 오는데
앞을 향하여 나아가며 사람을 사로
잡아 모으기를 모래 같이 많이 할
것이요
10 왕들을 멸시하며 방백을 조소하며
모든 견고한 성들을 비웃고 흉벽을
쌓아 그것을 점령할 것이라
11 그들은 자기들의 힘을 자기들의 신
으로 삼는 자들이라 이에 바람 같
이 급히 몰아 지나치게 행하여 범죄
하리라
12 선지자가 이르되 야훼 나의 하나님,
나의 거룩한 이시여 주께서는 만세
전부터 계시지 아니하시니이까 우
리가 사망에 이르지 아니하리이다
야훼여 주께서 심판하기 위하여 그
들을 두셨나이다 반석이시여 주께
서 경계하기 위하여 그들을 세우셨
나이다
13 주께서는 눈이 정결하시므로 악을
차마 보지 못하시며 패역을 차마
보지 못하시거늘 어찌하여 거짓된
자들을 방관하시며 악인이 자기보
다 의로운 사람을 삼키는데도 잠잠
하시나이까

기록일 : . . .

14 주께서 어찌하여 사람을 바다의 고
기 같게 하시며 다스리는 자 없는
벌레 같게 하시나이까
15 그가 낚시로 모두 낚으며 그물로
잡으며 투망으로 모으고 그리고는
기뻐하고 즐거워하여
16 그물에 제사하며 투망 앞에 분향하
오니 이는 그것을 힘입어 소득이 풍
부하고 먹을 것이 풍성하게 됨이니
이다
17 그가 그물을 떨고는 계속하여 여러
나라를 무자비하게 멸망시키는 것
이 옳으니이까

2

내가 내 파수하는 곳에 서며 성루
에 서리라 그가 내게 무엇이라 말
씀하실는지 기다리고 바라보며 나
의 질문에 대하여 어떻게 대답하실
는지 보리라 하였더니
2 야훼께서 내게 대답하여 이르시되
너는 이 묵시를 기록하여 판에 명백
히 새기되 달려가면서도 읽을 수 있
게 하라
3 이 묵시는 정한 때가 있나니 그 종
말이 속히 이르겠고 결코 거짓되지
아니하리라 비록 더딜지라도 기다리
라 지체되지 않고 반드시 응하리라
4 보라 그의 마음은 교만하며 그 속
에서 정직하지 못하나 의인은 그의
믿음으로 말미암아 살리라
5 그는 술을 즐기며 거짓되고 교만
하여 가만히 있지 아니하고 스올처
럼 자기의 욕심을 넓히며 또 그는
사망 같아서 족한 줄을 모르고 자
기에게로 여러 나라를 모으며 여러
백성을 모으나니
6 그 무리가 다 속담으로 그를 평론
하며 조롱하는 시로 그를 풍자하지
않겠느냐 곧 이르기를 화 있을진저
자기 소유 아닌 것을 모으는 자여
언제까지 이르겠느냐 볼모 잡은 것
으로 무겁게 짐진 자여
7 너를 억누를 자들이 갑자기 일어나
지 않겠느냐 너를 괴롭힐 자들이
깨어나지 않겠느냐 네가 그들에게
노략을 당하지 않겠느냐
8 네가 여러 나라를 노략하였으므로
그 모든 민족의 남은 자가 너를 노
략하리니 이는 네가 사람의 피를
흘렸음이요 또 땅과 성읍과 그 안
의 모든 주민에게 강포를 행하였음
이니라
9 재앙을 피하기 위하여 높은 데 깃
들이려 하며 자기 집을 위하여 부당
한 이익을 취하는 자에게 화 있을
진저
10 네가 많은 민족을 멸한 것이 네 집
에 욕을 부르며 네 영혼에게 죄를
범하게 하는 것이 되었도다
11 담에서 돌이 부르짖고 집에서 들보
가 응답하리라

기록일 : . . .

12 피로 성읍을 건설하며 불의로 성을
건축하는 자에게 화 있을진저
13 민족들이 불탈 것으로 수고하는 것
과 나라들이 헛된 일로 피곤하게
되는 것이 만군의 야훼께로 말미암
음이 아니냐
14 이는 물이 바다를 덮음 같이 야훼
의 영광을 인정하는 것이 세상에
가득함이니라
15 이웃에게 술을 마시게 하되 자기의
분노를 더하여 그에게 취하게 하고
그 하체를 드러내려 하는 자에게
화 있을진저
16 네게 영광이 아니요 수치가 가득한
즉 너도 마시고 너의 할례 받지 아
니한 것을 드러내라 야훼의 오른손
의 잔이 네게로 돌아올 것이라 더
러운 욕이 네 영광을 가리리라
17 이는 네가 레바논에 강포를 행한
것과 짐승을 죽인 것 곧 사람의 피
를 흘리며 땅과 성읍과 그 안의 모
든 주민에게 강포를 행한 것이 네
게로 돌아오리라
18 새긴 우상은 그 새겨 만든 자에게
무엇이 유익하겠느냐 부어 만든 우
상은 거짓 스승이라 만든 자가 이
말하지 못하는 우상을 의지하니 무
엇이 유익하겠느냐
19 나무에게 깨라 하며 말하지 못하는
돌에게 일어나라 하는 자에게 화
있을진저 그것이 교훈을 베풀겠느
냐 보라 이는 금과 은으로 입힌 것
인즉 그 속에는 생기가 도무지 없
느니라
20 오직 야훼는 그 성전에 계시니 온
땅은 그 앞에서 잠잠할지니라 하시
니라

3 시기오놋에 맞춘 선지자 하박국
의 기도라
2 야훼여 내가 주께 대한 소문을 듣
고 놀랐나이다 야훼여 주는 주의 일
을 이 수년 내에 부흥하게 하옵소서
이 수년 내에 나타내시옵소서 진노
중에라도 긍휼을 잊지 마옵소서
3 하나님이 데만에서부터 오시며 거
룩한 자가 바란 산에서부터 오시
는도다 (셀라) 그의 영광이 하늘을
덮었고 그의 찬송이 세계에 가득하
도다
4 그의 광명이 햇빛 같고 광선이 그
의 손에서 나오니 그의 권능이 그
속에 감추어졌도다
5 역병이 그 앞에서 행하며 불덩이가
그의 발 밑에서 나오는도다
6 그가 서신즉 땅이 진동하며 그가
보신즉 여러 나라가 전율하며 영원
한 산이 무너지며 무궁한 작은 산
이 엎드러지나니 그의 행하심이 예
로부터 그러하시도다
7 내가 본즉 구산의 장막이 환난을

기록일 : . . .

당하고 미디안 땅의 휘장이 흔들리
는도다
8 야훼여 주께서 말을 타시며 구원
의 병거를 모시오니 강들을 분히 여
기심이니이까 강들을 노여워하심이
니이까 바다를 향하여 성내심이니
이까
9 주께서 활을 꺼내시고 화살을 바로
쏘셨나이다 (셀라) 주께서 강들로
땅을 쪼개셨나이다
10 산들이 주를 보고 흔들리며 창수가
넘치고 바다가 소리를 지르며 손을
높이 들었나이다
11 날아가는 주의 화살의 빛과 번쩍이
는 주의 창의 광채로 말미암아 해
와 달이 그 처소에 멈추었나이다
12 주께서 노를 발하사 땅을 두르셨으
며 분을 내사 여러 나라를 밟으셨
나이다
13 주께서 주의 백성을 구원하시려고,
기름 부음 받은 자를 구원하시려고
나오사 악인의 집의 머리를 치시며
그 기초를 바닥까지 드러내셨나이
다 (셀라)
14 그들이 회오리바람처럼 이르러 나
를 흩으려 하며 가만히 가난한 자
삼키기를 즐거워하나 오직 주께서
그들의 전사의 머리를 그들의 창으
로 찌르셨나이다
15 주께서 말을 타시고 바다 곧 큰 물
의 파도를 밟으셨나이다
16 내가 들었으므로 내 창자가 흔들렸
고 그 목소리로 말미암아 내 입술
이 떨렸도다 무리가 우리를 치러 올
라오는 환난 날을 내가 기다리므로
썩이는 것이 내 뼈에 들어왔으며 내
몸은 내 처소에서 떨리는도다
17 비록 무화과나무가 무성하지 못하
며 포도나무에 열매가 없으며 감람
나무에 소출이 없으며 밭에 먹을
것이 없으며 우리에 양이 없으며 외
양간에 소가 없을지라도
18 나는 야훼로 말미암아 즐거워하며
나의 구원의 하나님으로 말미암아
기뻐하리로다
19 주 야훼는 나의 힘이시라 나의 발
을 사슴과 같게 하사 나를 나의 높
은 곳으로 다니게 하시리로다 이
노래는 지휘하는 사람을 위하여 내
수금에 맞춘 것이니라

기록일 : . . .

ZEPHANIAH

스바냐

저 자 스바냐

주 제 야훼의 날 악인의 심판과 의인의 구원

기록목적 '야훼의 날'에 유다와 열방에 임할 하나님의 심판을 경고하여 회개를 촉구하고, 또한 하나님께서 그날에 회개한 이방인과 그의 백성을 구원할 것을 알려서 경건한 사람들을 격려하고 위로하기 위하여 기록하였다.

기록배경 스바냐의 활동 당시는 국제적으로는 앗수르의 국력이 쇠퇴하는 시기였고, 국내적으로는 므낫세 때부터 심해진 우상 숭배 등의 종교적 죄악과 지도자들의 압제와 부정 등의 도덕적 죄악이 만연해 있던 때였다. 이러한 상황에서 요시아 왕은 야훼 신앙을 회복하고 선민 이스라엘의 자긍심을 높이고자 종교 개혁을 단행하였다. 죄악에 대한 심판과 회개를 촉구한 스바냐의 예언은 왕의 개혁을 가속화시키는 계기가 되었다.

특 징
- 본서에서 강조하는 야훼의 날은 가깝게는 바벨론의 유다 침입을 가리키며, 멀리는 종말적 대 환난을 예표한다. 이날은 악인의 심판과 의인의 구원이라는 양면성이 있다.
- 이스라엘뿐만 아니라 이방인의 남은 자의 구원은 신약 시대 이후로 이방인과 유대인의 구원에 차별이 없을 것을 시사한다.

나의 기도

스바냐

1 아몬의 아들 유다 왕 요시야의 시
대에 스바냐에게 임한 야훼의 말씀
이라 스바냐는 히스기야의 현손이
요 아마랴의 증손이요 그다랴의 손
자요 구시의 아들이었더라
2 야훼께서 이르시되 내가 땅 위에서
모든 것을 진멸하리라
3 내가 사람과 짐승을 진멸하고 공중
의 새와 바다의 고기와 거치게 하
는 것과 악인들을 아울러 진멸할 것
이라 내가 사람을 땅 위에서 멸절
하리라 나 야훼의 말이니라
4 내가 유다와 예루살렘의 모든 주민
들 위에 손을 펴서 남아 있는 바알
을 그 곳에서 멸절하며 그마림이란
이름과 및 그 제사장들을 아울러
멸절하며
5 또 지붕에서 하늘의 뭇 별에게 경
배하는 자들과 경배하며 야훼께 맹
세하면서 말감을 가리켜 맹세하는
자들과
6 야훼를 배반하고 따르지 아니한 자
들과 야훼를 찾지도 아니하며 구하
지도 아니한 자들을 멸절하리라
7 주 야훼 앞에서 잠잠할지어다 이는
야훼의 날이 가까웠으므로 야훼께
서 희생을 준비하고 그가 청할 자
들을 구별하셨음이니라
8 야훼의 희생의 날에 내가 방백들과
왕자들과 이방인의 옷을 입은 자들
을 벌할 것이며
9 그 날에 문턱을 뛰어넘어서 포악과
거짓을 자기 주인의 집에 채운 자
들을 내가 벌하리라
10 나 야훼가 말하노라 그 날에 어문
에서는 부르짖는 소리가, 제 이 구
역에서는 울음 소리가, 작은 산들에
서는 무너지는 소리가 일어나리라
11 막데스 주민들아 너희는 슬피 울라
가나안 백성이 다 패망하고 은을
거래하는 자들이 끊어졌음이라
12 그 때에 내가 예루살렘에서 찌꺼
기 같이 가라앉아서 마음속에 스스
로 이르기를 야훼께서는 복도 내리
지 아니하시며 화도 내리지 아니하
시리라 하는 자를 등불로 두루 찾
아 벌하리니
13 그들의 재물이 노략되며 그들의 집
이 황폐할 것이라 그들이 집을 건
축하나 거기에 살지 못하며 포도원
을 가꾸나 그 포도주를 마시지 못
하리라
14 야훼의 큰 날이 가깝도다 가깝고도
빠르도다 야훼의 날의 소리로다 용
사가 거기서 심히 슬피 우는도다
15 그날은 분노의 날이요 환난과 고

기록일 : . . .

통의 날이요 황폐와 패망의 날이요
캄캄하고 어두운 날이요 구름과 흑
암의 날이요
16 나팔을 불어 경고하며 견고한 성읍
들을 치며 높은 망대를 치는 날이
로다
17 내가 사람들에게 고난을 내려 맹
인 같이 행하게 하리니 이는 그들이
나 야훼께 범죄하였음이라 또 그들
의 피는 쏟아져서 티끌 같이 되며
그들의 살은 분토 같이 될지라
18 그들의 은과 금이 야훼의 분노의
날에 능히 그들을 건지지 못할 것이
며 이 온 땅이 야훼의 질투의 불에
삼켜지리니 이는 야훼가 이 땅 모
든 주민을 멸절하되 놀랍게 멸절할
것임이라

2 수치를 모르는 백성아 모일지어
다 모일지어다
2 명령이 시행되어 날이 겨 같이 지나
가기 전, 야훼의 진노가 너희에게
내리기 전, 야훼의 분노의 날이 너
희에게 이르기 전에 그리할지어다
3 야훼의 규례를 지키는 세상의 모든
겸손한 자들아 너희는 야훼를 찾
으며 공의와 겸손을 구하라 너희가
혹시 야훼의 분노의 날에 숨김을
얻으리라
4 가사는 버림을 당하며 아스글론은
폐허가 되며 아스돗은 대낮에 쫓겨
나며 에그론은 뽑히리라
5 해변 주민 그렛 족속에게 화 있을
진저 블레셋 사람의 땅 가나안아
야훼의 말씀이 너희를 치나니 내가
너를 멸하여 주민이 없게 하리라
6 해변은 풀밭이 되어 목자의 움막과
양 떼의 우리가 거기에 있을 것이며
7 그 지경은 유다 족속의 남은 자에
게로 돌아갈지라 그들이 거기에서
양 떼를 먹이고 저녁에는 아스글론
집들에 누우리니 이는 그들의 하나
님 야훼가 그들을 보살피사 그들이
사로잡힘을 돌이킬 것임이라
8 내가 모압의 비방과 암몬 자손이
조롱하는 말을 들었나니 그들이 내
백성을 비방하고 자기들의 경계에
대하여 교만하였느니라
9 그러므로 만군의 야훼 이스라엘의
하나님이 말하노라 내가 나의 삶을
두고 맹세하노니 장차 모압은 소돔
같으며 암몬 자손은 고모라 같을
것이라 찔레가 나며 소금 구덩이가
되어 영원히 황폐하리니 내 백성의
남은 자들이 그들을 노략하며 나의
남은 백성이 그것을 기업으로 얻을
것이라
10 그들이 이런 일을 당할 것은 그들이
만군의 야훼의 백성에 대하여 교만
하여졌음이라
11 야훼가 그들에게 두렵게 되어서 세

기록일 : . . .

상의 모든 신을 쇠약하게 하리니
이방의 모든 해변 사람들이 각각
자기 처소에서 야훼께 경배하리라
12 구스 사람들아 너희도 내 칼에 죽
임을 당하리라
13 야훼가 북쪽을 향하여 손을 펴서 앗
수르를 멸하며 니느웨를 황폐하게
하여 사막 같이 메마르게 하리니
14 각종 짐승이 그 가운데에 떼로 누
울 것이며 당아와 고슴도치가 그
기둥 꼭대기에 깃들이고 그것들이
창에서 울 것이며 문턱이 적막하리
니 백향목으로 지은 것이 벗겨졌음
이라
15 이는 기쁜 성이라 염려 없이 거주하
며 마음속에 이르기를 오직 나만 있
고 나 외에는 다른 이가 없다 하더
니 어찌 이와 같이 황폐하여 들짐승
이 엎드릴 곳이 되었는고 지나가는
자마다 비웃으며 손을 흔들리로다

3 패역하고 더러운 곳, 포학한 그
성읍이 화 있을진저
2 그가 명령을 듣지 아니하며 교훈을
받지 아니하며 야훼를 의뢰하지 아
니하며 자기 하나님에게 가까이 나
아가지 아니하였도다
3 그 가운데 방백들은 부르짖는 사자
요 그의 재판장들은 이튿날까지 남
겨 두는 것이 없는 저녁 이리요
4 그의 선지자들은 경솔하고 간사한
사람들이요 그의 제사장들은 성소
를 더럽히고 율법을 범하였도다
5 그 가운데에 계시는 야훼는 의로
우사 불의를 행하지 아니하시고 아
침마다 빠짐없이 자기의 공의를 비
추시거늘 불의한 자는 수치를 알지
못하는도다
6 내가 여러 나라를 끊어 버렸으므로
그들의 망대가 파괴되었고 내가 그
들의 거리를 비게 하여 지나는 자
가 없게 하였으므로 그들의 모든
성읍이 황폐하며 사람이 없으며 거
주할 자가 없게 되었느니라
7 내가 이르기를 너는 오직 나를 경외
하고 교훈을 받으라 그리하면 내가
형벌을 내리기로 정하기는 하였지
만 너의 거처가 끊어지지 아니하리
라 하였으나 그들이 부지런히 그들
의 모든 행위를 더럽게 하였느니라
8 나 야훼가 말하노라 그러므로 내가
일어나 벌할 날까지 너희는 나를
기다리라 내가 뜻을 정하고 나의
분노와 모든 진노를 쏟으려고 여러
나라를 소집하며 왕국들을 모으리
라 온 땅이 나의 질투의 불에 소멸
되리라
9 그 때에 내가 여러 백성의 입술을
깨끗하게 하여 그들이 다 야훼의
이름을 부르며 한 가지로 나를 섬
기게 하리니

기록일 : . . .

10 내게 구하는 백성들 곧 내가 흩은
자의 딸이 구스 강 건너편에서부터
예물을 가지고 와서 내게 바칠지라
11 그 날에 네가 내게 범죄한 모든 행
위로 말미암아 수치를 당하지 아니
할 것은 그 때에 내가 네 가운데서
교만하여 자랑하는 자들을 제거하
여 네가 나의 성산에서 다시는 교
만하지 않게 할 것임이라
12 내가 곤고하고 가난한 백성을 네
가운데에 남겨 두리니 그들이 야훼
의 이름을 의탁하여 보호를 받을
지라
13 이스라엘의 남은 자는 악을 행하지
아니하며 거짓을 말하지 아니하며
입에 거짓된 혀가 없으며 먹고 누울
지라도 그들을 두렵게 할 자가 없
으리라
14 시온의 딸아 노래할지어다 이스라
엘아 기쁘게 부를지어다 예루살렘
딸아 전심으로 기뻐하며 즐거워할
지어다
15 야훼가 네 형벌을 제거하였고 네
원수를 쫓아냈으며 이스라엘 왕 야
훼가 네 가운데 계시니 네가 다시
는 화를 당할까 두려워하지 아니할
것이라
16 그 날에 사람이 예루살렘에 이르기
를 두려워하지 말라 시온아 네 손
을 늘어뜨리지 말라
17 너의 하나님 야훼가 너의 가운데에
계시니 그는 구원을 베푸실 전능자
이시라 그가 너로 말미암아 기쁨을
이기지 못하시며 너를 잠잠히 사랑
하시며 너로 말미암아 즐거이 부르
며 기뻐하시리라 하리라
18 내가 절기로 말미암아 근심하는 자
들을 모으리니 그들은 네게 속한
자라 그들에게 지워진 짐이 치욕이
되었느니라
19 그 때에 내가 너를 괴롭게 하는 자
를 다 벌하고 저는 자를 구원하며
쫓겨난 자를 모으며 온 세상에서
수욕 받는 자에게 칭찬과 명성을
얻게 하리라
20 내가 그 때에 너희를 이끌고 그 때
에 너희를 모을지라 내가 너희 목
전에서 너희의 사로잡힘을 돌이킬
때에 너희에게 천하 만민 가운데서
명성과 칭찬을 얻게 하리라 야훼의
말이니라

기록일 : . . .

HAGGAI

학개

저　자　학개

주　제　성전 재건 촉구

기록목적　이방인의 방해로 중단하였던 성전 건축을 다시 시작하도록 이스라엘 백성들을 독려하되, 하나님의 은혜 가운데 우선 순위를 바르게 깨닫고 헌신하는 마음으로 건축하도록 격려하기 위해 기록하였다.

기록배경　바사의 고레스 왕의 명령에 의해 예루살렘으로 돌아온 유대인들은 큰 기대와 흥분으로 새로운 성전의 기초를 쌓았다주전 536년, 스 3:8-10. 그러나 사마리아인을 비롯한 주변 사람들의 방해로 성전 건축은 중단되었고, 이스라엘 백성들은 영적 무기력에 빠지게 되었다. 성전 건축이 중단된 지 16년이 되던 때인 주전 520년경 선지자 학개는 스가랴와 함께 지도자 스룹바벨과 백성들을 향해 성전 건축을 다시 시작하도록 촉구하였다.

특　징
- 바벨론 포로 이후의 예언서들학개, 스가랴, 말라기 가운데 유다에서는 처음으로 선포된 명쾌한 예언을 기록한 책이다.
- 약간의 변형된 형태를 포함해 '만군의 야훼가 말하노라'는 말씀을 29번 기록함으로 바벨론에서 돌아온 유대인에게 메시지의 중요성을 강조하고 있다.

나의 기도

학개

1

다리오 왕 제이년 여섯째 달 곧
그 달 초하루에 야훼의 말씀이 선
지자 학개로 말미암아 스알디엘의
아들 유다 총독 스룹바벨과 여호사
닥의 아들 대제사장 여호수아에게
임하니라 이르시되
2 만군의 야훼가 이같이 말하여 이르
노라 이 백성이 말하기를 야훼의
전을 건축할 시기가 이르지 아니하
였다 하느니라
3 야훼의 말씀이 선지자 학개에게 임
하여 이르시되
4 이 성전이 황폐하였거늘 너희가 이
때에 판벽한 집에 거주하는 것이
옳으냐
5 그러므로 이제 만군의 야훼가 이같
이 말하노니 너희는 너희의 행위를
살필지니라
6 너희가 많이 뿌릴지라도 수확이 적
으며 먹을지라도 배부르지 못하며
마실지라도 흡족하지 못하며 입어
도 따뜻하지 못하며 일꾼이 삯을
받아도 그것을 구멍 뚫어진 전대에
넣음이 되느니라
7 만군의 야훼가 말하노니 너희는 자
기의 행위를 살필지니라
8 너희는 산에 올라가서 나무를 가져
다가 성전을 건축하라 그리하면 내
가 그것으로 말미암아 기뻐하고 또
영광을 얻으리라 야훼가 말하였느
니라
9 너희가 많은 것을 바랐으나 도리
어 적었고 너희가 그것을 집으로 가
져갔으나 내가 불어 버렸느니라 나
만군의 야훼가 말하노라 이것이 무
슨 까닭이냐 내 집은 황폐하였으되
너희는 각각 자기의 집을 짓기 위
하여 빨랐음이라
10 그러므로 너희로 말미암아 하늘은
이슬을 그쳤고 땅은 산물을 그쳤
으며
11 내가 이 땅과 산과 곡물과 새 포도
주와 기름과 땅의 모든 소산과 사
람과 가축과 손으로 수고하는 모든
일에 한재를 들게 하였느니라
12 스알디엘의 아들 스룹바벨과 여호
사닥의 아들 대제사장 여호수아
와 남은 모든 백성이 그들의 하나
님 야훼의 목소리와 선지자 학개의
말을 들었으니 이는 그들의 하나님
야훼께서 그를 보내셨음이라 백성
이 다 야훼를 경외하매
13 그 때에 야훼의 사자 학개가 야훼
의 위임을 받아 백성에게 말하여
이르되 야훼가 말하노니 내가 너희
와 함께 하노라 하니라

기록일 : . . .

14 야훼께서 스알디엘의 아들 유다 총
독 스룹바벨의 마음과 여호사닥의
아들 대제사장 여호수아의 마음과
남은 모든 백성의 마음을 감동시키
시매 그들이 와서 만군의 야훼 그
들의 하나님의 전 공사를 하였으니
15 그 때는 다리오 왕 제이년 여섯째
달 이십사일이었더라

2 일곱째 달 곧 그 달 이십일일에
야훼의 말씀이 선지자 학개에게 임
하니라 이르시되
2 너는 스알디엘의 아들 유다 총독
스룹바벨과 여호사닥의 아들 대제
사장 여호수아와 남은 백성에게 말
하여 이르라
3 너희 가운데에 남아 있는 자 중에
서 이 성전의 이전 영광을 본 자가
누구냐 이제 이것이 너희에게 어떻
게 보이느냐 이것이 너희 눈에 보
잘것없지 아니하냐
4 그러나 야훼가 이르노라 스룹바벨아
스스로 굳세게 할지어다 여호사닥
의 아들 대제사장 여호수아야 스스
로 굳세게 할지어다 야훼의 말이니
라 이 땅 모든 백성아 스스로 굳세
게 하여 일할지어다 내가 너희와 함
께 하노라 만군의 야훼의 말이니라
5 너희가 애굽에서 나올 때에 내가
너희와 언약한 말과 나의 영이 계
속하여 너희 가운데에 머물러 있나
니 너희는 두려워하지 말지어다
6 만군의 야훼가 이같이 말하노라 조
금 있으면 내가 하늘과 땅과 바다
와 육지를 진동시킬 것이요
7 또한 모든 나라를 진동시킬 것이며
모든 나라의 보배가 이르리니 내가
이 성전에 영광이 충만하게 하리라
만군의 야훼의 말이니라
8 은도 내 것이요 금도 내 것이니라
만군의 야훼의 말이니라
9 이 성전의 나중 영광이 이전 영광보
다 크리라 만군의 야훼의 말이니라
내가 이 곳에 평강을 주리라 만군
의 야훼의 말이니라
10 다리오 왕 제이년 아홉째 달 이십
사일에 야훼의 말씀이 선지자 학개
에게 임하니라 이르시되
11 만군의 야훼가 말하노니 너는 제
사장에게 율법에 대하여 물어 이르
기를
12 사람이 옷자락에 거룩한 고기를 쌌
는데 그 옷자락이 만일 떡에나 국
에나 포도주에나 기름에나 다른 음
식물에 닿았으면 그것이 성물이 되
겠느냐 하라 학개가 물으매 제사장
들이 대답하여 이르되 아니니라 하
는지라
13 학개가 이르되 시체를 만져서 부정
하여진 자가 만일 그것들 가운데
하나를 만지면 그것이 부정하겠느

냐 하니 제사장들이 대답하여 이르
되 부정하리라 하더라
14 이에 학개가 대답하여 이르되 야훼
의 말씀에 내 앞에서 이 백성이 그
러하고 이 나라가 그러하고 그들의
손의 모든 일도 그러하고 그들이
거기에서 드리는 것도 부정하니라
15 이제 원하건대 너희는 오늘부터 이
전 곧 야훼의 전에 돌이 돌 위에 놓
이지 아니하였던 때를 기억하라
16 그 때에는 이십 고르 곡식 더미에
이른즉 십 고르뿐이었고 포도즙 틀
에 오십 고르를 길으러 이른즉 이십
고르뿐이었었느니라
17 만군의 야훼가 말하노라 내가 너희
손으로 지은 모든 일에 곡식을 마
르게 하는 재앙과 깜부기 재앙과
우박으로 쳤으나 너희가 내게로 돌
이키지 아니하였느니라
18 너희는 오늘 이전을 기억하라 아홉
째 달 이십사일 곧 야훼의 성전 지
대를 쌓던 날부터 기억하여 보라
19 곡식 종자가 아직도 창고에 있느냐
포도나무, 무화과나무, 석류나무,
감람나무에 열매가 맺지 못하였느
니라 그러나 오늘부터는 내가 너희
에게 복을 주리라
20 그 달 이십사일에 야훼의 말씀이
다시 학개에게 임하니라 이르시되
21 너는 유다 총독 스룹바벨에게 말하
여 이르라 내가 하늘과 땅을 진동
시킬 것이요
22 여러 왕국들의 보좌를 엎을 것이요
여러 나라의 세력을 멸할 것이요 그
병거들과 그 탄 자를 엎드러뜨리리
니 말과 그 탄 자가 각각 그의 동료
의 칼에 엎드러지리라
23 만군의 야훼가 말하노라 스알디
엘의 아들 내 종 스룹바벨아 야훼
가 말하노라 그 날에 내가 너를 세
우고 너를 인장으로 삼으리니 이는
내가 너를 택하였음이니라 만군의
야훼의 말이니라 하시니라

기록일 : . . .

ZECHARIAH

스가랴

저 자 스가랴

주 제 성전 재건 촉구와 메시아 예언

기록목적 성전 건축의 중단으로 좌절한 이스라엘 백성들에게 용기를 북돋워 성전을 재건하게 하고, 장차 오실 메시아의 영광스러운 모습을 바라보게 함으로 소망을 주려는 목적으로 기록되었다.

기록배경 역사적 무대는 학개 선지자의 때와 일치한다. 바사페르시아 왕 고레스의 명령으로 예루살렘으로 귀환해 성전을 재건하던 이스라엘 백성들은 이방인들의 방해로 성전 건축이 중단되자 크게 좌절했다. 그들은 영적 무기력에 빠져 성전 재건에 대해 무관심했다. 이에 스가랴는 학개와 함께 백성들을 깨우쳐 성전 재건을 독려했다. 학개가 성전 재건을 직접적으로 촉구한 반면, 스가랴는 이상적인 미래와 도덕적 개혁에 더 많은 관심을 보였다.

특 징

- 이사야서와 같이 메시아 예언에 초점을 두고 있는 책으로, 메시아가 은 삼십에 배반당할 것과 예루살렘을 통치하는 왕으로 다시 오실 것을 묘사했다[14장].
- 말세에 있을 사건들을 많이 다루고 있다. 에스겔, 다니엘, 요한계시록에서 자주 보이는 환상들과 높은 수준의 상징적 언어들이 많이 사용되고 있다.
- 하나님께서는 택한 백성을 사랑하시되 끝까지 사랑하시는 분임을 강조하고 있다.

나의 기도

스가랴

1 다리오 왕 제이년 여덟째 달에 야
훼의 말씀이 잇도의 손자 베레갸의
아들 선지자 스가랴에게 임하니라
이르시되
2 야훼가 너희의 조상들에게 심히 진
노하였느니라
3 그러므로 너는 그들에게 말하기를
만군의 야훼께서 이처럼 이르시되
너희는 내게로 돌아오라 만군의 야
훼의 말이니라 그리하면 내가 너희
에게로 돌아가리라 만군의 야훼의
말이니라
4 너희 조상들을 본받지 말라 옛적
선지자들이 그들에게 외쳐 이르되
만군의 야훼께서 이같이 말씀하시
기를 너희가 악한 길, 악한 행위를
떠나서 돌아오라 하셨다 하나 그들
이 듣지 아니하고 내게 귀를 기울
이지 아니하였느니라 야훼의 말이
니라
5 너희 조상들이 어디 있느냐 또 선지
자들이 영원히 살겠느냐
6 내가 나의 종 선지자들에게 명령한
내 말과 내 법도들이 어찌 너희 조
상들에게 임하지 아니하였느냐 그
러므로 그들이 돌이켜 이르기를 만
군의 야훼께서 우리 길대로, 우리
행위대로 우리에게 행하시려고 뜻
하신 것을 우리에게 행하셨도다 하
였느니라
7 다리오 왕 제이년 열한째 달 곧 스
밧월 이십사일에 잇도의 손자 베레
갸의 아들 선지자 스가랴에게 야훼
의 말씀이 임하니라
8 내가 밤에 보니 한 사람이 붉은 말
을 타고 골짜기 속 화석류나무 사
이에 섰고 그 뒤에는 붉은 말과 자
줏빛 말과 백마가 있기로
9 내가 말하되 내 주여 이들이 무엇
이니이까 하니 내게 말하는 천사가
내게 이르되 이들이 무엇인지 내가
네게 보이리라 하니
10 화석류나무 사이에 선 자가 대답하
여 이르되 이는 야훼께서 땅에 두
루 다니라고 보내신 자들이니라
11 그들이 화석류나무 사이에 선 야훼
의 천사에게 말하되 우리가 땅에
두루 다녀 보니 온 땅이 평안하고
조용하더이다 하더라
12 야훼의 천사가 대답하여 이르되 만
군의 야훼여 야훼께서 언제까지 예
루살렘과 유다 성읍들을 불쌍히 여
기지 아니하시려 하나이까 이를 노
하신 지 칠십 년이 되었나이다 하매
13 야훼께서 내게 말하는 천사에게 선
한 말씀, 위로하는 말씀으로 대답

기록일 : . . .

하시더라
14 내게 말하는 천사가 내게 이르되
너는 외쳐 이르기를 만군의 야훼의
말씀에 내가 예루살렘을 위하며 시
온을 위하여 크게 질투하며
15 안일한 여러 나라들 때문에 심히
진노하나니 나는 조금 노하였거늘
그들은 힘을 내어 고난을 더하였음
이라
16 그러므로 야훼가 이처럼 말하노라
내가 불쌍히 여기므로 예루살렘에
돌아왔은즉 내 집이 그 가운데에
건축되리니 예루살렘 위에 먹줄이
쳐지리라 만군의 야훼의 말이니라
17 그가 다시 외쳐 이르기를 만군의
야훼의 말씀에 나의 성읍들이 넘치
도록 다시 풍부할 것이라 야훼가
다시 시온을 위로하며 다시 예루살
렘을 택하리라 하라 하니라
18 내가 눈을 들어 본즉 네 개의 뿔이
보이기로
19 이에 내게 말하는 천사에게 묻되
이들이 무엇이니이까 하니 내게 대
답하되 이들은 유다와 이스라엘과
예루살렘을 흩뜨린 뿔이니라
20 그 때에 야훼께서 대장장이 네 명
을 내게 보이시기로
21 내가 말하되 그들이 무엇하러 왔
나이까 하니 대답하여 이르시되 그
뿔들이 유다를 흩뜨려서 사람들이
능히 머리를 들지 못하게 하니 이
대장장이들이 와서 그것들을 두렵
게 하고 이전의 뿔들을 들어 유다
땅을 흩뜨린 여러 나라의 뿔들을
떨어뜨리려 하느니라 하시더라

2 내가 또 눈을 들어 본즉 한 사람
이 측량줄을 그의 손에 잡았기로
2 네가 어디로 가느냐 물은즉 그가
내게 대답하되 예루살렘을 측량하
여 그 너비와 길이를 보고자 하노
라 하고 말할 때에
3 내게 말하는 천사가 나가고 다른
천사가 나와서 그를 맞으며
4 이르되 너는 달려가서 그 소년에게
말하여 이르기를 예루살렘은 그 가
운데 사람과 가축이 많으므로 성곽
없는 성읍이 될 것이라 하라
5 야훼의 말씀에 내가 불로 둘러싼
성곽이 되며 그 가운데에서 영광이
되리라
6 오호라 너희는 북방 땅에서 도피할
지어다 야훼의 말씀이니라 이는 내
가 너희를 하늘 사방에 바람 같이
흩어지게 하였음이니라 야훼의 말
씀이니라
7 바벨론 성에 거주하는 시온아 이제
너는 피할지니라
8 만군의 야훼께서 이같이 말씀하시
되 영광을 위하여 나를 너희를 노
략한 여러 나라로 보내셨나니 너희

를 범하는 자는 그의 눈동자를 범
하는 것이라
9 내가 손을 그들 위에 움직인즉 그들
이 자기를 섬기던 자들에게 노략거
리가 되리라 하셨나니 너희가 만군
의 야훼께서 나를 보내신 줄 알리라
10 야훼의 말씀에 시온의 딸아 노래하
고 기뻐하라 이는 내가 와서 네 가
운데에 머물 것임이라
11 그 날에 많은 나라가 야훼께 속하
여 내 백성이 될 것이요 나는 네 가
운데에 머물리라 네가 만군의 야훼
께서 나를 네게 보내신 줄 알리라
12 야훼께서 장차 유다를 거룩한 땅에
서 자기 소유를 삼으시고 다시 예
루살렘을 택하시리니
13 모든 육체가 야훼 앞에서 잠잠할
것은 야훼께서 그의 거룩한 처소에
서 일어나심이니라 하라 하더라

3 대제사장 여호수아는 야훼의 천
사 앞에 섰고 사탄은 그의 오른쪽
에 서서 그를 대적하는 것을 야훼
께서 내게 보이시니라
2 야훼께서 사탄에게 이르시되 사탄
아 야훼께서 너를 책망하노라 예루
살렘을 택한 야훼께서 너를 책망하
노라 이는 불에서 꺼낸 그슬린 나
무가 아니냐 하실 때에
3 여호수아가 더러운 옷을 입고 천사
앞에 서 있는지라
4 야훼께서 자기 앞에 선 자들에게
명령하사 그 더러운 옷을 벗기라 하
시고 또 여호수아에게 이르시되 내
가 네 죄악을 제거하여 버렸으니
네게 아름다운 옷을 입히리라 하시
기로
5 내가 말하되 정결한 관을 그의 머
리에 씌우소서 하매 곧 정결한 관
을 그 머리에 씌우며 옷을 입히고
야훼의 천사는 곁에 섰더라
6 야훼의 천사가 여호수아에게 증언
하여 이르되
7 만군의 야훼의 말씀에 네가 만일 내
도를 행하며 내 규례를 지키면 네가
내 집을 다스릴 것이요 내 뜰을 지
킬 것이며 내가 또 너로 여기 섰는
자들 가운데에 왕래하게 하리라
8 대제사장 여호수아야 너와 네 앞에
앉은 네 동료들은 내 말을 들을 것
이니라 이들은 예표의 사람들이라
내가 내 종 싹을 나게 하리라
9 만군의 야훼가 말하노라 내가 너
여호수아 앞에 세운 돌을 보라 한
돌에 일곱 눈이 있느니라 내가 거기
에 새길 것을 새기며 이 땅의 죄악
을 하루에 제거하리라
10 만군의 야훼가 말하노라 그 날에
너희가 각각 포도나무와 무화과나
무 아래로 서로 초대하리라 하셨느
니라

4 내게 말하던 천사가 다시 와서 나
를 깨우니 마치 자는 사람이 잠에
서 깨어난 것 같더라
2 그가 내게 묻되 네가 무엇을 보느
냐 내가 대답하되 내가 보니 순금
등잔대가 있는데 그 위에는 기름
그릇이 있고 또 그 기름 그릇 위에
일곱 등잔이 있으며 그 기름 그릇
위에 있는 등잔을 위해서 일곱 관
이 있고
3 그 등잔대 곁에 두 감람나무가 있
는데 하나는 그 기름 그릇 오른쪽
에 있고 하나는 그 왼쪽에 있나이
다 하고
4 내게 말하는 천사에게 물어 이르
되 내 주여 이것들이 무엇이니이까
하니
5 내게 말하는 천사가 대답하여 이르
되 네가 이것들이 무엇인지 알지 못
하느냐 하므로 내가 대답하되 내
주여 내가 알지 못하나이다 하니
6 그가 내게 대답하여 이르되 야훼께
서 스룹바벨에게 하신 말씀이 이러
하니라 만군의 야훼께서 말씀하시
되 이는 힘으로 되지 아니하며 능력
으로 되지 아니하고 오직 나의 영
으로 되느니라
7 큰 산아 네가 무엇이냐 네가 스룹
바벨 앞에서 평지가 되리라 그가
머릿돌을 내놓을 때에 무리가 외치
기를 은총, 은총이 그에게 있을지어
다 하리라 하셨고
8 야훼의 말씀이 또 내게 임하여 이
르시되
9 스룹바벨의 손이 이 성전의 기초를
놓았은즉 그의 손이 또한 그 일을
마치리라 하셨나니 만군의 야훼께
서 나를 너희에게 보내신 줄을 네
가 알리라 하셨느니라
10 작은 일의 날이라고 멸시하는 자가
누구냐 사람들이 스룹바벨의 손에
다림줄이 있음을 보고 기뻐하리라
이 일곱은 온 세상에 두루 다니는
야훼의 눈이라 하니라
11 내가 그에게 물어 이르되 등잔대
좌우의 두 감람나무는 무슨 뜻이니
이까 하고
12 다시 그에게 물어 이르되 금 기름
을 흘리는 두 금관 옆에 있는 이 감
람나무 두 가지는 무슨 뜻이니이까
하니
13 그가 내게 대답하여 이르되 네가
이것이 무엇인지 알지 못하느냐 하
는지라 내가 대답하되 내 주여 알
지 못하나이다 하니
14 이르되 이는 기름 부음 받은 자 둘
이니 온 세상의 주 앞에 서 있는 자
니라 하더라

5 내가 다시 눈을 들어 본즉 날아가
는 두루마리가 있더라

2 그가 내게 묻되 네가 무엇을 보느냐
하기로 내가 대답하되 날아가는 두
루마리를 보나이다 그 길이가 이십
규빗이요 너비가 십 규빗이니이다
3 그가 내게 이르되 이는 온 땅 위에
내리는 저주라 도둑질하는 자는 그
이쪽 글대로 끊어지고 맹세하는 자
는 그 저쪽 글대로 끊어지리라 하니
4 만군의 야훼께서 이르시되 내가 이
것을 보냈나니 도둑의 집에도 들어
가며 내 이름을 가리켜 망령되이 맹
세하는 자의 집에도 들어가서 그의
집에 머무르며 그 집을 나무와 돌
과 아울러 사르리라 하셨느니라 하
니라
5 내게 말하던 천사가 나아와서 내게
이르되 너는 눈을 들어 나오는 이
것이 무엇인가 보라 하기로
6 내가 묻되 이것이 무엇이니이까 하
니 그가 이르되 나오는 이것이 에
바이니라 하시고 또 이르되 온 땅
에서 그들의 모양이 이러하니라
7 이 에바 가운데에는 한 여인이 앉
았느니라 하니 그 때에 둥근 납 한
조각이 들리더라
8 그가 이르되 이는 악이라 하고 그
여인을 에바 속으로 던져 넣고 납
조각을 에바 아귀 위에 던져 덮더라
9 내가 또 눈을 들어 본즉 두 여인이
나오는데 학의 날개 같은 날개가 있
고 그 날개에 바람이 있더라 그들이
그 에바를 천지 사이에 들었기로
10 내가 내게 말하는 천사에게 묻되
그들이 에바를 어디로 옮겨 가나이
까 하니
11 그가 내게 이르되 그들이 시날 땅
으로 가서 그것을 위하여 집을 지
으려 함이니라 준공되면 그것이 제
처소에 머물게 되리라 하더라

6 내가 또 눈을 들어 본즉 네 병거
가 두 산 사이에서 나오는데 그 산
은 구리 산이더라
2 첫째 병거는 붉은 말들이, 둘째 병
거는 검은 말들이,
3 셋째 병거는 흰 말들이, 넷째 병거
는 어룽지고 건장한 말들이 메었는
지라
4 내가 내게 말하는 천사에게 물어
이르되 내 주여 이것들이 무엇이니
이까 하니
5 천사가 대답하여 이르되 이는 하늘
의 네 바람인데 온 세상의 주 앞에
서 있다가 나가는 것이라 하더라
6 검은 말은 북쪽 땅으로 나가고 흰
말은 그 뒤를 따르고 어룽진 말은
남쪽 땅으로 나가고
7 건장한 말은 나가서 땅에 두루 다
니고자 하니 그가 이르되 너희는
여기서 나가서 땅에 두루 다니라
하매 곧 땅에 두루 다니더라

기록일 : . . .

8 그가 내게 외쳐 말하여 이르되 북
쪽으로 나간 자들이 북쪽에서 내
영을 쉬게 하였느니라 하더라
9 야훼의 말씀이 내게 임하여 이르
시되
10 사로잡힌 자 가운데 바벨론에서부
터 돌아온 헬대와 도비야와 여다야
가 스바냐의 아들 요시아의 집에
들어갔나니 너는 이 날에 그 집에
들어가서 그들에게서 받되
11 은과 금을 받아 면류관을 만들어
여호사닥의 아들 대제사장 여호수
아의 머리에 씌우고
12 말하여 이르기를 만군의 야훼께서
이같이 말씀하시되 보라 싹이라 이
름하는 사람이 자기 곳에서 돋아나
서 야훼의 전을 건축하리라
13 그가 야훼의 전을 건축하고 영광도
얻고 그 자리에 앉아서 다스릴 것이
요 또 제사장이 자기 자리에 있으
리니 이 둘 사이에 평화의 의논이
있으리라 하셨다 하고
14 그 면류관은 헬렘과 도비야와 여다
야와 스바냐의 아들 헨을 기념하기
위하여 야훼의 전 안에 두라 하시
니라
15 먼 데 사람들이 와서 야훼의 전을
건축하리니 만군의 야훼께서 나를
너희에게 보내신 줄을 너희가 알리
라 너희가 만일 너희의 하나님 야훼
의 말씀을 들을진대 이같이 되리라

7

다리오 왕 제사년 아홉째 달 곧
기슬래월 사일에 야훼의 말씀이 스
가랴에게 임하니라
2 그 때에 벧엘 사람이 사레셀과 레
겜멜렉과 그의 부하들을 보내어 야
훼께 은혜를 구하고
3 만군의 야훼의 전에 있는 제사장들
과 선지자들에게 물어 이르되 내가
여러 해 동안 행한 대로 오월 중에
울며 근신하리이까 하매
4 만군의 야훼의 말씀이 내게 임하여
이르시되
5 온 땅의 백성과 제사장들에게 이르
라 너희가 칠십 년 동안 다섯째 달
과 일곱째 달에 금식하고 애통하였
거니와 그 금식이 나를 위하여, 나
를 위하여 한 것이냐
6 너희가 먹고 마실 때에 그것은 너
희를 위하여 먹고 너희를 위하여
마시는 것이 아니냐
7 예루살렘과 사면 성읍에 백성이 평
온히 거주하며 남방과 평원에 사람
이 거주할 때에 야훼가 옛 선지자
들을 통하여 외친 말씀이 있지 않
으냐 하시니라
8 야훼의 말씀이 스가랴에게 임하여
이르시되
9 만군의 야훼가 이같이 말하여 이르
시기를 너희는 진실한 재판을 행하

며 서로 인애와 긍휼을 베풀며
10 과부와 고아와 나그네와 궁핍한 자
를 압제하지 말며 서로 해하려고
마음에 도모하지 말라 하였으나
11 그들이 듣기를 싫어하여 등을 돌리
며 듣지 아니하려고 귀를 막으며
12 그 마음을 금강석 같게 하여 율법
과 만군의 야훼가 그의 영으로 옛
선지자들을 통하여 전한 말을 듣지
아니하므로 큰 진노가 만군의 야훼
께로부터 나왔도다
13 내가 불러도 그들이 듣지 아니한
것처럼 그들이 불러도 내가 듣지 아
니하리라 만군의 야훼가 말하였느
니라
14 내가 그들을 바람으로 불어 알지
못하던 여러 나라에 흩었느니라 그
후에 이 땅이 황폐하여 오고 가는
사람이 없었나니 이는 그들이 아름
다운 땅을 황폐하게 하였음이니라
하시니라

8 만군의 야훼의 말씀이 임하여 이
르시되
2 만군의 야훼가 이같이 말하노라 내
가 시온을 위하여 크게 질투하며
그를 위하여 크게 분노함으로 질투
하노라
3 야훼가 이같이 말하노라 내가 시온
에 돌아와 예루살렘 가운데에 거하
리니 예루살렘은 진리의 성읍이라
일컫겠고 만군의 야훼의 산은 성산
이라 일컫게 되리라
4 만군의 야훼가 이같이 말하노라 예
루살렘 길거리에 늙은 남자들과 늙
은 여자들이 다시 앉을 것이라 다
나이가 많으므로 저마다 손에 지팡
이를 잡을 것이요
5 그 성읍 거리에 소년과 소녀들이 가
득하여 거기에서 뛰놀리라
6 만군의 야훼가 이같이 말하노라 이
일이 그 날에 남은 백성의 눈에는
기이하려니와 내 눈에야 어찌 기이
하겠느냐 만군의 야훼의 말이니라
7 만군의 야훼가 이같이 말하노라 보
라, 내가 내 백성을 해가 뜨는 땅
과 해가 지는 땅에서부터 구원하여
내고
8 인도하여다가 예루살렘 가운데에
거주하게 하리니 그들은 내 백성이
되고 나는 진리와 공의로 그들의
하나님이 되리라
9 만군의 야훼가 이같이 말하노라 만
군의 야훼의 집 곧 성전을 건축하
려고 그 지대를 쌓던 날에 있었던
선지자들의 입의 말을 이 날에 듣
는 너희는 손을 견고히 할지어다
10 이 날 전에는 사람도 삯을 얻지 못
하였고 짐승도 삯을 받지 못하였으
며 사람이 원수로 말미암아 평안히
출입하지 못하였으나 내가 모든 사

기록일 : . . .

람을 풀어 서로 치게 하였느니라
11 만군의 야훼의 말씀이니라 이제는
내가 이 남은 백성을 대하기를 옛
날과 같이 아니할 것인즉
12 곧 평강의 씨앗을 얻을 것이라 포
도나무가 열매를 맺으며 땅이 산
물을 내며 하늘은 이슬을 내리리니
내가 이 남은 백성으로 이 모든 것
을 누리게 하리라
13 유다 족속아, 이스라엘 족속아, 너
희가 이방인 가운데에서 저주가 되
었었으나 이제는 내가 너희를 구원
하여 너희가 복이 되게 하리니 두려
워하지 말지니라 손을 견고히 할지
니라
14 만군의 야훼가 이같이 말하노라 너
희 조상들이 나를 격노하게 하였을
때에 내가 그들에게 재앙을 내리기
로 뜻하고 뉘우치지 아니하였으나
15 이제 내가 다시 예루살렘과 유다
족속에게 은혜를 베풀기로 뜻하였
나니 너희는 두려워하지 말지니라
16 너희가 행할 일은 이러하니라 너희
는 이웃과 더불어 진리를 말하며 너
희 성문에서 진실하고 화평한 재판
을 베풀고
17 마음에 서로 해하기를 도모하지 말
며 거짓 맹세를 좋아하지 말라 이
모든 일은 내가 미워하는 것이니라
야훼의 말이니라
18 만군의 야훼의 말씀이 내게 임하여
이르시되
19 만군의 야훼가 이같이 말하노라 넷
째 달의 금식과 다섯째 달의 금식
과 일곱째 달의 금식과 열째 달의
금식이 변하여 유다 족속에게 기쁨
과 즐거움과 희락의 절기들이 되리
니 오직 너희는 진리와 화평을 사
랑할지니라
20 만군의 야훼가 이와 같이 말하노라
다시 여러 백성과 많은 성읍의 주민
이 올 것이라
21 이 성읍 주민이 저 성읍에 가서 이
르기를 우리가 속히 가서 만군의
야훼를 찾고 야훼께 은혜를 구하자
하면 나도 가겠노라 하겠으며
22 많은 백성과 강대한 나라들이 예루
살렘으로 와서 만군의 야훼를 찾고
야훼께 은혜를 구하리라
23 만군의 야훼가 이와 같이 말하노라
그 날에는 말이 다른 이방 백성 열
명이 유다 사람 하나의 옷자락을
잡을 것이라 곧 잡고 말하기를 하
나님이 너희와 함께 하심을 들었나
니 우리가 너희와 함께 가려 하노
라 하리라 하시니라

9 야훼의 말씀이 하드락 땅에 내리
며 다메섹에 머물리니 사람들과 이
스라엘 모든 지파의 눈이 야훼를
우러러봄이니라

기록일 : . . .

2 그 접경한 하맛에도 임하겠고 두로
와 시돈에도 임하리니 그들이 매우
지혜로움이니라
3 두로는 자기를 위하여 요새를 건축
하며 은을 티끌 같이, 금을 거리의
진흙 같이 쌓았도다
4 주께서 그를 정복하시며 그의 권세
를 바다에 쳐넣으시리니 그가 불에
삼켜질지라
5 아스글론이 보고 무서워하며 가사
도 심히 아파할 것이며 에그론은
그 소망이 수치가 되므로 역시 그
러하리라 가사에는 임금이 끊어질
것이며 아스글론에는 주민이 없을
것이며
6 아스돗에는 잡족이 거주하리라 내
가 블레셋 사람의 교만을 끊고
7 그의 입에서 그의 피를, 그의 잇사
이에서 그 가증한 것을 제거하리니
그들도 남아서 우리 하나님께로 돌
아와서 유다의 한 지도자 같이 되
겠고 에그론은 여부스 사람 같이
되리라
8 내가 내 집을 둘러 진을 쳐서 적군
을 막아 거기 왕래하지 못하게 할
것이라 포학한 자가 다시는 그 지
경으로 지나가지 못하리니 이는 내
가 눈으로 친히 봄이니라
9 시온의 딸아 크게 기뻐할지어다 예
루살렘의 딸아 즐거이 부를지어다
보라 네 왕이 네게 임하시나니 그
는 공의로우시며 구원을 베푸시며
겸손하여서 나귀를 타시나니 나귀
의 작은 것 곧 나귀 새끼니라
10 내가 에브라임의 병거와 예루살렘
의 말을 끊겠고 전쟁하는 활도 끊
으리니 그가 이방 사람에게 화평을
전할 것이요 그의 통치는 바다에서
바다까지 이르고 유브라데 강에서
땅 끝까지 이르리라
11 또 너로 말할진대 네 언약의 피로
말미암아 내가 네 갇힌 자들을 물
없는 구덩이에서 놓았나니
12 갇혀 있으나 소망을 품은 자들아
너희는 요새로 돌아올지니라 내가
오늘도 이르노라 내가 네게 갑절이
나 갚을 것이라
13 내가 유다를 당긴 활로 삼고 에브
라임을 끼운 화살로 삼았으니 시온
아 내가 네 자식들을 일으켜 헬라
자식들을 치게 하며 너를 용사의
칼과 같게 하리라
14 야훼께서 그들 위에 나타나서 그들
의 화살을 번개 같이 쏘아내실 것
이며 주 야훼께서 나팔을 불게 하
시며 남방 회오리바람을 타고 가실
것이라
15 만군의 야훼께서 그들을 호위하시
리니 그들이 원수를 삼키며 물맷돌
을 밟을 것이며 그들이 피를 마시

기록일 : . . .

고 즐거이 부르기를 술취한 것 같
이 할 것인즉 피가 가득한 동이와
도 같고 피 묻은 제단 모퉁이와도
같을 것이라
16 이 날에 그들의 하나님 야훼께서
그들을 자기 백성의 양 떼 같이 구
원하시리니 그들이 왕관의 보석 같
이 야훼의 땅에 빛나리로다
17 그의 형통함과 그의 아름다움이 어
찌 그리 큰지 곡식은 청년을, 새 포
도주는 처녀를 강건하게 하리라

10 봄비가 올 때에 야훼 곧 구름을
일게 하시는 야훼께 비를 구하라
무리에게 소낙비를 내려서 밭의 채
소를 각 사람에게 주시리라
2 드라빔들은 허탄한 것을 말하며 복
술자는 진실하지 않은 것을 보고
거짓 꿈을 말한즉 그 위로가 헛되
므로 백성들이 양 같이 유리하며
목자가 없으므로 곤고를 당하나니
3 내가 목자들에게 노를 발하며 내가
숫염소들을 벌하리라 만군의 야훼
가 그 무리 곧 유다 족속을 돌보아
그들을 전쟁의 준마와 같게 하리니
4 모퉁잇돌이 그에게서, 말뚝이 그에
게서, 싸우는 활이 그에게서, 권세
잡은 자가 다 일제히 그에게서 나
와서
5 싸울 때에 용사 같이 거리의 진흙
중에 원수를 밟을 것이라 야훼가
그들과 함께 한즉 그들이 싸워 말
탄 자들을 부끄럽게 하리라
6 내가 유다 족속을 견고하게 하며
요셉 족속을 구원할지라 내가 그들
을 긍휼히 여김으로 그들이 돌아오
게 하리니 그들은 내가 내버린 일이
없었음 같이 되리라 나는 그들의
하나님 야훼라 내가 그들에게 들으
리라
7 에브라임이 용사 같아서 포도주를
마심 같이 마음이 즐거울 것이요 그
들의 자손은 보고 기뻐하며 야훼로
말미암아 마음에 즐거워하리라
8 내가 그들을 향하여 휘파람을 불어
그들을 모을 것은 내가 그들을 구
속하였음이라 그들이 전에 번성하
던 것 같이 번성하리라
9 내가 그들을 여러 백성들 가운데
흩으려니와 그들이 먼 곳에서 나를
기억하고 그들이 살아서 그들의 자
녀들과 함께 돌아올지라
10 내가 그들을 애굽 땅에서 돌아오게
하며 그들을 앗수르에서부터 모으
며 길르앗 땅과 레바논으로 그들을
이끌어 가리니 그들이 거할 곳이 부
족하리라
11 내가 그들이 고난의 바다를 지나
갈 때에 바다 물결을 치리니 나일
의 깊은 곳이 다 마르겠고 앗수르
의 교만이 낮아지겠고 애굽의 규가

없어지리라
12 내가 그들로 나 야훼를 의지하여
견고하게 하리니 그들이 내 이름으
로 행하리라 나 야훼의 말이니라

11 레바논아 네 문을 열고 불이 네
백향목을 사르게 하라
2 너 잣나무여 곡할지어다 백향목이
넘어졌고 아름다운 나무들이 쓰러
졌음이로다 바산의 상수리나무들아
곡할지어다 무성한 숲이 엎드러졌
도다
3 목자들의 곡하는 소리가 남이여 그
들의 영화로운 것이 쓰러졌음이로
다 어린 사자의 부르짖는 소리가
남이여 이는 요단의 자랑이 쓰러졌
음이로다
4 야훼 나의 하나님이 이르시되 너는
잡혀 죽을 양 떼를 먹이라
5 사들인 자들은 그들을 잡아도 죄가
없다 하고 판 자들은 말하기를 내
가 부요하게 되었은즉 야훼께 찬송
하리라 하고 그들의 목자들은 그들
을 불쌍히 여기지 아니하는도다
6 야훼가 말하노라 내가 다시는 이
땅 주민을 불쌍히 여기지 아니하
고 그 사람들을 각각 그 이웃의 손
과 임금의 손에 넘기리니 그들이 이
땅을 칠지라도 내가 그들의 손에서
건져내지 아니하리라 하시기로
7 내가 잡혀 죽을 양 떼를 먹이니 참
으로 가련한 양들이라 내가 막대기
둘을 취하여 하나는 은총이라 하며
하나는 연합이라 하고 양 떼를 먹
일새
8 한 달 동안에 내가 그 세 목자를 제
거하였으니 이는 내 마음에 그들을
싫어하였고 그들의 마음에도 나를
미워하였음이라
9 내가 이르되 내가 너희를 먹이지 아
니하리라 죽는 자는 죽는 대로, 망
하는 자는 망하는 대로, 나머지는
서로 살을 먹는 대로 두리라 하고
10 이에 은총이라 하는 막대기를 취
하여 꺾었으니 이는 모든 백성들과
세운 언약을 폐하려 하였음이라
11 당일에 곧 폐하매 내 말을 지키던
가련한 양들은 이것이 야훼의 말씀
이었던 줄 안지라
12 내가 그들에게 이르되 너희가 좋게
여기거든 내 품삯을 내게 주고 그
렇지 아니하거든 그만두라 그들이
곧 은 삼십 개를 달아서 내 품삯을
삼은지라
13 야훼께서 내게 이르시되 그들이 나
를 헤아린 바 그 삯을 토기장이에
게 던지라 하시기로 내가 곧 그 은
삼십 개를 야훼의 전에서 토기장이
에게 던지고
14 내가 또 연합이라 하는 둘째 막대
기를 꺾었으니 이는 유다와 이스라

기록일 : . . .

엘 형제의 의리를 끊으려 함이었느
니라
15 야훼께서 내게 이르시되 너는 또
어리석은 목자의 기구들을 빼앗을
지니라
16 보라 내가 한 목자를 이 땅에 일으
키리니 그가 없어진 자를 마음에 두
지 아니하며 흩어진 자를 찾지 아
니하며 상한 자를 고치지 아니하며
강건한 자를 먹이지 아니하고 오히
려 살진 자의 고기를 먹으며 또 그
굽을 찢으리라
17 화 있을진저 양 떼를 버린 못된 목
자여 칼이 그의 팔과 오른쪽 눈에
내리리니 그의 팔이 아주 마르고
그의 오른쪽 눈이 아주 멀어 버릴
것이라 하시니라

12 이스라엘에 관한 야훼의 경고의
말씀이라 야훼 곧 하늘을 펴시며
땅의 터를 세우시며 사람 안에 심
령을 지으신 이가 이르시되
2 보라 내가 예루살렘으로 그 사면
모든 민족에게 취하게 하는 잔이
되게 할 것이라 예루살렘이 에워싸
일 때에 유다에까지 이르리라
3 그 날에는 내가 예루살렘을 모든
민족에게 무거운 돌이 되게 하리니
그것을 드는 모든 자는 크게 상할
것이라 천하 만국이 그것을 치려고
모이리라
4 야훼가 말하노라 그 날에 내가 모
든 말을 쳐서 놀라게 하며 그 탄 자
를 쳐서 미치게 하되 유다 족속은
내가 돌보고 모든 민족의 말을 쳐
서 눈이 멀게 하리니
5 유다의 우두머리들이 마음속에 이
르기를 예루살렘 주민이 그들의 하
나님 만군의 야훼로 말미암아 힘을
얻었다 할지라
6 그 날에 내가 유다 지도자들을 나
무 가운데에 화로 같게 하며 곡식
단 사이에 횃불 같게 하리니 그들
이 그 좌우에 에워싼 모든 민족들
을 불사를 것이요 예루살렘 사람들
은 다시 그 본 곳 예루살렘에 살게
되리라
7 야훼가 먼저 유다 장막을 구원하리
니 이는 다윗의 집의 영광과 예루
살렘 주민의 영광이 유다보다 더하
지 못하게 하려 함이니라
8 그 날에 야훼가 예루살렘 주민을
보호하리니 그 중에 약한 자가 그
날에는 다윗 같겠고 다윗의 족속은
하나님 같고 무리 앞에 있는 야훼
의 사자 같을 것이라
9 예루살렘을 치러 오는 이방 나라들
을 그 날에 내가 멸하기를 힘쓰리라
10 내가 다윗의 집과 예루살렘 주민
에게 은총과 간구하는 심령을 부어
주리니 그들이 그 찌른 바 그를 바

라보고 그를 위하여 애통하기를 독
자를 위하여 애통하듯 하며 그를
위하여 통곡하기를 장자를 위하여
통곡하듯 하리로다
11 그 날에 예루살렘에 큰 애통이 있
으리니 므깃도 골짜기 하다드림몬
에 있던 애통과 같을 것이라
12 온 땅 각 족속이 따로 애통하되 다
윗의 족속이 따로 하고 그들의 아
내들이 따로 하며 나단의 족속이
따로 하고 그들의 아내들이 따로
하며
13 레위의 족속이 따로 하고 그들의
아내들이 따로 하며 시므이의 족속
이 따로 하고 그들의 아내들이 따
로 하며
14 모든 남은 족속도 각기 따로 하고
그들의 아내들이 따로 하리라

13 그 날에 죄와 더러움을 씻는 샘이
다윗의 족속과 예루살렘 주민을 위
하여 열리리라
2 만군의 야훼가 말하노라 그 날에
내가 우상의 이름을 이 땅에서 끊
어서 기억도 되지 못하게 할 것이며
거짓 선지자와 더러운 귀신을 이 땅
에서 떠나게 할 것이라
3 사람이 아직도 예언할 것 같으면
그 낳은 부모가 그에게 이르기를
네가 야훼의 이름을 빙자하여 거짓
말을 하니 살지 못하리라 하고 낳
은 부모가 그가 예언할 때에 칼로
그를 찌르리라
4 그 날에 선지자들이 예언할 때에
그 환상을 각기 부끄러워할 것이며
사람을 속이려고 털옷도 입지 아니
할 것이며
5 말하기를 나는 선지자가 아니요 나
는 농부라 내가 어려서부터 사람의
종이 되었노라 할 것이요
6 어떤 사람이 그에게 묻기를 네 두
팔 사이에 있는 상처는 어찌 됨이
냐 하면 대답하기를 이는 나의 친
구의 집에서 받은 상처라 하리라
7 만군의 야훼가 말하노라 칼아 깨어
서 내 목자, 내 짝 된 자를 치라 목
자를 치면 양이 흩어지려니와 작은
자들 위에는 내가 내 손을 드리우
리라
8 야훼가 말하노라 이 온 땅에서 삼
분의 이는 멸망하고 삼분의 일은
거기 남으리니
9 내가 그 삼분의 일을 불 가운데에
던져 은 같이 연단하며 금 같이 시
험할 것이라 그들이 내 이름을 부
르리니 내가 들을 것이며 나는 말
하기를 이는 내 백성이라 할 것이요
그들은 말하기를 야훼는 내 하나님
이시라 하리라

14 야훼의 날이 이르리라 그 날에 네
재물이 약탈되어 네 가운데에서 나

기록일 : . . .

누이리라
2 내가 이방 나라들을 모아 예루살렘
과 싸우게 하리니 성읍이 함락되며
가옥이 약탈되며 부녀가 욕을 당하
며 성읍 백성이 절반이나 사로잡혀
가려니와 남은 백성은 성읍에서 끊
어지지 아니하리라
3 그 때에 야훼께서 나가사 그 이방
나라들을 치시되 이왕의 전쟁 날에
싸운 것 같이 하시리라
4 그 날에 그의 발이 예루살렘 앞 곧
동쪽 감람 산에 서실 것이요 감람
산은 그 한 가운데가 동서로 갈라져
매우 큰 골짜기가 되어서 산 절반은
북으로, 절반은 남으로 옮기고
5 그 산 골짜기는 아셀까지 이를지라
너희가 그 산 골짜기로 도망하되 유
다 왕 웃시야 때에 지진을 피하여
도망하던 것 같이 하리라 나의 하나
님 야훼께서 임하실 것이요 모든 거
룩한 자들이 주와 함께 하리라
6 그 날에는 빛이 없겠고 광명한 것
들이 떠날 것이라
7 야훼께서 아시는 한 날이 있으리니
낮도 아니요 밤도 아니라 어두워
갈 때에 빛이 있으리로다
8 그 날에 생수가 예루살렘에서 솟아
나서 절반은 동해로, 절반은 서해로
흐를 것이라 여름에도 겨울에도 그
러하리라
9 야훼께서 천하의 왕이 되시리니 그
날에는 야훼께서 홀로 한 분이실
것이요 그의 이름이 홀로 하나이실
것이라
10 온 땅이 아라바 같이 되되 게바에
서 예루살렘 남쪽 림몬까지 이를
것이며 예루살렘이 높이 들려 그 본
처에 있으리니 베냐민 문에서부터
첫 문 자리와 성 모퉁이 문까지 또
하나넬 망대에서부터 왕의 포도주
짜는 곳까지라
11 사람이 그 가운데에 살며 다시는
저주가 있지 아니하리니 예루살렘
이 평안히 서리로다
12 예루살렘을 친 모든 백성에게 야훼
께서 내리실 재앙은 이러하니 곧 섰
을 때에 그들의 살이 썩으며 그들
의 눈동자가 눈구멍 속에서 썩으며
그들의 혀가 입 속에서 썩을 것이요
13 그 날에 야훼께서 그들을 크게 요
란하게 하시리니 피차 손으로 붙잡
으며 피차 손을 들어 칠 것이며
14 유다도 예루살렘에서 싸우리니 이
때에 사방에 있는 이방 나라들의
보화 곧 금 은과 의복이 심히 많이
모여질 것이요
15 또 말과 노새와 낙타와 나귀와 그
진에 있는 모든 가축에게 미칠 재
앙도 그 재앙과 같으리라
16 예루살렘을 치러 왔던 이방 나라들

기록일 : . . .

중에 남은 자가 해마다 올라와서
그 왕 만군의 야훼께 경배하며 초
막절을 지킬 것이라
17 땅에 있는 족속들 중에 그 왕 만군
의 야훼께 경배하러 예루살렘에 올
라오지 아니하는 자들에게는 비를
내리지 아니하실 것인즉
18 만일 애굽 족속이 올라오지 아니할
때에는 비 내림이 있지 아니하리니
야훼께서 초막절을 지키러 올라오지
아니하는 이방 나라들의 사람을 치
시는 재앙을 그에게 내리실 것이라
19 애굽 사람이나 이방 나라 사람이나
초막절을 지키러 올라오지 아니하
는 자가 받을 벌이 그러하니라
20 그 날에는 말 방울에까지 야훼께
성결이라 기록될 것이라 야훼의 전
에 있는 모든 솥이 제단 앞 주발과
다름이 없을 것이니
21 예루살렘과 유다의 모든 솥이 만
군의 야훼의 성물이 될 것인즉 제
사 드리는 자가 와서 이 솥을 가져
다가 그것으로 고기를 삶으리라 그
날에는 만군의 야훼의 전에 가나안
사람이 다시 있지 아니하리라

기록일 : . . .

MALACHI

말라기

저 자 말라기

주 제 불순종하는 백성에 대한 책망과 회개 촉구

기록목적 이스라엘의 죄, 특히 예배를 소홀히 하고 이방인과 통혼하며 십일조를 무시하는 타락상을 지적하며 이에 대한 하나님의 심판을 경고하고 회개를 권유하여 하나님을 경외하게 할 목적으로 기록했다.

기록배경 말라기의 활동 시기는 학개, 스가랴의 예언 후 약 100여 년이 경과한 때로 추측된다. 당시 이스라엘 백성들 사이에는 포로 귀환 시의 기대와 희망이 사라지고 냉소주의와 불신앙이 팽배해 있었는데, 그것은 성전을 재건하고도 약 100년이 지났으나 학개, 스가랴 등이 예언한 영광스러운 하나님의 나라가 이룩되지 않았기 때문이다. 제사장들은 타락했으며1:6-2:9; 느 13:4-9, 십일조와 헌물을 소홀히 하였고3:7-12; 느 13:10-13, 이방 여인과 결혼함으로써 하나님께 대한 맹세를 어기는 상황이었다2:10-16; 느 13:23-30.

특 징
- 예언의 말씀을 문답식 형태로 표현하는 대화 방법을 도입하여 당시의 사회적, 도덕적 부패를 공격하며 회개할 것을 촉구하였다.
- 신유의 근원이 하나님이며4:2 하나님과의 관계가 바르게 될 때 치유의 은혜를 입을 수 있게 된다고 선포하였다.
- 엘리야침례 요한의 도래를 예언함으로써 침례 요한이 나타나기까지 예언이 그친 400년간의 공백을 극복하고 구약과 신약 사이의 다리 역할을 한다.

나의 기도

말라기

1 야훼께서 말라기를 통하여 이스
라엘에게 말씀하신 경고라
2 야훼께서 이르시되 내가 너희를 사
랑하였노라 하나 너희는 이르기를
주께서 어떻게 우리를 사랑하셨나
이까 하는도다 나 야훼가 말하노라
에서는 야곱의 형이 아니냐 그러나
내가 야곱을 사랑하였고
3 에서는 미워하였으며 그의 산들을
황폐하게 하였고 그의 산업을 광야
의 이리들에게 넘겼느니라
4 에돔은 말하기를 우리가 무너뜨림
을 당하였으나 황폐된 곳을 다시
쌓으리라 하거니와 나 만군의 야훼
는 이르노라 그들은 쌓을지라도 나
는 헐리라 사람들이 그들을 일컬어
악한 지역이라 할 것이요 야훼의 영
원한 진노를 받은 백성이라 할 것
이며
5 너희는 눈으로 보고 이르기를 야훼
께서는 이스라엘 지역 밖에서도 크
시다 하리라
6 내 이름을 멸시하는 제사장들아 나
만군의 야훼가 너희에게 이르기를
아들은 그 아버지를, 종은 그 주인
을 공경하나니 내가 아버지일진대
나를 공경함이 어디 있느냐 내가
주인일진대 나를 두려워함이 어디
있느냐 하나 너희는 이르기를 우리
가 어떻게 주의 이름을 멸시하였나
이까 하는도다
7 너희가 더러운 떡을 나의 제단에
드리고도 말하기를 우리가 어떻게
주를 더럽게 하였나이까 하는도다
이는 너희가 야훼의 식탁은 경멸히
여길 것이라 말하기 때문이라
8 만군의 야훼가 이르노라 너희가 눈
먼 희생제물을 바치는 것이 어찌
악하지 아니하며 저는 것, 병든 것
을 드리는 것이 어찌 악하지 아니
하냐 이제 그것을 너희 총독에게
드려 보라 그가 너를 기뻐하겠으며
너를 받아 주겠느냐
9 만군의 야훼가 이르노라 너희는 나
하나님께 은혜를 구하면서 우리를
불쌍히 여기소서 하여 보라 너희가
이같이 행하였으니 내가 너희 중
하나인들 받겠느냐
10 만군의 야훼가 이르노라 너희가 내
제단 위에 헛되이 불사르지 못하게
하기 위하여 너희 중에 성전 문을
닫을 자가 있었으면 좋겠도다 내가
너희를 기뻐하지 아니하며 너희가
손으로 드리는 것을 받지도 아니하
리라
11 만군의 야훼가 이르노라 해 뜨는

기록일 : . . .

곳에서부터 해 지는 곳까지의 이
방 민족 중에서 내 이름이 크게 될
것이라 각처에서 내 이름을 위하여
분향하며 깨끗한 제물을 드리리니
이는 내 이름이 이방 민족 중에서
크게 될 것임이니라
12 그러나 너희는 말하기를 야훼의 식
탁은 더러워졌고 그 위에 있는 과
일 곧 먹을 것은 경멸히 여길 것이
라 하여 내 이름을 더럽히는도다
13 만군의 야훼가 이르노라 너희가 또
말하기를 이 일이 얼마나 번거로운
고 하며 코웃음치고 훔친 물건과
저는 것, 병든 것을 가져왔느니라
너희가 이같이 봉헌물을 가져오니
내가 그것을 너희 손에서 받겠느냐
이는 야훼의 말이니라
14 짐승 떼 가운데에 수컷이 있거늘
그 서원하는 일에 흠 있는 것으로
속여 내게 드리는 자는 저주를 받
으리니 나는 큰 임금이요 내 이름
은 이방 민족 중에서 두려워하는
것이 됨이니라 만군의 야훼의 말이
니라

2

너희 제사장들아 이제 너희에게
이같이 명령하노라
2 만군의 야훼가 이르노라 너희가 만
일 듣지 아니하며 마음에 두지 아니
하여 내 이름을 영화롭게 하지 아
니하면 내가 너희에게 저주를 내려
너희의 복을 저주하리라 내가 이미
저주하였나니 이는 너희가 그것을
마음에 두지 아니하였음이라
3 보라 내가 너희의 자손을 꾸짖을
것이요 똥 곧 너희 절기의 희생의
똥을 너희 얼굴에 바를 것이라 너
희가 그것과 함께 제하여 버림을
당하리라
4 만군의 야훼가 이르노라 내가 이
명령을 너희에게 내린 것은 레위와
세운 나의 언약이 항상 있게 하려
함인 줄을 너희가 알리라
5 레위와 세운 나의 언약은 생명과
평강의 언약이라 내가 이것을 그에
게 준 것은 그로 경외하게 하려 함
이라 그가 나를 경외하고 내 이름
을 두려워하였으며
6 그의 입에는 진리의 법이 있었고 그
의 입술에는 불의함이 없었으며 그
가 화평함과 정직함으로 나와 동행
하며 많은 사람을 돌이켜 죄악에서
떠나게 하였느니라
7 제사장의 입술은 지식을 지켜야 하
겠고 사람들은 그의 입에서 율법을
구하게 되어야 할 것이니 제사장은
만군의 야훼의 사자가 됨이거늘
8 너희는 옳은 길에서 떠나 많은 사
람을 율법에 거스르게 하는도다 나
만군의 야훼가 이르노니 너희가 레
위의 언약을 깨뜨렸느니라

기록일 : . . .

9 너희가 내 길을 지키지 아니하고 율
법을 행할 때에 사람에게 치우치게
하였으므로 나도 너희로 하여금 모
든 백성 앞에서 멸시와 천대를 당
하게 하였느니라 하시니라
10 우리는 한 아버지를 가지지 아니하
였느냐 한 하나님께서 지으신 바가
아니냐 어찌하여 우리 각 사람이
자기 형제에게 거짓을 행하여 우리
조상들의 언약을 욕되게 하느냐
11 유다는 거짓을 행하였고 이스라엘
과 예루살렘 중에서는 가증한 일을
행하였으며 유다는 야훼께서 사랑
하시는 그 성결을 욕되게 하여 이
방 신의 딸과 결혼하였으니
12 이 일을 행하는 사람에게 속한 자
는 깨는 자나 응답하는 자는 물론
이요 만군의 야훼께 제사를 드리는
자도 야훼께서 야곱의 장막 가운데
에서 끊어 버리시리라
13 너희가 이런 일도 행하나니 곧 눈
물과 울음과 탄식으로 야훼의 제단
을 가리게 하는도다 그러므로 야훼
께서 다시는 너희의 봉헌물을 돌아
보지도 아니하시며 그것을 너희 손
에서 기꺼이 받지도 아니하시거늘
14 너희는 이르기를 어찌 됨이니이까
하는도다 이는 너와 네가 어려서
맞이한 아내 사이에 야훼께서 증인
이 되시기 때문이라 그는 네 짝이
요 너와 서약한 아내로되 네가 그
에게 거짓을 행하였도다
15 그에게는 영이 충만하였으나 오직
하나를 만들지 아니하셨느냐 어찌
하여 하나만 만드셨느냐 이는 경건
한 자손을 얻고자 하심이라 그러므
로 네 심령을 삼가 지켜 어려서 맞
이한 아내에게 거짓을 행하지 말지
니라
16 이스라엘의 하나님 야훼가 이르노
니 나는 이혼하는 것과 옷으로 학
대를 가리는 자를 미워하노라 만군
의 야훼의 말이니라 그러므로 너희
심령을 삼가 지켜 거짓을 행하지 말
지니라
17 너희가 말로 야훼를 괴롭게 하고도
이르기를 우리가 어떻게 야훼를 괴
롭혀 드렸나이까 하는도다 이는 너
희가 말하기를 모든 악을 행하는
자는 야훼의 눈에 좋게 보이며 그
에게 기쁨이 된다 하며 또 말하기
를 정의의 하나님이 어디 계시냐 함
이니라

3 만군의 야훼가 이르노라 보라 내
가 내 사자를 보내리니 그가 내 앞
에서 길을 준비할 것이요 또 너희가
구하는 바 주가 갑자기 그의 성전
에 임하시리니 곧 너희가 사모하는
바 언약의 사자가 임하실 것이라
2 그가 임하시는 날을 누가 능히 당

기록일 : . . .

하며 그가 나타나는 때에 누가 능
히 서리요 그는 금을 연단하는 자
의 불과 표백하는 자의 잿물과 같
을 것이라
3 그가 은을 연단하여 깨끗하게 하는
자 같이 앉아서 레위 자손을 깨끗
하게 하되 금, 은 같이 그들을 연단
하리니 그들이 공의로운 제물을 나
야훼께 바칠 것이라
4 그 때에 유다와 예루살렘의 봉헌물
이 옛날과 고대와 같이 나 야훼께
기쁨이 되려니와
5 내가 심판하러 너희에게 임할 것이
라 점치는 자에게와 간음하는 자에
게와 거짓 맹세하는 자에게와 품꾼
의 삯에 대하여 억울하게 하며 과
부와 고아를 압제하며 나그네를 억
울하게 하며 나를 경외하지 아니하
는 자들에게 속히 증언하리라 만군
의 야훼가 말하였느니라
6 나 야훼는 변하지 아니하나니 그러
므로 야곱의 자손들아 너희가 소멸
되지 아니하느니라
7 만군의 야훼가 이르노라 너희 조상
들의 날로부터 너희가 나의 규례를
떠나 지키지 아니하였도다 그런즉
내게로 돌아오라 그리하면 나도 너
희에게로 돌아가리라 하였더니 너
희가 이르기를 우리가 어떻게 하여
야 돌아가리이까 하는도다
8 사람이 어찌 하나님의 것을 도둑질
하겠느냐 그러나 너희는 나의 것을
도둑질하고도 말하기를 우리가 어
떻게 주의 것을 도둑질하였나이까
하는도다 이는 곧 십일조와 봉헌물
이라
9 너희 곧 온 나라가 나의 것을 도둑
질하였으므로 너희가 저주를 받았
느니라
10 만군의 야훼가 이르노라 너희의 온
전한 십일조를 창고에 들여 나의
집에 양식이 있게 하고 그것으로
나를 시험하여 내가 하늘 문을 열
고 너희에게 복을 쌓을 곳이 없도
록 붓지 아니하나 보라
11 만군의 야훼가 이르노라 내가 너
희를 위하여 메뚜기를 금하여 너
희 토지 소산을 먹어 없애지 못하
게 하며 너희 밭의 포도나무 열매
가 기한 전에 떨어지지 않게 하리니
12 너희 땅이 아름다워지므로 모든 이
방인들이 너희를 복되다 하리라 만
군의 야훼의 말이니라
13 야훼가 이르노라 너희가 완악한 말
로 나를 대적하고도 이르기를 우리
가 무슨 말로 주를 대적하였나이까
하는도다
14 이는 너희가 말하기를 하나님을 섬
기는 것이 헛되니 만군의 야훼 앞
에서 그 명령을 지키며 슬프게 행하

는 것이 무엇이 유익하리요
15 지금 우리는 교만한 자가 복되다
하며 악을 행하는 자가 번성하며
하나님을 시험하는 자가 화를 면한
다 하노라 함이라
16 그 때에 야훼를 경외하는 자들이
피차에 말하매 야훼께서 그것을 분
명히 들으시고 야훼를 경외하는 자
와 그 이름을 존중히 여기는 자를
위하여 야훼 앞에 있는 기념책에
기록하셨느니라
17 만군의 야훼가 이르노라 나는 내가
정한 날에 그들을 나의 특별한 소
유로 삼을 것이요 또 사람이 자기
를 섬기는 아들을 아낌 같이 내가
그들을 아끼리니
18 그 때에 너희가 돌아와서 의인과
악인을 분별하고 하나님을 섬기는
자와 섬기지 아니하는 자를 분별하
리라

4

만군의 야훼가 이르노라 보라 용
광로 불 같은 날이 이르리니 교만
한 자와 악을 행하는 자는 다 지푸
라기 같을 것이라 그 이르는 날에
그들을 살라 그 뿌리와 가지를 남
기지 아니할 것이로되
2 내 이름을 경외하는 너희에게는 공
의로운 해가 떠올라서 치료하는 광
선을 비추리니 너희가 나가서 외양
간에서 나온 송아지 같이 뛰리라
3 또 너희가 악인을 밟을 것이니 그
들이 내가 정한 날에 너희 발바닥
밑에 재와 같으리라 만군의 야훼의
말이니라
4 너희는 내가 호렙에서 온 이스라엘
을 위하여 내 종 모세에게 명령한
법 곧 율례와 법도를 기억하라
5 보라 야훼의 크고 두려운 날이 이
르기 전에 내가 선지자 엘리야를 너
희에게 보내리니
6 그가 아버지의 마음을 자녀에게로
돌이키게 하고 자녀들의 마음을 그
들의 아버지에게로 돌이키게 하리
라 돌이키지 아니하면 두렵건대 내
가 와서 저주로 그 땅을 칠까 하노
라 하시니라

기록일 : . . .

MERCIFUL WRITING BIBLE

구약 8 : 에스겔 - 말라기

성령님과 함께 쓰는

은혜로운 필사성경 8

초판 1쇄 인쇄 2020년 5월 06일
초판 1쇄 발행 2020년 5월 27일

편 집 인 김호성
발 행 처 서울말씀사
출판등록 제2016-000172호
주 소 서울시 영등포구 은행로 55, 나동 9층
전 화 02) 846-9222
팩 스 02) 846-9225